Paul Rebillot
Melissa Kay

DIE HELDENREISE

Das Abenteuer der kreativen Selbsterfahrung

Kösel

Übersetzung aus dem Amerikanischen: Karin Petersen, Berlin.
Die Originalausgabe erschien unter dem Titel »The Call to Adventure: Bringing the Hero's Journey to Daily Life« bei HarperSanFrancisco, a division of HarperCollinsPublishers, Inc.

ISBN 3-466-34371-2

Druck und Bindung: Kösel, Kempten.
Umschlag: Elisabeth Petersen, München.
Umschlagmotiv: ZEFA Zentrale Farbbild Agentur GmbH, Düsseldorf (SIS/Jose Ortega).

1 2 3 4 · 00 99 98 97

Gedruckt auf umweltfreundlich hergestelltem Werkdruckpapier
(säurefrei und chlorfrei gebleicht)

Für Stanford

Inhalt

ANHANG

Dank

Auch wenn ich die volle Verantwortung für den Inhalt des vorliegenden Buches übernehme, habe ich zugleich den Wunsch, den Menschen, die mir geholfen, mich inspiriert und auf der langen Reise der Realisierung dieses Projektes ermutigt haben, meinen tiefen Dank auszudrücken.

An erster Stelle möchte ich Laurance S. Rockefeller und Jean und Sidney Lanier für die großzügige finanzielle Unterstützung aus dem »Fund for the Enhancement of the Human Spirit« danken, die mir ermöglichte, meine Reisen lange genug zu unterbrechen, um mit diesem Buch anzufangen. Dank schulde ich auch den Herausgebern und Mitarbeitern des Verlages Harper San Francisco, die das Buch produziert und in die Welt getragen haben.

Aber vor dem Schreiben steht die Inspiration, und was diese betrifft, so erinnere ich mich voller Dankbarkeit an Joseph Campbell und John Weir Perry für ihre Pionierarbeit auf dem Gebiet der Mythologie und der Psychologie von Menschen, die die Qualen einer spirituellen Krise durchmachen. Ein besonderes Dankeswort geht an meinen Freund und Kollegen Pennel Rock, der mich in die tantrische Praxis der Meditation auf die drei Körperzentren eingewiesen hat, die für meine Lehrtheorie so weitreichende Folgen hatte.

Sowohl Richard Price, mein Gestaltlehrer, als auch Stan und Christina Grof haben mir geholfen zu erkennen, dass meine eigenen Erfahrungen keine Geisteskrankheit, sondern ein spirituelles Erwachen darstellten. Diese heilsame Entdeckung, für die ich zutiefst dankbar bin, hat mir den Mut gegeben, den Prozess der Heldenreise, wie er in diesem Buch vorgestellt wird, zu entwickeln, in der Hoffnung, auch anderen bei ihrer Bewusstwerdung als spirituell kreative Individuen zu helfen.

Und schließlich gilt mein Dank all den Hunderten Männern und Frauen in Europa und Amerika, die im Verlauf der Jahre ihren Status quo aufs Spiel gesetzt haben, um dem Weg des Helden zu folgen – und deren einzigartige Geschichten zur Vertiefung und Weiterentwicklung des Prozesses beigetragen haben. Sie sind im wahrsten Sinne des Wortes meine Mitschöpfer, was ich voller Freude, Ehrerbietung und Liebe anerkenne.

Vorwort

An Kaliforniens prachtvoller Küste von Big Sur, etwa vierzig Meilen südlich von Monterey und Carmel, liegt auf einer schmalen Landzunge zwischen den Bergen und dem Pazifischen Ozean das berühmte Esalen Institut. Seit 1962, als es seine Identität änderte und von einem Motel zu einem der ersten Wachstumszentren der Welt wurde, ist dieses kleine Anwesen, das von der landschaftlich wunderschönen Küstenstraße kaum zu sehen ist, zu einem Mekka der menschlichen Wachstumsbewegung geworden. Die Menschen, die in Esalen leben und arbeiten oder eng mit dem Institut verbunden sind, haben eigenständige und grundlegende Beiträge zu Psychologie und Psychotherapie geliefert, die sich ohne weiteres mit denen jeder Universität, jedes Forschungsinstituts, Krankenhauses oder jeder anderen wichtigen zeitgenössischen Einrichtung auf diesem Gebiet messen können.

Ich hatte die einzigartige Gelegenheit, vierzehn Jahre lang in Esalen zu leben und zu arbeiten. In diesem außergewöhnlichen und unkonventionellen menschlichen Laboratorium begegnete ich auch Paul Rebillot, und wir sind persönliche Freunde geworden. Meine Frau und ich haben Paul wiederholt als Gastlehrer für unsere einmonatigen Seminare eingeladen und konnten uns an seiner Arbeit sowohl als Teilnehmer als auch als Beobachter erfreuen. Wir waren sehr überrascht und beeindruckt davon, welche tiefgreifenden Auswirkungen dieser spielerische, unbedrohliche und täuschend einfache Ansatz auf die Teilnehmer haben kann. Viele von ihnen erlebten den Prozess als heilsam und transformierend; und Fachleute auf dem Gebiet der psychischen Gesundheit sprachen von tiefgehenden Lernerfahrungen und wertvollen theoretischen Einsichten.

Selbst in dem ungewöhnlich reichen und anregenden Umfeld von Esalen war Pauls origineller Prozess, die Heldenreise, ein ganz eigenes Unternehmen. Während in den anderen Workshops wertvolle, aber meist ziemlich spezialisierte Methoden wie Gestalt, Psychodrama, Gruppenprozess, verschiedene Formen der Körperarbeit, Mythenforschung, Tanz oder Malen angeboten wurden, stellte Pauls Ansatz eine kreative Synthese dar, in der viele dieser Elemente zu einer einzigartigen Mischung von Therapie, Theater, Musik und Gesang, Ritual, Tanz, Feiern und Kostümentwurf zusammenflossen.

Seit uralten Zeiten war Heilung als spiritueller Vorgang immer mit Kunst verbunden – Instrumentalmusik, Singen, Tanzen und Malen. Im industriellen Zeitalter hat Therapie ihren Zusammenhang mit Spiritualität und Kunst verloren; sie wurde trocken und unlebendig. Paul Rebillot war imstande, diese Dimensionen neu zu entdecken und wieder in den Heilungsprozess einzubringen. Zusätzlich ist die Heldenreise von einem gesunden Gefühl für Humor geprägt und sorgt für ausgezeichnete Unterhaltung. Dieses Element muss besonders betont und gewürdigt werden, denn die Rolle des Humors als wichtiges Heilungsinstrument kann kaum überschätzt werden.

Es ist vielleicht nützlich, einen Blick auf einige der wichtigsten Quellen zu werfen, die Paul inspiriert und ihm geholfen haben, diesen einzigartigen Prozess zu entwickeln. Es kann kein Zweifel daran bestehen, dass seine lebenslange Leidenschaft für die dramatischen Künste von zentraler Bedeutung war. Er studierte Theaterkunst an der Universität von Michigan und hat viele Jahre Erfahrung mit Regiearbeit, Schauspielerei und der Inszenierung von Stücken. Sein Militärdienst brachte ihn für ein Jahr nach Japan, wo er in der fernöstlichen Rundfunkstation der US-Armee arbeitete. Die Bekanntschaft mit der ästhetisch hoch entwickelten Kultur dieses Landes, die auf eine uralte spirituelle und kulturelle Tradition zurückgeht, hatte sowohl auf sein berufliches als auch auf sein persönliches Leben tiefgreifende Auswirkungen. Besonders beeindruckt und berührt war er von dem japanischen Kabuki- und No-Theater, und später hat er zahlreiche Elemente dieser orientalischen Theaterkunst in seine Arbeit eingebracht.

Pauls Erkenntnis vom heilenden, rituellen, magischen und spirituellen Potential des Theaters entwickelte sich während einer persönlichen Krise, die zu einem Wendepunkt in seinem Leben wurde. Mitten in der Aufführung eines Stückes, in dem er die Hauptrolle spielte, packten ihn plötzlich ernsthafte Zweifel und Fragen in Bezug auf den Sinn seines Lebens und das Leben im Allgemeinen, und er verspürte das überwältigende Bedürfnis, zu einer Reise der Selbstfindung aufzubrechen. Er gab die Theaterarbeit auf und zog sich zurück, um sich intensiv der Meditation zu widmen. Diese Phase fand ihren Höhepunkt in einer Zeitspanne von zwei Monaten, während der er dramatische außergewöhnliche Bewusstseinszustände erlebte. Diese erschütternden persönlichen Erfahrungen führten ihn schließlich zu einer neuen Wertschätzung der Wurzeln des europäischen Theaters, der griechischen Tragödie mit ihren tiefgreifenden kathartischen Auswirkungen.

Eine weitere entscheidende Quelle für Pauls Inspiration war das Gebiet der Psychologie und Psychotherapie. Nach seiner persönlichen Krise verspürte er das Bedürfnis, die Erfahrungen zu erforschen, die sein Dasein so tiefgreifend gewandelt hatten, und ihnen in seinem Leben Ausdruck zu verleihen. Diese Suche führte ihn nach Esalen, wo er mit einem breiten Spektrum an innovativen humanistischen und transpersonalen Therapieformen Bekanntschaft machte. Die Gestalttherapie, ein Ansatz, der in Esalen von dem südafrikanischen Psychiater Fritz Perls eingebracht und weiterentwickelt wurde, übte einen besonders nachhaltigen Einfluss auf ihn aus. Sie ist eine einzigartige experimentelle Methode der Psychotherapie, die mit der intensiven Ausrichtung der Aufmerksamkeit auf das emotionale und physische Geschehen im Hier und Jetzt arbeitet, um zahlreiche verschiedene traumatische Lebensthemen psychologisch zu verarbeiten. Paul hatte Gelegenheit, die gestalttherapeutische Methode bei Perls berühmtestem Schüler, Richard Price, zu lernen, der zugleich einer der Mitbegründer von Esalen war.

Hier begegnete Paul Rebillot auch Joseph Campbell, einem brillanten Denker und Lehrer, der allgemein als der größte Mythologe der Welt gilt. Campbells Arbeit lieferte das Modell sowie den Namen für die Heldenreise. Ein breites Spektrum an Mythen aus den unterschiedlichsten Teilen der Welt analysierend, entdeckte Campbell, dass sie alle Variationen eines einzigen universellen Themas enthielten, eines archetypischen Grundrasters. Dieser »Monomythos«, wie er ihn nannte, schien in sämtlichen Kulturen und historischen Zeitaltern aufzutauchen. Er ist die Geschichte des Helden, eines weiblichen oder männlichen Individuums, das einen Ruf von oben empfängt und zu einer Reise voller Gefahren und Abenteuer aufbricht. Nach einer Reihe schwieriger Prüfungen, die oft in dem Erlebnis von Tod und Wiedergeburt gipfeln, kehrt der Held mit neuen Kräften, geheilt oder gewandelt, in die Gesellschaft zurück und nutzt seine Gaben zum Wohle anderer.

Campbells wissbegieriger und scharfer Intellekt gab sich mit der Erkenntnis der zeitlichen und räumlichen Universalität dieses Mythos nicht zufrieden. Seine Neugierde trieb ihn zu der Frage, was diesen Mythos so allgemeingültig machte. Warum fasziniert das Thema der Heldenreise Kulturen sämtlicher Zeiten und Länder, die doch in jeder anderen Hinsicht oft so verschieden sind? Seine Antwort ist von der Einfachheit und unbestechlichen Logik sämtlicher brillanter Einsichten. Er erkannte, dass diese Mythen keine fiktiven Geschichten von phantasierten Gestalten in nicht existierenden Ländern sind. Vielmehr ist der Monomythos der Heldenreise eine genaue Beschreibung des Erfahrungsgebiets, das Menschen in den visionären Zuständen während einer transformativen Krise betreten. Und diese psychospirituelle Krise der Transformation stellt ebenso eine universelle menschliche Erfahrung dar wie der Mythos selbst.

Die universelle Verbreitung des Motivs der Heldenreise sowie die Tatsache, dass sie die innersten Abläufe der menschlichen Psyche anspricht, kann uns begreifen helfen, warum so viele Menschen nachhaltig und begeistert auf Paul Rebillots Prozess reagieren. Es ist wichtig zu erkennen, dass der Prozess der Heldenreise kein künstliches Phantasieprodukt von Paul darstellt, sondern aus seinem persönlichen Kampf und seiner tiefgreifenden emotionalen, philosophischen und spirituellen Krise erwachsen ist. Sich mit den grundlegenden Dilemmas des menschlichen Daseins auseinandersetzend, musste er mit den tiefgreifendsten Abläufen seiner Psyche in Kontakt kommen und ihre universalen Archetypen erleben. Die traditionelle Psychiatrie würde den dramatischen außergewöhnlichen Bewusstseinszustand, der dies ermöglichte, als pathologisch bezeichnen, als Manifestation einer Psychose. Im Rahmen der transpersonalen Psychologie begreifen wir diese Art Erfahrungen jedoch als Krisen der spirituellen Wandlung oder »spirituelle Notfälle«. Mit dem richtigen Verständnis und der entsprechenden Anleitung und Unterstützung können sie für den betroffenen Menschen sehr wohltuende Auswirkungen haben. Gelegentlich kann ein Mensch ohne äußere Hilfe zu einer erfolgreichen Verarbeitung und Integration dieser Zustände gelangen. In Pauls Fall zeigt das Endergebnis dieses Prozesses – die Qualität seiner nachfolgenden persönlichen Integration und die außergewöhnlichen Früchte dieser Erfahrung in Form der Heldenreise –, dass mit Sicherheit genau das geschah.

Die Heldenreise ist ein grundlegendes Beispiel dafür, wie ein begabtes und kreatives Individuum die erschütternde Erfahrung der »dunklen Nacht der Seele« so umwandeln kann, dass nicht nur seine eigene Heilung und Wandlung vorangetrieben wird, sondern auch ein nützlicher Rahmen für die innere Reise Tausender anderer Menschen entsteht. Pauls ursprüngliche Idee war, einen Prozess zu entwickeln, der Menschen, die auf dem Gebiet der psychischen Heilung arbeiten, einen Geschmack der Erfahrungen vermittelt, die einige ihrer Klientinnen und Klienten machen, so dass sie sich von ihren pathologischen Vorurteilen befreien und das kreative und heilsame Potential dieser Zustände schätzen lernen können. Auch wenn die Heldenreise diesem Zweck mit Sicherheit dienen kann, sprengt ihr Potential diesen engen Rahmen. Denn der Prozess kann sowohl das Wachstum und das Selbstverständnis der Menschen fördern, die an der »Psychopathologie des Alltags« leiden, als auch diejenigen unterstützen, die als Patienten bezeichnet werden beziehungsweise die diese behandeln.

Paul Rebillots Prozess ist ohne Zweifel ein wirkungsvolles Hilfsmittel für eine tiefgreifende individuelle Wandlung. Die Tatsache jedoch, dass er als Gruppenerlebnis entwickelt wurde und im Kontext einer Gruppe am besten erfahren werden kann, beinhaltet einige wichtige zusätzliche Vorteile. Anthropologen, wie vor allem Victor Turner, haben gezeigt, dass die Durchführung von Ritualen in einem Gruppenzusammenhang das Gefühl von zwischenmenschlicher und sozialer Bindung sowie der Stammeszusammengehörigkeit und des Gemeinschaftssinns auslöst. Jeder, der Erfahrungen mit Paul Rebillot gemacht hat, kann diese Beobachtung sicherlich bestätigen. Gemeinschaftsereignisse wie diese können so zu einem wichtigen Heilmittel gegen die Enthumanisierung und Entfremdung werden, die für die industrielle Welt so typisch sind. Und vorausgesetzt, sie werden in einem entsprechend großen Rahmen durchgeführt, können sie einen bedeutenden Beitrag zur Minderung der globalen Krise leisten, mit der wir alle konfrontiert sind.

Ich finde es sehr aufregend, dass dieses Buch, das klare, praktische Richtlinien für das Erlebnis der Heldenreise vermittelt, jetzt all den Menschen zugänglich ist, die davon profitieren können. Ich empfehle es allen ernsthaften Bewusstseinsforschern und auch den Menschen, die an ihrer eigenen Heilung, ihrem persönlichen Wachstum und ihrer Wandlung interessiert sind. Ich hoffe, dass es sowohl von vielen Einzelnen als auch von Gruppenleiterinnen und -leitern umfassend genutzt wird. Für Letztere ist es sicher eine große Herausforderung, an Pauls einzigartige Kombination von Talenten heranzureichen – seine reichen Fähigkeiten als Schauspieler, Regisseur, Sänger, Musiker, Therapeut und menschliches Wesen. Das alles ist notwendig, um das rituelle Heilungsdrama der Heldenreise mit der gleichen Vollkommenheit, Meisterschaft, Verspieltheit und dem gleichen Sinn für Humor neu zu erschaffen, die seinem Begründer zu eigen sind.

Stanislav Grof, M.D.
Mill Valley, Kalifornien
20. September 1992

Hinweis für den Leser

Dieses Buch ist ein Handbuch, das Sie Schritt für Schritt durch den Prozess der Heldenreise leitet. Der Prozess ist für Gruppen entwickelt worden. Er folgt dem natürlichen Ablauf des rituellen Dramas, und so präsentiere ich ihn auch in diesem Buch. Wenn Sie die Heldenreise jedoch allein machen möchten, können Sie nach der Gestaltmethode vorgehen – Sie sind dann Ihr eigener Begleiter für die Reise, finden Ihren eigenen Raum, errichten selbst Ihren Altar, entdecken Ihre eigene Musik und stehen sich als Freund zur Seite. Einzelreisende finden im ganzen Buch immer wieder spezielle Anweisungen. Wo ein Partner nötig ist, empfehle ich Ihnen, Tagebuch zu schreiben. Sie können auch mit einem Freund zusammenarbeiten und sich den Text für die geleiteten Meditationen gegenseitig vorlesen. Das Buch enthält auch Vorschläge für Gruppenleiter oder andere Begleitpersonen, die Menschen durch diesen Prozess leiten möchten.

Anmerkung der Übersetzerin

Für die Anrede der Adressaten von Anleitungen wurde das persönlichere Du statt des Sie gewählt, da es in deutschsprachigen Gruppen, die nach Paul Rebillots Vorgaben arbeiten, üblich ist.

EINLEITUNG

Den Ruf vernehmen

Im Jahr 1968 war ich 37 Jahre alt. Ich war alleiniger Besitzer einer kleinen Theatergesellschaft. Ich war der Regisseur, der Produzent und der Direktor dieses Unternehmens. Der Traum meiner Jugend war Wirklichkeit geworden. An diesem Abend spielte ich den Prinzen in dem von Terence Rattigan verfassten Stück *The Sleeping Prince*. Meine Hauptdarstellerin hatte gerade etwas Witziges gesagt, und ich war dabei, vor einem Publikum von zweitausend Menschen eine »Lachlücke« zu lassen. Plötzlich kam mir ein verblüffender Gedanke in den Sinn: »Was fange ich eigentlich mit meinem Leben an?« Das war kein geeigneter Moment für solch einen Gedanken! Hier stand ich vor zweitausend Menschen und wartete darauf, dass sie lachten – war es wirklich das, was ich mit meinem Leben anfangen wollte? In diesem Augenblick verabschiedete sich ein ganz wesentlicher Teil von mir für immer vom Theater. Ich war Profi genug, um meine Rolle zu Ende zu spielen, aber etwas hatte sich unwiderruflich verändert.

An diesem Abend brach ich zu einer stürmischen Reise der Selbstfindung auf. Diese Reise sollte für mich durch eine äußerst aufwühlende Etappe führen – zu dem, was unsere Gesellschaft, da sie keinen genaueren Begriff dafür hat, einen Nervenzusammenbruch nennt und was mein Freund Stan Grof als »spirituelle Krise« bezeichnet. Ich wurde bombardiert mit emotionalem, psychologischem und mythischem Material und in eine fremde, manchmal auch erschreckende Welt geworfen, über die ich keine Kontrolle hatte. Aber ich konnte von dieser Reise in den Wahnsinn ein heilendes Wissen mitbringen und den Kern des Materials, das zur Heldenreise wurde.

Theater als Ritual

Als ich an diesem Abend die Bühne verließ, wusste ich, dass ich meinen Beruf wechseln musste. Ich empfand das Bedürfnis, mein Leben dem Heilen und Helfen zu widmen, statt Menschen vor allem zu unterhalten. Ich zog in Erwägung, einen radikalen Bruch zu vollziehen und Psychologe zu werden. Doch ich hatte das Gefühl, dass meine fünfzehnjährige Theatererfahrung einen Sinn haben musste. Statt das Theater ganz aufzugeben, musste ich wahrscheinlich tiefer in diese Materie vordringen, um den Ursprung des theatralischen Impulses zu entdecken, der der Menschheit von Anfang an zu eigen gewesen ist.

Zu der Zeit unterrichtete ich auch. Ich beschloss, mit meinen Schülerinnen und Schülern die *Bacchanten* von Euripides zu produzieren und selbst Regie zu führen, um die Anfänge des westlichen Theaters zu erforschen. Im alten Griechenland reisten die Leute zu Fuß oder in Eselskarren viele Kilometer weit, um zum Theater des Dionysos zu gelangen. Dort angekommen, sahen sie vom Morgen bis zur Abenddämmerung zu, wie die Stücke sich in der Sonnenhitze entfalteten. Ich wollte wissen, warum. Wodurch wurde ihr Theatererlebnis so verlockend und anders als das, was wir kennen?

Erstens stellte das Theater selbst eine kosmische Umgebung dar. Das Publikum, das zum Beispiel im Theater von Delphi saß, konnte die gesamte Bucht von Korinth sehen, vor der das Tal liegt, das die Griechen als Nabel der Welt betrachteten. Ein Schauspieler, der in der Mitte dieser Bühne stand, nahm teil an einem kosmischen Ereignis; er trat in Beziehung zum gesamten Universum.

Darüber hinaus wurde das Publikum nicht von Spannung gefesselt wie im modernen Theater. Es wusste, was die Hauptdarstellerinnen und Hauptdarsteller erleben würden, denn die Stücke beruhten auf den Mythen. Die Menschen kamen nicht, um herauszufinden, was Orestes zum Beispiel widerfahren würde, sondern um sich mit ihm zu identifizieren und durch ihn eine *Katharsis* zu erleben, eine Reinigung ihrer eigenen Seele. Durch das Stück konnten sie den Impuls, die eigene Mutter zu erschlagen, erfahren und sich davon befreien. Und wenn Athene das entscheidende Votum für Orest abgab, um den Kreislauf von Mord und Rache aufzuhalten, erlebte das Publikum, was *en theos* genannt wurde – »Enthusiasmus«, »das innere Eintreten Gottes«. Diese uralte Form des Theaters war geprägt von einem Element des Transpersonalen; etwas Göttliches drang zu den Herzen der Menschen vor.

Zu der Zeit lösten die neuen patriarchalischen Mythen die matriarchalischen ab, und damit waren diese Stücke auch eine Möglichkeit, die neuen Götter und Göttinnen der Öffentlichkeit vorzustellen. Die Menschen hatten in diesem Theater sowohl an der neuen Mythologie als auch an der politischen Atmosphäre teil.

Und schließlich war das Theater ein Gemeinschaftserlebnis. Das halbkreisförmige Amphitheater brachte Menschen zu einem Fest zusammen, das zu Ehren der mythologischen Themen gefeiert wurde. Man traf nicht nur die Schauspielerinnen und Schauspieler in ihrer kosmischen Umgebung, sondern auch die eigenen Nachbarn und den Fischhändler am Ort. Das Theaterereignis war eine Form der heiligen Versammlung der Menschen miteinander und mit ihren Gottheiten.

Diese Erkenntnisse weckten in mir die Sehnsucht, in unserer heutigen Zeit ein Theatererlebnis zu entwickeln, das tiefere Ebenen berührt. Bis zu dieser Zeit hatte ich am Fachbereich Theater des San Francisco State College und der Stanford University unterrichtet. Aber jetzt, in der stürmischen Atmosphäre der späten sechziger Jahre, beschloss ich, das akademische Theater aufzugeben und mit meinen Kolleginnen und Kollegen und meinen früheren Schülerinnen und Schülern eine neue Theatergesellschaft zu gründen. Wir lebten zusammen und nannten uns »The Gestalt Fool Theater Family« (etwa: »Die Gestalt-Narren-Theater-Familie«, Anm.d.Ü.). Wir experimentierten mit allen möglichen Formen des Theaters, vom Ritual bis zum Dadaismus, und setzten uns über sämtliche Regeln hinweg. Wie viele Menschen in San Francisco damals erforschten auch wir bewusstseinserweiternde Substanzen. Diese umfassende Erfahrung von Lebensumstellung, Experimenten, Meditation und psychedelischen Drogen führte schließlich dazu, dass meine Reise auf der mythischen Ebene zu verlaufen begann und mein Held allmählich hervortrat.

Mein Mythos

Eines Abends begegnete ich in einer geleiteten Meditation meinem Helden. Er nannte sich »Septimus, Leser der Akascha-Chronic«. Einige Zeit später las ich, dass der Hellseher Edgar Cayce die Entdeckung des Planeten Pluto vorausgesagt und ihn »Septimus« genannt hatte. Pluto war im Jahr meiner Empfängnis entdeckt worden, und diese Tatsache nahm meine Vorstellungskraft gefangen. Und darum beginnt mein Mythos dort, auf dem Planeten Pluto.

Auf diesem Planeten leben, ebenso wie hier, bewusste Geschöpfe, nur dass sie keinen Körper haben, sondern Lichtwesen sind. Die Männer kann man sich als Kugeln aus orangenem Licht vorstellen und die Frauen als Kugeln aus purpurfarbenem Licht. Wenn sie zusammenkamen, schufen sie ein völlig neues Wesen und bewahrten gleichzeitig ihre eigene Identität; es war für sie also möglich, zusammen und getrennt zugleich zu sein.

Sie bewegten sich auf zwei grundlegenden Bewusstseinsebenen. Sie besaßen, was ich in meiner Vision als »Außenblick« und »Innenblick« bezeichnete. Mit dem Außenblick erlebten sie sich und die anderen als einzelne, getrennte Wesen.

Mit dem Innenblick nahmen sie sich als Geschöpfe des Planeten Pluto wahr, die in ein und demselben Gedanken vereint waren. Sie wurden zu einem einzigen Bewusstsein. Dieser Innenblick konnte auf sämtliche anderen Planeten des Sonnensystems ausgeweitet werden; tatsächlich stellt diese Verständigung die Anziehungskraft dar, die das Sonnensystem zusammenhält.

Eines Tages hatten wir als Versammlung der Ältesten auf Pluto – das heißt mit dem Innenblick – den Planeten Erde betrachtet. Er hatte so zu schlingern begonnen, dass die gesamte Sonnengemeinde aus dem Gleichgewicht geriet. Dieses Schlingern war eine Folge dessen, was wir als das »Luzifer-Experiment« bezeichneten. Bei diesem Experiment hatten die bewussten Wesen des Planeten Erde beschlossen, sich als getrennte Geschöpfe zu erleben, selbst wenn sie sich mit dem Innenblick betrachteten. Nun, das Experiment war ihnen aus der Hand geglitten, und die Menschen glaubten, dass diese Getrenntheit Wirklichkeit sei. Das hatte zu Krieg, Rassismus, Gier, religiöser Intoleranz und dem besagten Schlingern geführt. Kurz gesagt, die Erde war zu einem Störenfried geworden. Also beschloss der Planet Pluto, zwei seiner Bewohner auf die Erde zu schicken, die sich dort inkarnieren und herausfinden sollten, was dazu geführt hatte, dass diese Erdengeschöpfe sich voneinander getrennt fühlten.

Meine Frau und ich wurden ausgewählt, uns vom Planeten Pluto und von den Freuden, die unsere Beziehung uns schenkte, zu verabschieden und zur Erde zu reisen. Die Erfahrung, mein Zuhause zu verlassen und von meiner Partnerin weggerissen zu werden, lehrte mich etwas über Trennung. Der Schmerz dieses Erlebnisses wurde jedoch gemildert von einer seltsamen Faszination, die der zielgerichteten Entschlossenheit galt, mit der ein einzelnes Sperma auf den Schoß meiner irdischen Mutter zutrieb. Ich war so gefesselt vom Enthusiasmus dieses Spermas, dass ich, als es in das Ei eindrang, mich im Körper verankerte – und völlig vergaß, wer ich war, wohin ich ging, was ich tat und was meine Aufgabe war.

Meine Reise in den Wahnsinn

Inzwischen geriet mein äußeres Leben immer mehr aus den Fugen. Ich hatte mich vom akademischen Betrieb losgesagt und machte mein eigenes Theater; aber da ich weder Geld hatte noch praktische Unterstützung bekam, entsprach das Ergebnis nicht meinen Erwartungen. Noch unglücklicher war meine Lage dadurch, dass meine Geliebte sich erst kürzlich von mir getrennt hatte. Alles schien in Auflösung begriffen zu sein. Und trotzdem stand ich vor dieser gewaltigen Aufgabe: die Regeln der Getrenntheit zu entdecken, so dass ich eines Tages meine Partnerin finden und wir zusammen den Schlüssel zum menschlichen Bewusstsein entdecken würden!

Mein verletztes Ego klammerte sich an die Idee dieser großartigen Mission. Das Missverhältnis zwischen meinem Alltagsleben und meinen mythischen Erfahrungen führte zu einer Überhöhung des Ego, an der ich schließlich fast zerbrach – ich geriet in einen Bewusstseinszustand, in dem alles, was geschah, im Zusammenhang mit der mythischen Erfahrung stand. Für mich existierte keine andere Welt mehr. Ich war jenseits jedes menschlichen Kontaktes; ich war völlig isoliert. Und so begann, was ich später als entscheidende Prüfung bezeichnete.

Eingesperrt in eine psychiatrische Klinik, träumte ich immer wieder, dass ich in einem Raum mit zwei grünen Türen allein war. Die Fenster waren verriegelt, und ich konnte den Wind draußen heulen hören. Ich fühlte mich sehr allein. Es war ein Alptraum. Immer wenn ich erwachte, musste ich feststellen, dass ich allein war... in einem Raum mit zwei grünen Türen und mit verriegelten Fenstern, um die draußen der Wind heulte. Meine Traumwirklichkeit und mein Wachzustand waren ununterscheidbar miteinander verwoben. Ich hatte keinerlei Erinnerungen an eine vorherige Existenz. Hier war ich geboren worden, hier lebte ich, dies war mein Leben – der Raum mit den beiden grünen Türen. Ich wusste nicht, wer Paul Rebillot war. Ich hatte sogar die Pluto-Geschichte vergessen. Ich fühlte mich total alleine mit meinem Versuch, die Regeln des Daseins zu entdecken.

Nach einer Weile nahm ich wahr, dass ich einen Wächter hatte, einen Mann, der mir Essen brachte und sich um mich kümmerte. Sein Name war Mister Preebles. Ich zog daraus den Schluss, dass ich einer von Mister Preebles' Leuten war, dass er hier mehrere Leute hatte, denen er Essen brachte und die er versorgte, und dass wir ihm angehörten. Wir waren in diesen Räumen geboren und lebten hier unser Leben. Mister Preebles' Leute.

Gelegentlich wurde eine der beiden grünen Türen geöffnet. Ich wurde in den angrenzenden Raum geführt, und die Tür schloss sich hinter mir. Ich spielte dann immer mit den Wasserhähnen und der Toilettenspülung. Ich hatte keine Ahnung, wozu diese Dinge da waren. Wenn ich dann später allein war, pisste ich auf den Boden. Ich erinnere mich an einen ekstatischen Augenblick, in dem die Sonne durch den flüssigen goldenen Bogen schien, der aus meinem Körper auf den Boden spritzte, und ich dachte: »Wie wunderschön, am Leben zu sein!«

Ich entwickelte ein großes Interesse an dem Höcker in der Mitte meines Gesichts. Ich wusste nicht, wozu er da war. Als ich jedoch aus dem Fenster schaute, sah ich dort unten, was mir wie lauter kleine Ausgaben von mir selbst vorkam. Und wo sie hingingen, entschieden sie öffentlich, indem sie ihrer Nase folgten.

All das ging mir durch den Kopf, während ich verzweifelt versuchte zu entdecken, wer ich war. Eine Zeitlang bereitete ich Mister Preebles große Schwierigkeiten. Wenn er das Essen brachte, eilte ich auf ihn zu, um aus der Tür zu kommen. Allmählich fand ich heraus, dass er, wenn ich ruhig saß, hereinkam und mit mir plauderte. Ich machte zu der Zeit eine wichtige Entdeckung. Ich erkannte, dass ich, um zu bekommen, was ich brauchte, nicht ändern musste, wer ich war, sondern nur das, was ich tat: Ich konnte mein Verhalten ändern, ohne mein Wesen zu ändern. Ich denke, dass war eine der wichtigsten Entdeckungen dieser Erfahrung insgesamt.

Nach einer Weile wurde mir erlaubt, den Raum zu verlassen. Ich konnte im Tagesraum mit all diesen anderen unruhigen Leuten herumspazieren, die ihren Nasen folgten. Wie erstaunlich war die Entdeckung, dass es in dieser Welt andere Geschöpfe wie mich gab! Merkwürdigerweise ging mir dabei ständig die Frage durch den Kopf: »Auf welcher Entwicklungsebene befindet sich dieser Planet?« Neu geboren und ohne irgendetwas zu wissen, fragte ich nach der Entwicklungsebene des Planeten. Eigenartig.

Eines Tages fiel mir auf, dass viele Leute dasaßen und in einen Kasten starrten, der mitten im Raum stand. Ich wusste nicht, was das für ein Kasten war. Weiße Lichtpunkte tanzten auf seiner Vorderseite. Die anderen schauten mit großem Interesse hin, und ich konnte lediglich die Lichtpunkte sehen. Von Zeit zu Zeit tauchte ein Bild auf. Mein Verstand fügte die hellen und die dunklen Punkte zu einem Bild zusammen. Ich stellte fest, dass dieses Bild eine Art Schattenversion der Leute war, die mich umgaben. Ich sah all die Konflikte, besonders zwischen Männern und Frauen. Ich konnte Männer und Frauen eigentlich nicht unterscheiden, aber ich sah, dass manche Kleider trugen und andere Bärte hatten, und sie schienen sich ständig darüber zu streiten, wer klüger war und wer mehr Macht hatte. Offensichtlich litten alle unter diesem Konflikt. Das machte mich sehr traurig. So sah meine Erfahrung mit dem Fernsehen aus.

Einige Zeit später schaute ich mir eine Ausgabe der Illustrierten *Time* an. Ich war auf der Suche nach etwas ganz Bestimmtem, das mein Erinnerungsvermögen in Gang brachte. Ich wusste nicht, was es war, aber ich wusste, dass ich es finden konnte. Ich stieß auf das Bild einer Gruppe von bärtigen Männern mit Motorrädern, die Bier aus Dosen tranken. Die Überschrift lautete: »Hells Angels«. Engel der Hölle. Hölle. Pluto. Engel. Botschafter. Botschafter des Pluto. In diesem Augenblick weckten die Hells Angels plötzlich meine mythische Erinnerung. Ich war ein Botschafter des Pluto. Der Mythos des Pluto kehrte in mein Gedächtnis zurück, noch bevor ich mich daran erinnerte, wer Paul Rebillot war.

Jetzt begann ich von einer Gruppe von Leuten zu träumen, die einen wunderschönen, langsamen Tanz aufführten. Lange sah ich diesem Tanz in meiner Vorstellung zu, bis ich eines Tages beschloss, ihn selbst zu tanzen. Der Tanz war eine Form von T'ai Chi, eine Bewegungsmeditation. Als ich zu tanzen begann, kehrten Erinnerungen an Paul Rebillot zu mir zurück, und ich hatte in diesem

Augenblick plötzlich ein klares Gefühl dafür, wer ich war. Es war, als ob zwei Seiten von mir sich wieder zusammenfügten. Ich hatte eine Münze und die Telefonnummer gefunden. Die Verbindung war wiederhergestellt.

Theater als Heilung

Diese Ereignisse bildeten den chaotischen Übergang zu meinem neuen Berufsweg. Durch sie entdeckte ich das enorme Potential der menschlichen Psyche, die eigene Evolution anzustreben. Sie leiteten mich auf den Weg, der vom Theater als Unterhaltung zum Theater als Heilung führte. Denn nichts anderes ist der Prozess der Heldenreise für mich: heilendes Theater – ein moderner Übergangsritus.

In früheren Gesellschaften und heutigen Stammeskulturen wurden beziehungsweise werden Menschen, die eine neue Lebensphase oder eine neue Aufgabe beginnen, durch Übergangsriten geleitet, Initiationen, die ihnen die umfassende Erfahrung des Übergangs vermitteln, der ihnen bevorsteht. Dieses totale Erlebnis bereitet sowohl den Körper und das Herz als auch den Verstand auf die neue Seinsebene vor. Selbst im letzten Jahrhundert noch musste ein junges Paar, das heiraten wollte, hingehen und sich sein eigenes Haus bauen oder eine körperliche Aufgabe erfüllen, die als Übergangsritus von ihrer Ursprungsfamilie zum Aufbau einer neuen Familie diente. Selbst wenn der Hausbau keine rituelle Form annahm, brachte er die ganze Gemeinschaft zusammen, die die jungen Leute bei diesem neuen Schritt unterstützte.

Heute, im Zeitalter der intellektuellen »Aufklärung«, haben wir diesen Sinn für Rituale verloren. Doch die Seite in uns, die weniger – oder vielleicht mehr als – rational ist, existiert immer noch, und diese kindliche Seite in uns will den Zauber des Übergangsritus erleben. Meine Arbeit mit Menschen hat mir immer wieder gezeigt, wie viel Leid und Verwirrung dadurch entsteht, dass es unserer Gesellschaft an sinnvollen Übergangsriten mangelt. Ohne Schamaninnen oder Ritualmeister, die sie anleiten, müssen moderne Frauen und Männer ihre eigenen einsamen und meistens traumatischen Wege von einer Lebensphase in die andere finden; sei es die Entdeckung eines Kindes, dass es keinen Weihnachtsmann gibt, der schwierige Übergang eines Jugendlichen in die Pubertät, die Heirat oder Scheidung von Erwachsenen oder der Wechsel von Beruf oder Wohnort. Bei jeder dieser Veränderungen müssen wir uns auf eine neue Ebene begeben. An jeder Schwelle stirbt etwas, und etwas Neues wird geboren.

Heute gähnt im Herzen unserer Gesellschaft eine große spirituelle Leere. Das zeigt uns das selbstzerstörerische Verhalten, das so weit verbreitet ist und in Form von Drogen- und Alkoholmissbrauch sowie als epidemisches Ausmaß von Verbrechen und Jugendlichenselbstmord auftritt. Vielleicht spiegelt diese Leere unseren gesellschaftlichen Mangel an Schwellenritualen wider. Übergangsriten wenden sich an den menschlichen Geist. Wenn es keine Riten gibt, wird der Geist verleugnet. Rituale heben uns aus der rein persönlichen Dimension unserer Erfahrung auf eine universelle Ebene und verbinden uns dadurch mit den spirituellen Wirklichkeiten der Existenz, ohne die das Leben eine Einöde ist.

Die Buddhisten sagen, eine der grundlegendsten Ängste sei die vor außergewöhnlichen Bewusstseinszuständen. Wir fürchten sie bei uns, und wir fürchten sie bei anderen. Eine Möglichkeit, mit dieser fundamentalen Angst umzugehen, besteht darin, diese Zustände in einer sicheren Umgebung zu erleben, um zu entdecken, wie wir uns in sie hineinbegeben und – was äußerst wichtig ist – sie wieder verlassen können. Psychedelische Substanzen sind ein Weg, psychotische Schübe ein anderer; aber es gibt noch weitere Möglichkeiten, uns mit anderen Bewusstseinszuständen vertraut zu machen. Trancetanz, Holotrophe Atemmeditation, bestimmte Formen von Yoga und die Drehtänze der Derwische sind einige Wege, uns bewusst in veränderte Bewusstseinszustände zu versetzen. Für mich ist der interessanteste und vertrauteste Weg das rituelle Drama. Das Wertvolle an dieser Form ist, dass sie Menschen die Erkenntnis vermittelt, dass sie außergewöhnliche Geisteszustände sowohl herbeirufen als auch beenden können, und zwar mit vollem Bewusstsein.

Um diesem Bedürfnis zu entsprechen, wollte ich mit der Heldenreise einen Übergangsritus schaffen, der so universell ist, dass Menschen mit seiner Hilfe das Muster von Veränderung erkennen können, wie immer diese Veränderung auch aussehen mag.

Der Prozess, der in diesem Buch ausgeführt wird, ist keine neue Schöpfung; vielmehr arbeite ich seit über fünfzehn Jahren mit der Heldenreise und habe in Europa und den Vereinigten Staaten Tausende von Menschen dazu angeleitet. Der Ablauf der Reise, wie er in diesem Buch beschrieben wird, ist die Frucht dieser fünfzehn Jahre und der Erfahrungen der Menschen, mit denen ich gearbeitet habe. Tatsächlich haben so viele unterschiedliche Menschen mit so vielfältigen Lebenshintergründen und aus so vielen Ländern Erfahrungen mit dem Prozess gemacht, dass ich mich veranlasst gesehen habe, ihn immer wieder weiterzuentwickeln, damit das Spektrum seiner Anwendung so breit wie möglich ist.

Als ich anfing, glaubte ich, die Heldenreise für Ärzte und Krankenschwestern zu entwickeln, die mit Menschen arbeiten, die sich in einer Krise befinden. Aber im Lauf seiner Entfaltung habe ich entdeckt, dass seine Anwendungsmöglichkeiten viel weiter reichen. Eine Schriftstellerin kann mit der Heldenreise ihre Blockaden auflösen und sich für ihren eigenen kreativen Prozess öffnen. Ein Alkoholiker kann sich seiner Sucht stellen. Menschen, die eine spirituelle Krise durchmachen, und Menschen, die einfach an ihrer eigenen spirituellen Entwicklung interessiert sind, haben festgestellt, dass dieser Prozess ihnen tiefgreifende Einsichten vermittelt und oft auch ihr Leben verändert hat. Die Heldenreise ist eine Chance, die Geschichte einer Wandlung im Rahmen eines Rituals durchzuspielen, in dem Ewigkeit und chronologische Zeit sich gegenseitig durchdringen. Wenn wir uns mit einem archetypischen Ablauf befassen und ihn im Hier und Jetzt darstellen, wird unser Alltagsleben erhellt vom Ewigen. Das schafft die Möglichkeit eines Austausches zwischen den beiden Dimensionen; eine Tür öffnet sich, durch welche die archetypische Welt in unser Leben treten und auf diesem Wege neue Kräfte und Formen in unseren Alltag einbringen kann. Diese gegenseitige Durchdringung der beiden Welten macht die eigentliche Natur des rituellen Dramas aus.

Den Ruf vernehmen

Ein Held, ob im Mythos oder heutzutage, ist jemand, der einen Ruf vernimmt und ihm folgt. Das ist in unserer Zeit schwierig, weil die Werbung ständig Pseudo-Rufe ausschickt: mach dies, mach das anders, kaufe dies Produkt oder besuche jene Veranstaltung. Wenn wir nicht spontan und natürlich auf diese Pseudo-Rufe reagieren, muss der Anbieter uns über unser Gefühl locken, seiner Werbung zu folgen. Fernsehwerbung, Anzeigen in Zeitschriften und Werbeplakate senden ständig solche falschen Rufe aus. Dieses ständige Drücken unserer »Antworttaste« macht es uns schwer, den authentischen Ruf zu vernehmen, wenn er kommt.

Wenn uns ein authentischer Ruf erreicht – ein Ruf, der uns von einer Lebensphase in die andere, zu einem neuen Beruf oder einer neuen Liebesbeziehung führen wird –, dann vibriert die Antwort auf diesen Ruf tief in unserem innersten Wesen. Aber wenn wir mit Rufen überflutet werden, ist es nicht leicht, die Stimme unseres inneren Selbst zu hören.

Es ist aber von entscheidender Bedeutung, dass wir diese Stimme vernehmen und auf sie hören, denn sie fordert uns auf, unsere Evolution kontinuierlich weiterzuverfolgen – nicht nur als menschliche Wesen, sondern auch als planetarische Gattung. Wir werden ständig zu unserem Evolutionsprozess aufgerufen. Wird der Rufmechanismus so stark von falschen Rufen gestört, dass wir die authentische Stimme nicht hören können, befinden wir uns in einer äußerst gefährlichen Situation. Wenn viele Menschen davon überzeugt sind, dass weiches Toilettenpapier oder hautpflegendes Geschirrspülmittel ihnen Befriedigung bringt, ist das ein bedauernswerter Zustand. Die ständige Konfrontation mit diesen falschen Rufen kann tatsächlich einen Schutzschild schaffen, der den authentischen Ruf ausblendet.

Wenn jedoch viele von uns anfangen, ihren wahren Ruf zu vernehmen, ist unsere Gesellschaft zu einer radikalen Wandlung aufgefordert. In diesem Fall würden wir erkennen, dass unsere Lebensweise dem authentischen Ruf des menschlichen Wesens nicht entspricht und uns nicht befriedigt. Wir würden begreifen, dass materielle Dinge kein Ersatz für spirituelle Entfaltung sind. Wenn wir als Gattung anfingen, unseren eigenen Rufen aufmerksam zu lauschen, wären wir für die Ablenkungen des Kommerzialismus nicht so anfällig; die Energie, die wir in das Konsumieren stecken, könnte dann in neue Bahnen gelenkt und für unsere Selbstentdeckung und persönliche Entfaltung eingesetzt werden.

Wir stehen an der Schwelle zu einem neuen Jahrtausend. Es steht außer Frage, dass wir nicht so weitermachen können wie in der Vergangenheit, weil der Planet sonst nicht überlebt. Wenn die Menschheit sich nicht auf eine höhere Ebene der Selbst-Bewusstheit begibt und ihre wahre Aufgabe in Hinsicht auf die Evolution der Gattung und des Planeten nicht wahrnimmt, bleibt nur noch die Selbstzerstörung.

Ich glaube, dass unsere Aufgabe in Bezug auf das gesamte Universum völlig anders aussieht als die zerstörerischen Aktivitäten, denen wir nachgehen. Wir haben das Leben durch Brillengläser betrachtet, die von Materialismus und Konsumverhalten getrübt sind. Wir müssen unsere Brillengläser säubern, um deutlicher zu sehen, worin unsere Aufgabe besteht.

Die Heldenreise ist eine Möglichkeit, wie wir anfangen können, einen klareren Blick zu bekommen und sowohl mit unserer eigenen Evolution als auch mit der unserer gesamten Gattung auf einer tieferen Ebene in Berührung zu kommen. Der Held ist jemand, der den Ruf vernimmt und darauf antwortet. Die Heldenreise ist so angelegt, dass sie uns die Chance gibt, unseren eigenen inneren Ruf nach Wandlung zu hören und zu entdecken, welche Schritte wir unternehmen müssen, um diese Wandlung zu bewirken und damit an der Evolution der Menschheit teilzuhaben.

TEIL I
VORBEREITUNG

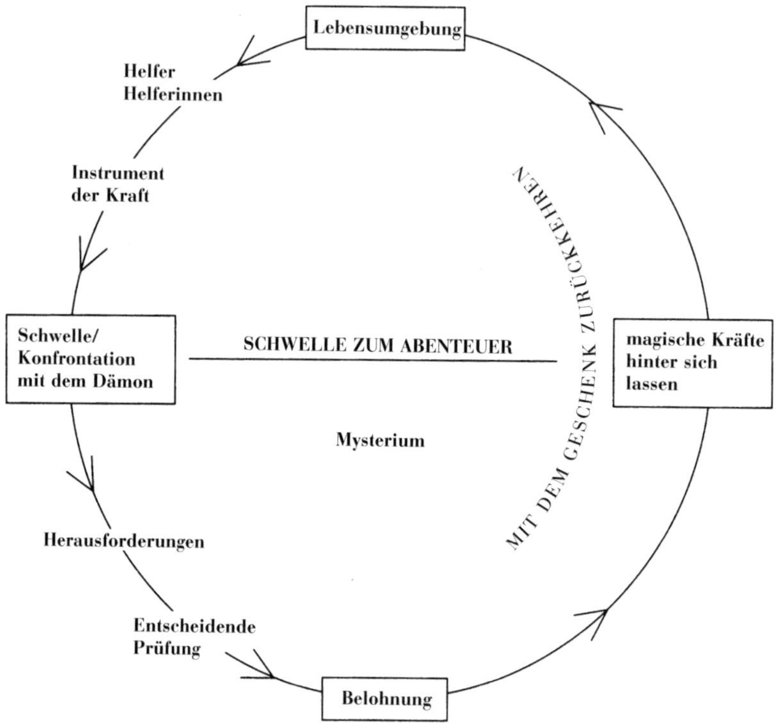
Lebensumgebung
Helfer
Helferinnen
Instrument
der Kraft
Schwelle/
Konfrontation
mit dem Dämon
SCHWELLE ZUM ABENTEUER
magische Kräfte
hinter sich
lassen
MIT DEM GESCHENK ZURÜCKKEHREN
Mysterium
Herausforderungen
Entscheidende
Prüfung
Belohnung

KAPITEL 1

Die Heldenreise: Wohin gehen wir?

Als ich anfing, das Material zu sammeln, das sich zum Prozess der Heldenreise entwickeln sollte, bestand mein erster Schritt darin, ein Muster ausfindig zu machen, eine Grundstruktur für den Entwurf des rituellen Dramas. Ich hatte das Glück, auf Joseph Campbells bahnbrechendes Buch *Der Heros in tausend Gestalten* zu stoßen, das anhand des Mythos vom Helden einen solchen Ablauf aufzeigt. Campbell fand heraus, dass sämtliche Initiationsriten dem gleichen Muster folgen: Am Anfang steht die *Trennung* von alten Wegen, von der Gemeinschaft oder Gruppe; dann folgt die *Initiation* oder der Übergang zu der neuen Ebene; und schließlich tritt der Held mit dem Geschenk der Reise die *Rückkehr* in die Gemeinschaft an. Mich an den Ablauf dieses Monomythos vom Helden haltend, entwickelte ich einen Prozess, mit dessen Hilfe eine Gruppe von Menschen durch den Archetypus der Transformation geleitet werden kann, um das so gewonnene Wissen auf ihr eigenes Leben anzuwenden. Viele Menschen, die die Heldenreise antraten, stellten fest, dass sie damit erleben, wie Transformation im Allgemeinen vor sich geht. Wenn es dann in ihrem Leben zu den unweigerlichen Veränderungen kommt, fühlen sie sich davon nicht mehr bedroht. Sie wissen, dass der Wechsel einem bestimmten Ablauf folgt. Sie haben die Karte zur Hand.

Bevor wir unsere Reise antreten, möchte ich Ihnen diese Karte überreichen. Sie wird Ihnen zeigen, welches Gebiet Sie durchqueren und welche Gestalten Sie annehmen werden.

Eine knappe Geländekarte

Die Hauptgestalt unseres Dramas ist natürlich der *Held*. Wer ist ein Held? Für mich gibt das folgende einfache Gedicht, geschrieben von einer 94-jährigen Frau, das grundlegende Wesen des Helden wieder – »das Gefühl zu folgen«, wenn ein Ruf ertönt:

Etwas Weiches, Sanftes
Gleitet dir durch deine Finger,
Und es scheint nach deiner Hand zu greifen,
dich zu Größerem zu führen –
du brauchst nichts als das Gefühl zu folgen.[1]

Der Held ist weder eine archaische Gestalt aus einer paternalistischen Periode noch ein rein männliches Bild, sondern ein Aspekt der menschlichen Natur, der Aspekt, der den Ruf aus den tieferen Schichten des Selbst vernimmt und darauf antwortet. Ich benutze den Begriff »Held« sowohl für Frauen als auch für Männer, denn ich halte das Wort »Heldin« für eine abgeschwächte Form, der es an Würde fehlt. Der Held ist das Potential jedes menschlichen Wesens, dem Impuls zu »etwas Größerem« zu folgen.

Die Geschichte der Heldenreise folgt einem bestimmten Grundmuster. Der Held ist, wie wir bereits gesagt haben, jemand, der den Ruf zum Abenteuer vernimmt und ihm folgt. Im Allgemeinen fügt diese Person, sei es Mann oder Frau, sich ziemlich gut in ihre soziokulturelle Umgebung ein, verspürt aber die Sehnsucht, sich weiterzuentfalten. An einem bestimmten Punkt verdichtet sich diese Neigung zu der Erfahrung des *Rufes*. Dieser Ruf kann von außen in Form einer Einladung oder eines Vorschlags von einem anderen Menschen kommen, wie Jesus ihn zum Beispiel an seine Jünger richtete, als er sagte: »Kommt und folgt mir!«; oder er kann als innere Stimme vernehmbar sein wie beim Prinzen Siddharta, der, als er das Leid der Welt erblickte, den Drang verspürte, seinen Palast zu verlassen und sich auf die Suche nach Weisheit und Frieden im Herzen zu machen. In beiden Fällen lautet die zugrunde liegende Überzeugung: »Das Leben kann mehr sein, als du lebst.« Wie immer der Ruf die entsprechende Person erreicht, er prägt sich ihrem Wesen tief ein, bis der Held danach handelt oder der Ruf zum Verstummen gebracht wird, indem der oder die Betroffene dem Streben des eigenen Herzens nicht folgt.

Durch den Ruf wird die erste Ebene des Widerstands aktiviert; denn er stellt in Frage, was immer in der augenblicklichen Lebenssituation den Status quo unterstützt oder davon abhängig ist, sei es unser Beruf, unser Zuhause, unsere Pflichten oder unser Beziehungsverhalten. Der Held muss das erkennen und sich damit auseinandersetzen, bevor sie oder er die Reise antreten kann. Im Prozess der Heldenreise finden wir mit Hilfe der Übungen zu unserer *Lebensumgebung* heraus, wie das Wesen unseres Rufes beschaffen ist.

Wenn der Held auf dem Pfad weiter voranschreitet, treten Helferinnen und Helfer auf, Menschen, die ihn ermutigen, Begleiter oder Freunde, die ihn auf

1 Nadya Catalfano, in: Kenneth Koch: *I Never Told Anybody: Teaching Poetry Writing in a Nursing Home.* New York: Random House 1977.

gefährliche Orte aufmerksam machen. Ein *Spiritueller Begleiter* überreicht dem Helden ein *Instrument der Kraft*, das er in den Kämpfen, die er auszufechten hat, und bei den Prüfungen, die er bestehen muss, einsetzen kann. So erhält König Arthur zum Beispiel ein Schwert von Merlin; Athene gibt Perseus ihren eigenen Schild; Cinderella bekommt von ihrer Feenpatin ein Ballkleid und ein Gefolge. Im Verlauf der Heldenreise wählen wir unsere eigenen geistigen Begleiterinnen oder Begleiter und entdecken unser eigenes Instrument der Kraft.

So ausgerüstet, schreitet der Held fort zu dem Ort, an dem es kein Zurück gibt – er gelangt an die *Schwelle zum Abenteuer*. Im Allgemeinen taucht sie als Tor, als Höhlenschlund oder Eingang zu einem Wald auf. Sie ist der Durchgang zu einer anderen Welt. Hier begegnet der Held einem Drachen, einem Schlosswächter, einem dreiköpfigen Hund oder einer anderen bedrohlichen Gestalt – einem Wächter an der Schwelle, der ihm den Zugang verwehrt. Dieser Wächter stellt die zweite Ebene des Widerstandes dar. Er steht für sämtliche Kräfte in der Persönlichkeit, mit denen diese sich selbst sabotiert. Im Prozess der Heldenreise nennen wir diesen Wächter den *Dämon des Widerstands*.

Eine *Konfrontation* zwischen Held und Dämon findet statt, die so lange dauert, bis es zu einer Lösung kommt. Der Dämon stirbt nicht, sondern wird erneut in das Wesen des Helden integriert. Dann wandert der Held weiter zum *Mysterium*, einer geheimnisvollen inneren Welt, und wird dabei manchmal von einem gewandelten Dämon begleitet.

Das Mysterium ist ein besonderer Ort, ein Zauberwald voller übersinnlicher Wunder. Der Held setzt seinen Weg fort und begegnet dem Neuen und Fremden. Aber da er jetzt mit dem Instrument der Kraft und dem Wissen ausgerüstet ist, das er bei der Konfrontation gewonnen hat, fühlt er sich bereit, jeder Situation zu begegnen. Schon bald wird er oder sie sich der *Entscheidenden Prüfung* unterziehen müssen, einem gewaltigen Kampf mit seiner oder ihrer grundlegendsten Angst.

Wenn der Held die Entscheidende Prüfung überlebt, hat er den *Lohn* für seine Reise verdient. Das kann der Gral sein, der Schatz oder die innere Hochzeit – was immer das Individuum gesucht hat. Dies ist das Geschenk des Lebens, das er nach der langen Nacht des Sterbens erhält, die Heilung, mit der der Held nach Hause zurückkehrt. Die magischen Aspekte des Mysteriums bleiben zurück, wenn der Held wieder über die Schwelle tritt, aber die Bewusstheit und Fülle der Reise bleiben ihm, so dass er seine Situation zu Hause verbessern oder verändern kann. Mit dieser *Rückkehr* in das Alltagsleben ist die Reise abgeschlossen.

Die Ebenen der Heldenreise

Die Heldenreise findet auf mehreren Ebenen statt:

1. Der *rituellen:* Sie stellt den spirituellen Rahmen des Prozesses dar, der durch das Ritual der Vestalin und das Singen der RAMs gestützt wird.
2. Der *dramatischen:* Sie betrifft die mythologische oder archetypische Geschichte des Helden, die wir gerade besprochen haben.
3. Dem *Narrentanz:* Diese Bewegungsmeditation ermöglicht den Teilnehmerinnen und Teilnehmern, die Schwelle vom Ritual zum Drama zu überschreiten, indem sie mit Hilfe von Körperhaltungen und einer geleiteten Phantasie die Geschichte bis zum jeweils erreichten Punkt rekapitulieren.
4. Der *biografischen:* Hier geht es um unseren individuellen psychologischen Hintergrund, wie er sich aus unserer persönlichen Geschichte ergibt.
5. Der *didaktischen:* Sie verweist auf die theoretischen Grundlagen des Prozesses, mit deren Hilfe die Begleiterin oder der Begleiter zu erklären versucht, was vor sich geht, statt die Teilnehmer zu verwirren oder zu mystifizieren.
6. Der *praktischen:* Hier wird der Prozess mit den Erfordernissen des täglichen Lebens koordiniert (oder, im Falle der Gruppenleiterinnen oder -leiter, mit den Erfordernissen des Tagesablaufs der Gastgeberorganisation und mit der Umgebung, in der der Workshop stattfindet).

Wir wollen uns jede dieser Ebenen einmal genauer anschauen.

Das Ritual

Das Ritual ist ein Torweg, durch den wir uns aus der gewöhnlichen Welt in eine andere Dimension begeben. Es ist ein Kreuzungspunkt von Zeit und Ewigkeit – ein Ereignis, bei dem die universellen Abläufe das Alltagsleben durchdringen und befruchten. Ein Ritual ist also eine Bewusstseinsschwelle. Ein so gewöhnlicher Vorgang wie das Atmen kann zur Bewusstseinserweiterung eingesetzt werden. Das Meditieren auf den ein- und ausströmenden Atem im Yoga zum Beispiel kann diesen einfachen, alltäglichen Akt in einen tiefgehenden Kontakt mit dem Pulsschlag im Zentrum des Universums verwandeln.

Die alten Mythen haben weltweit erkannt, dass menschliche Wesen, die der Macht des Göttlichen ohne Schutz von Angesicht zu Angesicht begegnen, in Gefahr sind, verrückt zu werden oder zu sterben. Die geordnete Form des Rituals, bei dem die Erfahrung auf »menschliche Proportionen« zugeschnitten wird, schützt uns davor, diese archetypische Macht unvermittelt zu erfahren.

Der Ritualkreis

Der Punkt des Aufbruchs und der Punkt der Rückkehr zur täglichen Sitzung sowie Anfang und Ende der Gruppe sind Rituale. Bei der Heldenreise geschieht dieses Überschreiten der Schwelle mit Hilfe des heiligen Raumes, den wir schaffen und der einen besonderen und sicheren Rahmen darstellt. Der Ritualkreis ist ein geschützter Bereich, den Menschen mit ihrem Körper und ihrem Bewusstsein kreieren, um veränderte Seinszustände in einem sicheren Umfeld zu erfahren. Der Kreis wird zum Tempel, in den wir das Göttliche einladen. Der Ritualkreis besagt: »Hier findet das Mysterium statt.«

In unserer Gesellschaft beruhen die meisten Erfahrungen mit anderen Wirklichkeiten auf der Einnahme von Drogen oder auf »Wahnzuständen«. Bei der Drogenerfahrung können wir uns dem veränderten Bewusstseinszustand nicht entziehen, solange die Droge wirkt. Auch Wahnzuständen können wir nicht entkommen, wenn der Wahn nicht auf irgendeine Weise ein Ende findet. Im Ritualkreis lernen wir jedoch, wie wir uns willentlich in erweiterte Bewusstseinszustände begeben und aus diesen ebenso wieder herausgehen können. Es ist sehr wichtig zu erkennen, dass wir mit dem Verlassen des rituellen Raumes auch die hier vorherrschenden Wirklichkeiten und Gesetze hinter uns lassen. Die Person zum Beispiel, die innerhalb des Ritualkreises ein vollkommenes Vertrauen in das Universum entdeckt, wird extrem anfällig für Diebstahl und Betrügerei, wenn sie nicht zwischen den Welten unterscheiden kann. Die Araber haben dafür ein Sprichwort: »Vertraue in Gott und binde dein Kamel fest.« Die Person, die ihr Kamel nicht festbindet, verliert es nicht nur an Diebe – sie verliert auch ihr Vertrauen in Gott und in das Mysterium.

Wenn wir den rituellen Raum betreten, müssen wir die Begrenzungen des Alltags hinter uns lassen. Wir müssen fliegen können. Wir müssen imstande sein, uns in Pfauen oder Kaulquappen zu verwandeln, falls es nötig wird. Wir müssen uns bewahren, was im Theater als »bereitwilliges Aufgeben des Unglaubens« bezeichnet wird. Dieses bereitwillige Aufgeben des Unglaubens ist ein Torweg, durch den wir andere Bewusstseinsebenen betreten können.

Deswegen müssen wir imstande sein, die Welt der Begrenzungen hinter uns zu lassen, die Welt der unbegrenzten Möglichkeiten zu betreten und wieder zurückzukehren in die begrenzte Welt. Nur dann verstehen wir die beiden Seiten der Schwelle, können unsere Visionen in der materiellen Welt realisieren und der geistigen Welt mit Leidenschaft und Verletzlichkeit begegnen. Die Fähigkeit, diese Schwelle in beide Richtungen willentlich überschreiten zu können, gehört zum Wichtigsten, was wir im Verlauf der Heldenreise lernen.

An den Begleiter

■ Der Ritualkreis ist Kern des Gruppenprozesses. Es hängt von Ihrer Umgebung ab, ob das Gruppengeschehen in die Außenwelt getragen werden kann. Wenn Sie sich in einem geschützten Umfeld befinden, keine andere Gruppe anwesend ist und die Gastgeberorganisation weiß, was vor sich geht, kann der Ritualkreis ausgedehnt werden und mehr Raum einnehmen. Ist Ihre Umgebung jedoch nicht auf den Prozess eingestellt, müssen Sie Respekt für die Grenzen fordern. Das Überschreiten dieser Grenzen führt häufig zu Missverständnissen und Konflikten, weil die Menschen aus völlig verschiedenen Blickwinkeln kommunizieren – man könnte sogar sagen, aus verschiedenen Dimensionen. Wenn Sie in der Gruppe damit experimentieren, Ihre Macht zum Ausdruck zu bringen, indem Sie schreien und mit den Füßen aufstampfen, sollten Sie das im Kreis tun und nicht beim Abendessen.

Die Kerze

Das Anzünden einer Kerze dient mehreren Zwecken. Sowohl die Atmosphäre als auch die Stimmung der teilnehmenden Menschen verändert sich dadurch. Die Gruppe wird vereint und kann sich nicht auf den Gruppenleiter oder die Gruppenleiterin ausrichten, wenn sie sich auf die Kerze in der Mitte des Raumes konzentriert. Es heißt, dass Schwarzmagier sich in die Mitte des Raumes setzen und die ganze Aufmerksamkeit auf sich lenken, während Weißmagier eine Kerze in die Mitte stellen, so dass die Energie auf das Licht und nicht auf den Magier ausgerichtet wird. Das Licht wird zum Begleiter und erleuchtet die Reise der Einzelnen. Die Meditation auf die Kerze ist ein Ritual, mit dem die täglichen Sitzungen beginnen.

An den Begleiter

■ Wie im nächsten Kapitel deutlich wird, fange ich mit dem Ritual erst an, nachdem ich über den Prozess gesprochen habe und wir die Möglichkeit hatten, zu singen und Musik zu machen sowie uns ein wenig kennen zu lernen. Erst wenn alle anwesend sind, zünde ich die Kerze in der Mitte des Raumes an, denn diese Handlung besagt: »Jetzt begeben wir uns zusammen in eine andere Dimension.«

Das Drama

Die Stadt Epidauros im alten Griechenland war ein Heilungszentrum, das dem Gott Äskulapius gewidmet war. Die Griechen erkannten, dass Geist, Herz und Körper in Beziehung miteinander stehen, und ihr Heilungszentrum bestand nicht nur aus einem Krankenhaus, sondern hatte auch eine Sporthalle, einen Tempel und ein Theater. Zum Behandlungsplan eines Menschen gehörte, dass ihm bestimmte Stücke, die seine Krankheit psychologisch reflektierten, verschrieben wurden. Im Theater sahen die Menschen, wie ihr sterbliches Wesen mit den ewigen Archetypen konfrontiert wurde. Das griechische Publikum identifizierte sich so stark mit dem Schauspieler, dass es durch ihn die heilende Kraft des Konfliktes, der Krise und Transformation des Helden erfahren konnte.

Die kosmische Umgebung des offenen Amphitheaters brachte Schauspieler und Publikum in einer gemeinsamen Welt zusammen, die von Sterblichen und Unsterblichen zugleich bevölkert war. Im Laufe der Jahrhunderte jedoch gingen die Mysterien dem menschlichen Bewusstsein verloren. Das Drama zog sich aus seiner kosmischen Umgebung zurück, und das Publikum wurde vom Stück getrennt. Heute sitzen wir isoliert in der Dunkelheit und beobachten die einsamen Kämpfe gewöhnlicher Menschen auf einer Podiumsbühne, die von einem kleinen Lichtviereck abgegrenzt wird. Die Schauspielerinnen und Schauspieler sind ihrer Beziehung zur Natur beraubt, und das Publikum ist vom Stück getrennt; das Drama hat seine kosmische Dimension verloren und damit auch seine Fähigkeit zu heilen. Um die therapeutische Magie des Theaters wiederzubeleben, müssen wir uns in das Theater unserer eigenen Seele begeben und zur Hauptdarstellerin oder zum Hauptdarsteller unseres eigenen kosmischen Dramas werden, indem wir zulassen, dass die Ewigkeit der mythologischen Abläufe die Chronologie unseres Alltagslebens durchdringt.

Im rituellen Drama wird das Individuum zum Schauspieler und erfährt diese Beziehung unmittelbar. Wir betreten den rituellen Kreis und lauschen auf den Ruf zu einer tieferen Erfahrung unseres inneren Kerns. Dieser Ruf ist der universale Archetyp. Was bedeutet er uns als individuellen menschlichen Wesen? Wie stellen wir ihn uns vor? Wie sieht die Vision aus? Welches Bild präsentiert er uns? Welche heroischen Persönlichkeitsaspekte müssen wir betonen oder entwickeln, um den Ruf zu beantworten und uns auf die Suche zu begeben? Welche Hindernisse stellen wir uns selbst in den Weg – Hindernisse in Bezug auf unsere Umgebung und unsere eigene psychologische Struktur? Wie sieht unser Dämon des Widerstands aus?

Statt dem Drama aus der Distanz zuzuschauen, wie ein Mensch aus dem alten Griechenland es getan haben mag, werden wir bei der Heldenreise zu Hauptdarstellerinnen und Hauptdarstellern unserer eigenen Geschichte. Jeder Mythos, jede

Geschichte, jedes Drama ist ein Bild des Bewusstseins – ein Bild, das uns zeigt, wie die verschiedenen Aspekte des Bewusstseins zusammenspielen. Wenn wir das Drama der Heldenreise beginnen, spielen wir sämtliche Rollen. Dabei erfahren wir die Bedeutung des Geschehens nicht nur über unseren Geist und unsere Seele, sondern können das Drama auch körperlich erleben und integrieren.

Der Narrentanz

Der Narrentanz führt uns vom Ritual zum Drama. Unser Übergang von der Alltagswelt in die rituelle Welt beginnt mit dem Ritual des Anzündens der Kerze. Wir richten unsere Aufmerksamkeit auf das Licht, auf das Bewusstsein. Dann begeben wir uns mit Hilfe eines langsamen, meditativen Tanzes, der die Bilder der Geschichte verkörpert, von der Welt des Bewusstseins in die Welt der Archetypen und des Dramas. In der Meditationspraxis der Hindus heißt es, dass wir durch das körperliche Ausführen von *Mudras* (symbolischen Handgesten) unser Bewusstsein für die Erfahrung öffnen, die durch diese Haltung ausgedrückt wird. Der Narrentanz besteht aus einer Reihe von Mudras oder Haltungen, die auf der Beziehung zwischen dem ewigen und dem individuellen Prozess beruhen. Wir übersetzen unsere Bilder vom Helden, vom Ruf und von unseren Reaktionen auf unsere augenblickliche Lebenssituation in Körperhaltungen, mit denen wir uns aus dem ruhigen, meditativen Zustand des Rituals in das Gefühl für das Drama versetzen. Jeden Tag wieder fasst der Narrentanz die Geschichte bis zu dem Punkt zusammen, an den unser Drama gelangt ist; und genau hier erwacht das Drama zum Leben.

Die Idee für den Narrentanz entstammt der hoch stilisierten japanischen No-Theater-Tradition. Im No-Theater beginnt der Schauspieler, indem er auf seine Maske meditiert. Ganz langsam geht er auf die Bühne zu und dringt dabei mit jedem Schritt tiefer in den Charakter der Figur ein, die er spielen wird. Wenn er dann die Bühne erreicht, betritt die Figur die Bühne – nicht der Schauspieler, der die Rolle spielt.

Der Schauspieler beginnt aus einem Zustand der Leere heraus – frei von Gefühlen, frei von Persönlichem, ist er reines Sein. Er beginnt mit einer Geste, und während diese einen Höhepunkt erreicht, taucht er ganz in die Erfahrung ein, die diese Geste vermittelt – vielleicht besteht sie in einem tiefen Mitgefühl für die Welt, dem Mitgefühl des Buddha. Wenn die Geste auf den Höhepunkt gelangt, ist sein ganzes Sein – sein Körper, seine Seele und sein Geist – von diesem Gefühl erfüllt, so dass er in diesem Augenblick die Erfahrung jenes Mitgefühls *ist*. Auf diesem Gipfelpunkt des Spiels werden die Gesten des Schauspielers von Trommeln und anderen rhythmischen Klängen begleitet.

Wenn wir beim Narrentanz die *Nullposition* einnehmen – die den Anfang und das Ende des Narrentanzes darstellt –, befinden wir uns auf ähnliche Weise in einer Haltung der Leere. Während der Körper in die Haltung übergeht, begibt er sich aus der Leere in das Drama und tritt ein in die Gefühlserfahrung der Geschichte. Wenn Sie den Zustand der Nullposition von innen heraus erleben, haben Sie etwas gewonnen, das über den Workshop hinausgeht. Die Buddhisten sprechen von der »fruchtbaren Leere«, aus der alles Leben geboren wird. Für mich ist »Null« der Punkt in der Leere, der angefangen hat, sich zu individuieren. Es ist der Punkt der Mitte. Und was ist ein Punkt? Ein Punkt birgt unbegrenzte Bewegungsmöglichkeiten, ohne auch nur eine davon umzusetzen; er ist reines Sein. Sobald er sich in eine Richtung bewegt, hat er sich begrenzt, sich aber zugleich in seiner Einzigartigkeit manifestiert. Und darum geht es beim Übergang von Null zur ersten Position des Narrentanzes. Und wie sieht die erste Haltung aus? Sie zeigt mein Ich – mein gewöhnliches, alltägliches Ich. Die Frage lautet dann: »Wie begebe ich mich von der universellen Ganzheit in das von mir geschaffene begrenzte Selbst? Und wie wandelt sich dieses Sein ständig zu all den Variationen des Tanzes meiner Seele?« Die Bewegung von »Null« zu »Ich« und zurück birgt das ganze Drama.

Die Biografie

Die nächste Ebene des Prozesses ist die psychologische. Wenn der Narrentanz von »Null« zu »Ich« verläuft und die Frage des Workshops lautet, wie ich zu Null zurückkehren kann, liegt die Antwort im Heldendrama. Wie also bereiten wir uns auf die Rollen vor, um dieses Drama durchzuspielen? Wie entwickeln wir die Gestalten? Wie finden wir heraus, wie unser Dämon aussieht? Und wie unser Held?

Im Theater gibt es zwei grundlegende Theorien über die beste Art des Schauspielens. Nach Diderot begibt sich der Schauspieler in die Position der zu spielenden Figur, bleibt ihr gegenüber aber objektiv und imitiert einfach die natürlichen Abläufe. Das andere Konzept, das auf Stanislavski beruht, besagt, dass Schauspielerinnen und Schauspieler den Charakter der zu spielenden Figur auf der Grundlage ihrer persönlichen Erfahrung entwickeln müssen. Der Schlüssel ist das »als ob«. Im Prozess der Heldenreise entwickeln wir unsere Gestalten nach der Stanislavski-Methode. Wir erforschen unsere persönliche Lebenssituation sowie unsere Gewohnheiten, unsere Psychologie, unsere Persona und unsere Form des Umgangs mit unseren Themen.

Die dritte Ebene des Prozesses besteht also darin, herauszufinden, wie wir vorgehen, um unsere Ziele zu erreichen, wie wir uns in Beziehungen verhalten und wie wir uns mit unserer Arbeit und mit uns selbst fühlen. Wir beginnen mit der Erforschung unserer persönlichen Situation. Anhand von vier Lebensbereichen versuchen wir zu klären, wie unsere persönliche psychologische Struktur aussieht. Wie gehe ich mit Problemen um? Wie sehen meine Widerstände, mein Schmerz, mein Leiden aus? Dies ist der »Stoff« für das Drama. In der Probenphase gehen wir, Stanislavkis Ansatz folgend, von unserer eigenen Psyche aus – unserer persönlichen Entwicklung und psychologischen Struktur – und bringen sie in das Stück ein.

So sehen unsere Vorbereitungen für das Drama aus. Um den Dämon des Widerstands zu entwickeln, erforschen wir zum Beispiel unsere eigenen Widerstände, indem wir uns unseren Körperpanzer anschauen und überprüfen, wie wir uns üblicherweise bewegen und verspannen. Wir schauen uns an, was diese Verspannungen uns über zurückgehaltene Gefühle sagen könnten. Ein Mensch, der zum Beispiel ständig seine Schultern hochzieht, kann chronische Widerstände gegen den Wunsch entwickelt haben, sich an andere zu wenden und sie zu berühren. Das ist die Psychologie dieses Menschen. Im Prozess der Heldenreise konzentrieren wir uns nicht auf diese Muster, um unsere psychischen Probleme zu bearbeiten. Vielmehr wird die Psychologie zum Schlüssel für den Entwurf der Gestalt. Häufig setzen die Teilnehmer sich beim Entwerfen und Spielen der Figuren des Helden und des Dämons mit psychologischen Problemen auseinander. Der Held mag zum Beispiel auf der Suche nach Liebe sein, und der Dämon kann sagen: »Lass das! Keine Berührungen! Halte dich von Menschen fern!« Auf diese Weise wird das psychologische Material auf der Ebene der Phantasie oder des Dramas durchgearbeitet.

Bei vielen kathartischen Methoden wie Gestalt, Bioenergetik, Primärtherapie und reichanischer Therapie ist der primäre emotionale Prozess äußerst wichtig. Bei der Heldenreise ist er zwar auch wichtig, an erster Stelle jedoch Stoff für das Drama. Das Medium der künstlerischen Kreativität hebt die unbearbeiteten Emotionen auf eine neue Ebene: die transpersonale Ebene von Drama und Ritual. Die meisten Menschen machen Workshops, um ein Problem oder einen bestimmten Konflikt zu bearbeiten, aber das ist nicht das Hauptziel der Heldenreise. Sie ist nicht so angelegt, dass sie Menschen zum Beispiel bei der Klärung eines bestimmten Beziehungsproblems hilft, auch wenn es durchaus sein kann, dass das Thema im Verlauf der Reise auf einer viel tieferen Ebene gelöst wird.

Wird die persönliche psychologische Arbeit durch die Darstellung des Ritualkreises in den Tempel verlagert, heilt mit der eigenen Person immer auch ein Teil der gesamten Menschheit. Und wenn diese Heilung der gesamten Menschheit bewusste Absicht ist, begeben wir uns auf eine andere Bewusstseinsebene – wir tun einen Schritt, der der Wahrheit noch näher kommt. Das bedeutet, dass wir uns bei unserer eigenen Heilung nicht nur auf uns selbst konzentrieren, sondern auf etwas, das über unser Ich hinausgeht. Diese Hingabe an etwas Größeres ist, laut Joseph Campbell, eine grundlegende Eigenschaft des Helden. Wenn ich also in die Therapie gehe, um mich mit einem individuellen Problem auseinanderzusetzen und mich besser zu fühlen, ist das völlig in Ordnung. Heile ich mich aber mit dem Wissen, dass meine eigene Heilung auch das Bewusstsein des Planeten heilt – dann bin ich ein Held.

Das Didaktische

Damit die Reise zu einer möglichst umfassenden Erfahrung wird, spricht der Gruppenleiter von Zeit zu Zeit über die Grundlagen der verschiedenen Schritte des Prozesses und ihre Zusammenhänge mit der Gestalttheorie.

Das Praktische

Bei der praktischen Ebene geht es darum, dass wir die Erfordernisse der äußeren Realität mit dem in Einklang bringen, was wir für die Reise brauchen. Als Teilnehmerin oder Teilnehmer sollten Sie versuchen, sich für Ihre Reise genügend Zeit und Raum zu nehmen. Als Gruppenleiterin oder Gruppenleiter müssen Sie überlegen, in welcher Institution oder Umgebung die Reise stattfinden kann.

An den Begleiter

■ Bei der Heldenreise findet zum Beispiel meistens ein Heldenbankett statt. Vielleicht hat die Trägerinstitution Lust, sich an den Vorbereitungen für die Feier zu beteiligen. Die Begleiter sollten jedoch die Möglichkeiten und Grenzen der Gastgeberorganisation berücksichtigen. Es ist wichtig, für den geplanten Ablauf des Prozesses sowohl die äußere als auch die innere Umgebung voll zu nutzen. Das Heldenbankett kann als Picknick am Ufer eines Flusses stattfinden, als Gartenfest oder als eine vorbereitete Party in der Eingangshalle Ihrer Unterkunft. Auch für andere Phasen des Prozesses können Sie nach draußen gehen. Die Natur – ein plötzlicher Regenschauer oder ein schöner Sonnenaufgang – kann die mythologische Wanderschaft auf magische Weise bereichern.

Die Ebenen der Psyche klären

Die verschiedenen Ebenen der Heldenreise spiegeln eigentlich psychische Ebenen wider. Die Erfahrung des Prozesses kann uns beibringen, uns bewusster von einer Ebene zur anderen wie zum Beispiel vom Mythischen zum Persönlichen zu bewegen, während wir die verschiedenen Bereiche zugleich richtig zuordnen und voneinander getrennt halten. Dieses Wissen um die verschiedenen Ebenen verhindert, dass wir eine psychische Ebene mit Menschen, die sich auf einer anderen Realitätsebene befinden, ausagieren. Als zum Beispiel vor einigen Jahren LSD in Mode war, glaubten manche Menschen, die auf Trip gingen, sie könnten Autos mit Blicken anhalten. Auf dieser Bewusstseinsebene handelnd, liefen sie auf die Autobahn und versuchten, die Wagen mit der Macht ihrer Augen zu stoppen. Aber die Fahrer der Wagen agierten auf einer anderen Bewusstseinsebene und machten das deutlich, indem sie hupten, auf die Bremse traten und die Polizei riefen. Statt also zu erleben, wie sie ihre Macht durch Blicke zum Ausdruck bringen können, landeten die Auto-Stopper im Krankenhaus oder im Gefängnis.

Es ist nicht unbedingt nötig, dass die Reisenden die Ebenen des Prozesses unterscheiden. Wenn es ihnen aber möglich ist (und die Begleiter ihnen helfen, klar zu bleiben), hilft es ihnen auch, die verschiedenen Ebenen oder Dimensionen der eigenen Psyche wahrzunehmen und entsprechend zuzuordnen. Denken Sie daran: Beim Prozess der Heldenreise haben wir die Freiheit, uns auf etwas einzulassen oder auch nicht. Um diese freie Wahl zu garantieren, muss der Prozess so klar wie möglich sein.

KAPITEL 2

Den Weg finden

Wenn ich die Heldenreise anleite, gebe ich den Teilnehmerinnen und Teilnehmern einen bestimmten Rahmen vor, mit dem sie dann völlig frei verfahren können. Vielleicht bin ich nicht immer einverstanden mit dem, was sie tun, aber das ist dann meine Sache. Mit einigen Menschen bin ich jedoch strenger. Wenn ich sehe, dass jemand ständig Spiele spielt und Widerstand leistet, spreche ich ihn direkt an. Ich verhalte mich respektvoll, lasse aber nicht alles durchgehen; ich setze bestimmte Maßstäbe. Würde ich also in diesem Buch schreiben: »Nur so und nicht anders vorgehen«, würde ich Ihren eigenen kreativen Prozess autoritär abblocken. Sage ich aber: »Machen Sie es irgendwie«, gehe ich an der Möglichkeit einer fundierten Kontrolle des Umgangs mit dem vorgegebenen Material vorbei. Wir müssen also einen Mittelweg finden.

Ein wichtiger Aspekt des Prozesses der Heldenreise ist der kreative Anreiz, der damit einhergeht, dass Sie sich Ihren eigenen Weg durch das Material bahnen. Ich möchte mit diesem Buch eine kreative Atmosphäre anbieten, in der Sie, auf der Grundlage des Materials, auf Ihre eigene Weise wachsen können. Außerdem möchte ich Werkzeuge zur Verfügung stellen, mit deren Hilfe Sie die Heldenreise auch anders gestalten können. Ich möchte, dass Sie den vorgegebenen Ablauf studieren und dann entscheiden, wie Sie damit arbeiten wollen, statt dass Sie das Gefühl haben, sich »sklavisch« daran halten zu müssen. Trotzdem gilt es einige Punkte zu bedenken.

Einige Überlegungen, bevor Sie beginnen

1. *Muss ich Erfahrungen mit dem Theaterspielen mitbringen?* Der Prozess der Heldenreise ist eindeutig theatralisch angelegt, und auf dem Hintergrund von Erfahrungen mit dem Theaterspielen oder mit Psychodrama kann die Begleiterin

oder der Begleiter die Teilnehmer ermutigen, sich entsprechend auszudrücken und Ereignisse theatralisch umzusetzen. Theatererfahrungen sind auch für die rituelle Arbeit förderlich. Hier liegt jedoch auch eine Gefahr. Menschen mit Theatererfahrung glauben oft, dass »die Darstellung alles ist«, und das ist bei einem Ritual nicht der Fall. Hier geht es primär um die Tiefe der Erfahrung. Sollten Sie also einen entsprechenden Hintergrund haben, ist es wichtig zu begreifen, dass nicht das Stück an erster Stelle steht, sondern die Intensität der Erfahrung, die Sinnhaftigkeit des Rituals und der Respekt für den individuellen Prozess.

2. *Was ist mit Musik?* Auch wenn die Heldenreise ohne Musik verlaufen kann, finde ich Musik sehr wichtig und betrachte sie als große Hilfe für den Gruppenprozess. Der Begleiter muss kein Musiker sein. Manche Menschen stellen Musik von Tonträgern zusammen, um eine bestimmte Stimmung und Atmosphäre zu erzeugen, andere arbeiten mit Musikern zusammen. Live-Musik ist ideal. Sie pulsiert mit dem lebendigen Rhythmus der Gruppe, während aufgenommene Musik der Gruppe einen Rhythmus vorgibt. Es ist jedoch auch möglich, ohne Musik auszukommen. Der Prozess kann auch sehr tief gehen, wenn er in der Stille stattfindet oder lediglich von den Geräuschen der Natur begleitet wird.

3. *Wie weit kann ich mit mir und der Gruppe gehen?* Die Faustregel lautet, sich niemals zu zwingen, über die Grenzen des eigenen Widerstands hinauszugehen. Die intensivste Technik, die ich bei der Heldenreise anwende, ist die Atemübung, die wir bei der entscheidenden Prüfung machen, aber auch hier werden die Grenzen des Individuums respektiert. Sie müssen selbst entscheiden, wo Sie Ihren Widerstand überwinden können und wo er für Ihr Gefühl von Sicherheit wichtig ist. Das ist eine heikle Frage. Wenn wir zum Beispiel unsere Körperabwehr erforschen, um die Gestalt des Dämonen zu entwickeln, gehen wir ganz sanft vor: Wir liegen auf dem Boden und spüren nach, wie unser Körper Widerstand gegen die Schwerkraft leistet. Indem wir Verspannungen bewusst verstärken, können wir sämtliche Formen von Abwehr entdecken, die der Körper seit seiner Geburt entwickelt hat. Das Gegenteil geschieht in Gruppen, in denen Individuen in die Mitte des Kreises geschickt und bedroht, geschlagen, gedrängt und verhöhnt werden, damit ihr Körper sich vor Abwehr verspannt. Diese Methode ist unverantwortlich und sollte bei der Heldenreise niemals Anwendung finden.

4. *Was ist mit der persönlichen Freiheit?* Es ist ganz *wesentlich*, dass die Teilnehmer an der Heldenreise bei jedem Schritt des Weges frei entscheiden können, wie weit sie sich auf die einzelnen Übungen einlassen wollen. Genau darin unterscheidet sich der Prozess vom Wahnsinn. Im Wahn sind wir nicht frei; wir

werden überwältigt von der Flut unbewussten Materials und sind nicht imstande, zwischen Traum und Wirklichkeit zu unterscheiden. Bei der Heldenreise jedoch können wir diese Unterscheidung immer treffen und das Reich der Phantasie willentlich betreten. Genau das macht nach meiner Auffassung ein Ritual aus und lässt es zu einer heiligen Form werden, die auf Selbstverantwortung beruht. Wenn Sie sich als Begleiterin oder Begleiter also in die Freiheit des Reisenden einmischen, ihn drängen, beleidigen, verletzen und autoritäre Methoden anwenden – oder sich als Individuum das selbst antun –, missbrauchen Sie den Prozess. Der Faschismus mag zwar Helden hervorbringen, aber diese Helden sind Sklaven. Bei der Heldenreise geht es nicht um Sklaverei, sondern um Individuation und den Mut, den eigenen Weg zu finden.

5. *Was ist mit Teilnehmerinnen oder Teilnehmern, für die die Heldenreise nicht geeignet ist?* Ganz gleich, ob Sie mit diesem Material als Individuum arbeiten oder vorhaben, andere dabei anzuleiten, wichtig ist, dass Sie ein Gespür dafür haben, was andere verkraften können. Kann ein Mensch keinen Augenkontakt herstellen und nicht in klaren Sätzen sprechen? Spricht er ständig in einer hoch symbolischen Sprache, ohne im Hier und Jetzt einen einfachen Kontakt eingehen zu können? Kann er sich nicht auf die Themen anderer Menschen einstellen? Bezieht jemand ständig alles auf sich? Wenn die Antwort auf eine dieser Fragen Ja lautet, ist zu bezweifeln, dass der oder die Betroffene an dem Prozess teilnehmen kann.

Sollten Sie den Verdacht haben, dass ein Teilnehmer nicht stabil genug ist, sprechen Sie am besten vor Beginn der Gruppe mit ihm (oder auch noch, nachdem die Gruppe angefangen hat), um herauszufinden, ob er einmal psychisch krank war oder noch ist. Auch wenn es nicht ausgeschlossen ist, dass Menschen, die einen emotionalen Zusammenbruch erlitten haben, am Prozess teilnehmen können, ist es wichtig, dass der Betroffene das Ereignis verarbeitet hat und für sich selbst sorgen kann. Wesentlich für ein Ritual ist, dass Menschen sich in voller Selbstverantwortung in einen anderen Zustand begeben. Ein Mensch, der keine stabile Ich-Struktur hat, mag sich zwar in einen anderen Zustand versetzen können, ist möglicherweise aber nicht imstande oder unwillig, zurückzukommen, weil der veränderte Zustand ihm viel interessanter erscheint als seine normale Verfassung. Dadurch geraten Menschen oft in die Sackgasse chronischer psychischer Krankheiten: ihr Interesse an veränderten Zuständen ist größer als das am »grauen Alltag«. Die Begleiter müssen für diesen Punkt sensibel sein.

Das lebendige Ritual

Bevor Sie zu der Heldenreise aufbrechen, ob Sie nun andere begleiten oder die Reise selbst antreten, empfiehlt es sich, dass Sie sich mit dem Ablauf von Ritualen vertraut machen und ein Gespür für den Unterschied zwischen einem toten oder hohlen und einem lebendigen, tiefgehenden Ritual entwickeln. Ein hohles Ritual hat keine Substanz; es wiederholt einfach archaische Phrasen und Gesten. Ein lebendiges Ritual ist voller Vitalität und Bedeutsamkeit. Es berührt den Kern und steht in einem deutlichen Zusammenhang mit dem alltäglichen Leben.

Wie immer Sie zum Katholizismus eingestellt sein mögen, einer der großen Vorteile dieser Religion ist, dass sie sich ein Gefühl für das Ritual bewahrt hat. Die Kirche ist eine Fundgrube für alte Formen; und wenn ein wirklich lebendiger Mensch das Ritual durchführt, können die überlieferten Worte, Klänge, Gesänge und Gesten plötzlich wieder lebendig und sinnvoll werden, nicht nur für den Verstand, sondern auch für die Seele und den Geist. Einige religiöse Traditionen – wie Judentum, Katholizismus, Buddhismus und Hinduismus – haben das Ritual lebendig erhalten, auch wenn es in heutigen Zeiten oft als verwässert erlebt wird. In den sechziger Jahren sind viele Menschen nach Indien aufgebrochen, um die lebendigen rituellen Gepflogenheiten dieser Kultur zu erfahren. Stammesgesellschaften, wie die der Ureinwohner von Nord- und Südamerika, der Afrikaner und der Ureinwohner Australiens, haben einen hoch entwickelten, ausgeprägten Sinn für Rituale. Jeder, der Erfahrungen mit einer dieser kulturellen Traditionen hat, weiß um den Wert und die Macht eines lebendigen Rituals. Wenn Sie jemals eine Kirche, Synagoge oder einen anderen heiligen Ort betreten, dort an einem Ritual teilgenommen, Ehrfurcht empfunden und das Gefühl gehabt haben, eine andere Dimension oder Realität zu betreten, wissen Sie in Ihrem tiefsten Inneren, was ein Ritual ist und können andere Menschen ermutigen, Zugang dazu zu gewinnen. Dieser Respekt vor Ritualen ist wichtig, wenn Sie sich oder andere zu der Heldenreise anleiten wollen.

Es ist sicherlich hilfreich, wenn Sie an Mythologie und Märchen zumindest ein gewisses Interesse haben und Gefallen daran finden, auch wenn Sie kein Experte sein müssen. Da Sie sich auf archetypische Ebenen begeben, ist es gut, wenn Sie ein Gespür für die Mythen haben. Als ich die Reise einmal in Irland durchführte, las ich vorher eine Sammlung irischer Märchen und Mythen. Dadurch bekam ich ein besseres Gespür für das Land. Als ich die Namen der irischen mythischen Helden in der Gruppe erwähnte, entstand ein Gefühl tiefer Vertrautheit mit den Teilnehmern.

Es ist also für Einzelreisende und Begleiter gleichermaßen hilfreich, mit Mythologie, Ritualen sowie mit emotionalen und psychischen Prozessen vertraut zu sein, ohne unbedingt ein Expertenwissen auf diesen Gebieten haben zu müssen.

Auch die Kenntnis der Werke von C.G. Jung, Joseph Campbell, John Weir Perry, Mircea Eliade, Esther Harding und Robert Graves ist für den Prozess förderlich.

Wer kann Begleiterin oder Begleiter sein?

Sie müssen den Prozess nicht als Teilnehmer erlebt haben, um Begleiter sein zu können. Ob Sie diese Aufgabe wahrnehmen können, ist keine Frage der eigenen Erfahrungen, sondern der Persönlichkeit und Authentizität. Als Begleiterin oder Begleiter müssen Sie wissen, wer Sie sind und was diese Art Prozesse auslösen können. Sie müssen auch wissen, was Sie für sich wollen. Sind Sie darauf aus, von allen Beteiligten als großartiger Begleiter gesehen zu werden? Das ist in Ordnung, daran ist nichts verkehrt, aber es darf nicht der einzige Grund dafür sein, dass Sie diese Aufgabe übernehmen. Ihr einziges Motiv sollte auch nicht darin bestehen, viel Geld verdienen zu wollen. Wenn Sie sich nicht dem menschlichen Geist verpflichtet fühlen und zu seiner Evolution beitragen wollen, sollten Sie nicht versuchen, den Prozess anzuleiten. Die Heldenreise kann auch nicht von Menschen begleitet werden, die keinen gesunden Respekt vor der praktischen Alltagsrealität haben. Ein Begleiter muss also sowohl ein Gefühl für die geistige Ebene haben als auch fest auf dem Boden stehen und jedes menschliche Individuum respektieren.

Beim Gestaltprozess hat der Therapeut oder Begleiter die Aufgabe, den Kontakt zum Boden zu halten, damit der Klient fliegen kann – hoch zum Himmel, hinunter in die Hölle, in die Vergangenheit oder in die Zukunft –, welche Ebene der Psyche auch immer erforscht werden muss. Der Klient muss wissen, dass es einen Ort gibt, von wo er aufgebrochen ist und wohin er zurückkehrt, und der Therapeut hält den Kontakt zu diesem Ort. So hat der Betroffene die Freiheit, sich seinem inneren Erleben zu widmen. Und genau dies gehört auch zu den Aufgaben der Begleiterin oder des Begleiters der Heldenreise: sie oder er muss die Verbindung zum Boden halten – die zeitlichen Grenzen im Auge haben, den Ablauf kennen, wissen, in welche Richtung die Gruppe geht, wie ihr Ausgangsort aussieht und welche Schritte sie tun muss, was möglich und was nicht möglich ist, wann die Mahlzeiten stattfinden und so weiter. Der Begleiter ist derjenige, der das Gesamtbild ständig im Hinterkopf und den jeweiligen Augenblick im Griff haben muss.

Als Begleiter müssen Sie nicht genau wissen, was in jedem Individuum vorgeht; aber Sie müssen ein Gespür dafür haben, wie die Beteiligten mit dem Prozess zurechtkommen. Sind die Teilnehmer dabei oder nicht? Verlieren sie sich in Einzelheiten? Da die Themen sehr heikel sind, muss der Begleiter von Anfang an jede Person in der Gruppe im Auge haben. Er muss verfolgen, wie stabil die

Einzelnen sind und ob sie die Verantwortung für das psychische Material, das hochkommt, übernehmen können. Wenn Menschen sich für tiefe Gefühlszustände öffnen, muss der Begleiter besonders einfühlsam mit der damit einhergehenden Verletzlichkeit umgehen. Geht die psychische Dynamik tief, besteht bei Menschen mit einer labilen Ich-Struktur die Gefahr, dass sie in einen veränderten Zustand übergehen und nicht zurückkehren. Auch wenn das selten der Fall ist, kommt es doch vor.

Wenn Sie den Prozess, wie ich ihn im Folgenden detailliert schildern werde, anleiten, ist es sehr wichtig, dass Sie Ihre eigenen psychischen Themen so weit bearbeitet haben, dass Sie sich in der Lage fühlen, Menschen zu begleiten, die in heftige emotionale Zustände geraten. Sie dürfen keine Angst vor tiefen Gefühlen haben. Am besten ist es, wenn Sie Ihre eigenen Emotionen in einer Erlebnistherapie wie Bioenergetik, Gestalt- oder Primärtherapie erforscht haben.

Bei jeder Form von psychologischer oder spiritueller Wachstumsarbeit ist es wichtig, dass die anleitende Person kontinuierlich an ihrem eigenen Prozess weiterarbeitet. Das ist absolut wesentlich. Wenn Gruppenleiterinnen oder Begleiter ihren Prozess für abgeschlossen halten, ist das eine große Selbstüberschätzung. Der Gestaltprozess, wie ich ihn begreife, hat weder Anfang noch Ende; Sie fangen ihn nicht als kranker Mensch an und gehen gesund daraus hervor. Vielmehr geht der *Prozess* ständig weiter. Sowie Material hochkommt, arbeiten Sie es durch und fahren mit Ihrem Leben fort, bis etwas Neues angeschaut werden will. Dieser Lebensprozess ist eine ideale Möglichkeit für Gruppenleiterinnen und -leiter, mit sich in Kontakt zu bleiben. Das ist wichtig, denn das Gruppengeschehen kann leicht einen individuellen Prozess auslösen, und wenn der Begleiter blockiert ist, kommt auch die Gruppe nicht weiter. Die Ebene der persönlichen Entwicklung, die der Begleiter erreicht hat, gibt auch vor, wie weit die Gruppe sich entfalten kann. Einige Menschen in der Gruppe sind vielleicht weiterentwickelt als der Begleiter; sie werden ihren eigenen Weg finden. Aber Menschen, für die das nicht zutrifft, werden in ihrer Entfaltung genau dort Stopp machen, wo auch der Begleiter nicht weitergegangen ist. Die kontinuierliche Weiterentwicklung des Begleiters ist also wichtig für die Gruppe. Ein Begleiter, der zum Beispiel noch nicht gelernt hat, sich selbst zu akzeptieren, wird nicht imstande sein, die Gruppenmitglieder zu akzeptieren. Begleiterinnen und Begleiter, die ihren Ärger nicht erlebt haben oder sich unwohl damit fühlen, können den Ärger von Gruppenmitgliedern als beängstigend erleben und versuchen, ihn zu unterbinden oder zu unterdrücken.

Die Heldenreise ist ein Initiationsprozess, bei dem die einzelnen Schritte aufeinander aufbauen. Die Arbeit ist so konzentriert, dass eine Person, die sie auch nur für eine Stunde unterbricht, den Anschluss verlieren kann. Deswegen müssen Sie als Begleiter auf jeden Fall vermeiden, »im Schongang zu fahren«, wie ich es nenne. Ein Begleiter, der im »Schongang fährt«, hat so viel Abstand zum

Geschehen, dass er nicht eingreift, wenn Teilnehmer nicht zu den Sitzungen kommen. Er weist sie nicht an, den Stoff nachzuholen oder die Gruppe zu verlassen, weil sie immer wieder aussteigen. Ein solcher Begleiter sagt vielleicht gelegentlich: »Wir haben etwas Schönes vor, nämlich... Du kannst kommen oder wegbleiben, wenn du etwas Interessanteres vorhast.« Ihm ist es zum Beispiel gleichgültig, wenn Teilnehmer die Sitzungen auslassen, in denen der Held gestaltet wird, aber zurückkommen, wenn es um die Entdeckung des Dämons geht. Natürlich haben die Teilnehmer dann keinerlei Vorstellung davon, worum es beim Dämon geht oder warum sie sich ihre Widerstände anschauen sollen, wenn sie noch nicht einmal die Quelle dieser Widerstände entdeckt haben. Und damit gehen sie an der Heldenreise vorbei.

Zusammenfassend lässt sich sagen, dass die einzige Vorbedingung für das Anleiten der Heldenreise ein Verantwortungsgefühl für den Prozess und für die Menschen ist, denen Sie als Begleiterin oder Begleiter die Richtung vorgeben. Sie sind verantwortlich für das, was geschieht. Sie müssen Respekt vor dem Prozess selbst haben und sich den Menschen verpflichtet fühlen, die sich darauf einlassen: Verantwortungsgefühl, Verbindlichkeit und liebevolle Wertschätzung für die Entwicklung des menschlichen Geistes.

KAPITEL 3

Das Mysterium betreten

Die Vorbereitungen erfüllen einen doppelten Zweck: Sie stimmen sich ein auf das Ritual und gestalten den Raum entsprechend. Beim Feiern überlieferter Rituale oder bei der Produktion eines Stückes ist die Vorbereitungsphase eine wichtige Zeit. Sie dient der Verwandlung des Alltäglichen in eine andere Ebene. Dieses Kapitel wendet sich vor allem an Gruppenleiterinnen und -leiter. Als Einzelreisende müssen Sie sich und Ihren Raum jedoch auch vorbereiten, und einige der folgenden Empfehlungen können hilfreich für Sie sein.

Als Leiterin oder Leiter müssen Sie den ersten Schritt auf eine neue Ebene bereits getan haben, bevor Sie andere dazu anleiten können; das heißt, Sie müssen sich selbst gewandelt haben. Sowohl im japanischen No-Theater als auch im Theater der alten Griechen ist es üblich, dass die Schauspielerinnen und Schauspieler lange Zeit auf die Maske der Figur, die sie spielen werden, meditieren, bevor sie sie aufsetzen. Diese Meditation ist eine Art Gebet, mit dessen Hilfe die Seele sich in eine andere Wirklichkeit begeben soll. Auch Sie werden eine andere Dimension, eine andere Welt betreten, um Ihre Reise zu beginnen oder anderen beim Überschreiten der Schwelle beistehen zu können. Wie die Schamanen und Heiler in Gesellschaften, die um solche Schwellen wissen, müssen Sie beide Welten kennen. Bevor sie mit einem Kranken arbeiten, nehmen Schamanen in diesen Kulturen oft eine Krankheit auf sich und erleben sie auf der geistigen Ebene, um zu entdecken, wie sie sich selbst heilen können.

Schamanen wissen, dass Menschen sich selbst heilen müssen; der Schamane ist nicht die Quelle der Heilung, sondern nur ein Begleiter. Das Gleiche gilt für den Begleiter bei der Heldenreise. Um den Teilnehmerinnen und Teilnehmern helfen zu können, müssen Sie die Welten zu beiden Seiten der Schwelle kennen. Sie müssen wissen, dass die Lösung für die Probleme, die die Person vorbringt, jenseits der Schwelle des Alltäglichen liegt.

Den Raum vorbereiten

Die Vorbereitung des Raumes ist wesentlicher Bestandteil des Vorbereitens Ihrer eigenen Person. Der simple Akt, den Raum zu verwandeln, kann uns von einer Dimension in die andere führen. Wenn die amerikanischen Ureinwohner zum Beispiel die Feierlichkeiten für einen heiligen Ritus vorbereiten, verbringen sie Tage, Wochen oder sogar Monate mit Aufräumen, Bauen, Kochen, Weben, dem Schmücken des Platzes und der Herstellung und Beschaffung der Hilfsmittel für das Ritual. Alltagsgeräte werden, gefördert durch die langsame Wandlung des Bewusstseins, zu göttlichen Werkzeugen. Die Vorbereitung des Raumes ist also bereits als solche eine Art Meditation. Gewöhnliche Dinge, mit Sorgfalt arrangiert, werden zu etwas Außergewöhnlichem, der Raum wird geweiht zu einem besonderen Raum, weil Sie ihn liebevoll hergerichtet haben. Schönheit ist eine Art von Magie. Und das gilt auch für liebevolle Sorgfalt. So geweiht, wird ein ritueller Raum zu einem Ort, an dem Handlungen stattfinden können, die auf viele Ebenen der Psyche einwirken. Wenn Menschen solch einen Raum betreten, haben sie sofort das Gefühl: »Hier wird etwas Ungewöhnliches geschehen!« Sie befinden sich nicht nur einfach in einem Raum mit vielen fremden Menschen, mit denen sie sich unwohl fühlen. Sie betreten eine Umgebung, die Schönheit und liebevolle Sorgfalt ausstrahlt. Das ist wichtig!

Ich errichte gern in der Mitte des Raumes einen Altar: eine schöne farbige Decke, eine Kerze, einige Blätter, Blüten oder andere Gegenstände aus der Natur werden so angeordnet, dass der Raum einen Mittelpunkt bekommt. Da ich gern mit spontaner Gruppenmusik arbeite, stelle ich um den Altar herum einfache Musikinstrumente auf wie Klangstäbe, Tamburine, Kastagnetten, Rasseln – rhythmische Instrumente, die jeder spielen kann. Wenn es passend scheint, hänge ich manchmal zur Einstimmung auch eine Flagge oder einen Wandteppich auf, die auf heldenhaftes Bemühen verweisen. Aber am wichtigsten ist für mich der Altar mit der Gruppenkerze. Wenn wir eine schöne Decke auf den Boden legen, wird dieser Platz für das Bewusstsein etwas Besonderes. Ein Altar ist ein besonderer Platz, der vom Bewusstsein als solcher wahrgenommen wird und an dem etwas Ungewöhnliches stattfindet. Für eine Gruppe ist er auch ein gemeinsames Zentrum. Er schafft einen Fokus, der über den Begleiter und die Gruppenteilnehmer hinaus verweist.

Musik

Wenn die Gruppe den Raum betritt, können Sie eine meditative Stimmung erzeugen, indem Sie eine entsprechende Musik spielen. Durch solche Vorbereitungen machen Sie sich bereits mit Ihrer neuen Aufgabe vertraut. Sie haben abgeschlossen, was in der gewöhnlichen Welt zu erledigen war, und indem Sie jetzt Blumen pflücken, den Altar errichten und eine bestimmte Atmosphäre schaffen, lenken Sie Ihre Aufmerksamkeit auf die Reise zum Ungewöhnlichen.

Sich selbst vorbereiten

Ich habe es immer notwendig gefunden, mir etwas Zeit für mich zu nehmen, bevor die Gruppe beginnt. Ich vertraue mich, meine Arbeit und die Gruppe einer höheren Macht an, einem Aspekt von Gott. Ich wähle den Namen eines Gottes oder einer Göttin irgendeiner Zivilisation und historischen Zeit, zu dem oder der ich einen persönlichen Bezug habe, und widme ihm oder ihr meine Arbeit. »Ich widme diese Gruppe Avalokiteshvara, Jesus Christus, Hermes. Ich gebe mich in Deine Hände, so dass meine persönlichen Probleme in den Hintergrund treten und Du durch mich arbeiten und diesen Menschen geben kannst, was sie für ihre eigene Wandlung im großen Werk des menschlichen Geistes brauchen.«

Ganz gleich, ob Sie Begleiter sind oder die Reise selbst antreten, es ist wichtig, dass Sie sich, bevor Sie mit dem Ritual beginnen, einen Augenblick Zeit nehmen und sich einer Macht anvertrauen, die über Ihre eigene Person hinausgeht, einer archetypischen Ebene. Sonst besteht die Gefahr, dass Sie das Wachstum, das die Menschen in der Gruppe erleben, hauptsächlich sich selbst zuschreiben. Sie betrachten sich nicht mehr als jemanden, der andere zur Quelle begleitet, sondern als die Quelle selbst. Das ist eine sehr ungesunde Einstellung, sowohl für die Gruppe als auch für die Leiterin oder den Leiter selbst. Die Arbeit mit Archetypen geht sehr tief, und wir müssen uns als Begleiterin oder Begleiter mit konkreten Schritten – wie denen, die ich gerade vorgeschlagen habe – davor schützen, dass wir uns zu stark mit dem Archetypen identifizieren, denn das wäre eine psychologische Selbstüberschätzung. Und wenn der Gruppenleiter sich selbst überschätzt, ist der Archetyp nicht mehr heilende Kraft für die Gruppe, sondern tyrannisches Instrument des Gruppenleiters. Wenn Sie sich den Göttern mit der falschen Einstellung nähern, werden diese zerstörerisch; deswegen ist es notwendig, eine Haltung der Demut und des Respektes zu entwickeln. Eine wirksame Möglichkeit in diese Richtung besteht darin, dass Sie Ihre Arbeit etwas Höherem widmen.

Wenn ich mich selbst etwas Größerem anvertraue, werde auch ich zu einem Teilnehmer, der die Gruppe von diesem Gott oder dieser Göttin übernimmt. Jedes ungewöhnliche Ereignis im Laufe des Prozesses wird dann zur Enthüllung, durch die ich mehr über das besondere Wesen dieses Gottes oder dieser Göttin erfahre, die die wahren Begleiter oder Begleiterinnen der Gruppe sind. Und da sie uns in unserem Dasein überhaupt begleiten, wird mir diese Wahrheit einfach nur bewusst, wenn ich mich ihnen anvertraue.

Ganz gleich, mit welchen Themen Sie selbst zu kämpfen haben, sie müssen in dieser besonderen Zeit in den Hintergrund treten, damit Sie für die anderen völlig präsent sein können. Wenn ich mit einem Team von Begleiterinnen und Begleitern arbeite, meditieren wir eine Weile zusammen und lassen sämtliche Spannungen los, die sich zwischen uns aufgebaut haben mögen – oder kommen überein, nicht zuzulassen, dass diese Konflikte die Gruppe anstecken –, damit wir dem Prozess unsere ganze Aufmerksamkeit widmen können. Das heißt nicht, dass Sie Ihre persönlichen Probleme vergessen. Sie kennen sie, Sie wissen, dass sie da sind, und an einem bestimmten Punkt sprechen Sie in der Gruppe vielleicht sogar darüber, damit sich nichts Mysteriöses um Ihre Person ranken kann. Wenn Sie sich selbst gerade in einer schwierigen Phase befinden, ist es ratsam, das zuzugeben, damit die Gruppe keine Zeit mit dem Versuch verliert, sich zu erklären, was sie spürt. Gruppen haben die Tendenz, die Leiter auf einen Sockel zu heben, und wenn Sie sich offen mitteilen, wird das Bild des Begleiters entmystifiziert und menschlicher, denn schließlich sind Sie auch nur einer von ihnen. Das gilt besonders, wenn wir in einem archetypischen Kontext wie der Heldenreise arbeiten, die auch mit viel Fröhlichkeit verbunden ist. Ein Gruppenleiter, der seine Menschlichkeit einbringt, zeigt den Gruppenmitgliedern, dass es auch für sie möglich ist, diese Reise mit all ihren Schwierigkeiten zu bewältigen.

Sehr wichtig ist auch die Frage, wie Sie sich für die erste Gruppensitzung kleiden. Ich achte besonders auf die Farben. Einerseits möchte ich besonders gut gekleidet sein, andererseits aber nichts zu Ausgefallenes tragen. Ich möchte zum Beispiel nicht in einer Robe hereinspazieren, denn damit riskiere ich, mich zum Außenseiter zu machen, es sei denn, diese Kleidung ist für die entsprechende Gruppe eindeutig passend. Wenn ich mich für eine Gruppe kleide, behalte ich immer zwei Faktoren im Auge, die ich miteinander zu vereinbaren suche: etwas Angemessenes zu tragen, um harmonisch mit der Gruppe mitgehen zu können, und als Ritualmeister erkennbar zu sein. Ich möchte mich nicht dahin verirren, mich so hervorzutun, dass die Leute sagen: »Was glaubt der eigentlich, wer er ist?« Ich möchte aber auch nicht in zerrissenen Jeans vor die Gruppe treten, so dass die Teilnehmer sich fragen: »Wo bleibt denn eigentlich der Gruppenleiter?« Ich kenne Gruppenleiter, die sich bewusst zurückhaltend kleiden, und halte das für einen Fehler, vor allem bei der ersten Sitzung. Ich berücksichtige bei meiner

Kleidung auch die Jahreszeit und ziehe mich nicht nur farblich passend, sondern auch den Temperaturen entsprechend an. Die Farbenwahl ist jedoch auch eine Frage des persönlichen Geschmacks. Was angemessen ist und was nicht, hängt ganz von Ihnen und Ihrer Beziehung zu der jeweiligen Gruppe ab.

Nachdem all diese Vorbereitungen getroffen worden sind, empfiehlt es sich, die Teilnehmerinnen und Teilnehmer persönlich zu begrüßen und ihnen das Gefühl zu vermitteln, dass sie willkommen sind. Menschen sind zu Beginn einer Gruppe meistens schüchtern und fühlen sich unwohl, und ein menschlicher Kontakt kann ihnen helfen, anzukommen. Das ist eine Frage des Gleichgewichts zwischen der alltäglichen und der transzendentalen Ebene. Bewahren Sie dieses Gleichgewicht immer; da die Gruppe letzten Endes transpersonal ausgerichtet ist, müssen wir besonders darauf achten, dass wir im Gewöhnlichen verankert bleiben. So gehen Sie Schritt für Schritt über in die andere Dimension. Wenn ich die Gruppenmitglieder begrüße, kann ich auch meine eigene Schüchternheit und Nervosität loswerden. Ich komme in Kontakt mit Individuen, statt bei der Vorstellung von »der Gruppe« stehen zu bleiben, die viel bedrohlicher ist.

Ein paar Hinweise zum Ablauf

Der Prozess der Heldenreise, wie ich ihn entwickelt habe, verteilt sich auf sieben Tage (siehe Anhang II, Tagesablauf), einen Zeitraum, den ich bevorzuge, obwohl ich auch einen dreitägigen Workshop entwickelt habe. Bei der siebentägigen Reise fangen wir am ersten Tag nachmittags um 15 Uhr an und kommen für zwei Sitzungen zusammen, zwischen denen es Abendessen gibt. Der Plan für den jeweils folgenden Tag richtet sich danach, wie weit die Gruppe gekommen ist. Im Allgemeinen sind es pro Tag drei Sitzungen von jeweils etwa drei Stunden mit genügend Zwischenpausen. Die Gruppenmitglieder sollten sich nicht mit zusätzlichen Aktivitäten ablenken, die mit dem Prozess nichts zu tun haben. Die Heldenreise ist ein intensiver Bewusstseinsprozess, und Menschen, die sich darauf nicht einlassen wollen, wird nahegelegt zu gehen, damit die Energie der Gruppe auf einem möglichst hohen Level gehalten werden kann.

Utensilien für den Prozess

Im Folgenden eine Liste von Dingen, die ich für die Reise empfehle:

- einfache Musikinstrumente
- eine Altardecke
- Kerzen: eine, die sieben Tage brennt, eine kleine Weihkerze
- Arbeitsbücher: eines pro Teilnehmer (siehe Anhang III)
- Zeichenpapier (DIN A 2): 6 Blätter pro Teilnehmer
- Malkreiden
- Stifte
- Tarotkarten (das *Waite-Deck* oder ein anderes, das sämtliche Karten enthält)
- Taschenspiegel: einen für jeweils drei Teilnehmer
- Kostüme
- Augenbinden: für je zwei Teilnehmer eine
- Duftöl
- Wein oder Traubensaft
- einen Pokal (für eine große Gruppe zwei oder drei)
- Räucherwerk
- kleine Schalen, eine für Wasser, eine für Erde
- Musikkassetten
- Kassettenrecorder

Teil II
Die Reise

KAPITEL 4

Zusammenkommen

Es war einmal ein chinesischer Weiser, der erwachte mit einem eigenartigen Gesichtsausdruck. Sein Gefährte bemerkte das und fragte: »Mein Freund, was ist los? Du siehst so verblüfft aus. Beunruhigt dich etwas?« Der Weise entgegnete: »Nun, ich bin mir nicht sicher, ob ich ein Mensch war, der träumte, er sei ein Schmetterling, oder ob ich jetzt ein Schmetterling bin, der träumt, er sei ein Mensch.«[1]

Manchmal wache ich mitten in der Nacht auf und weiß für einen kurzen Augenblick lang nicht, wer ich bin. Ist dies mein Kindheitszuhause oder mein Haus in San Francisco? Bin ich in Frankreich, England oder immer noch zu Besuch bei Freunden in Big Sur? Wo ist das Fenster, die Tür? Wie gelange ich ins Badezimmer? Diese Verwirrung lässt sich leicht dadurch erklären, dass ich viel reise. Aber sie ist auch ein Zeichen dafür, dass ich mich in einem bestimmten veränderten Zustand befinde, auf der Schwelle zwischen Schlaf und Wachen, die als hypnagogischer Zustand bezeichnet wird. Hier, in diesem Zwischenreich von Wachen und Träumen, wo die Grenzen verschwimmen und eine Dimension genauso real zu sein scheint wie die andere, findet die Heldenreise statt. Viele Dinge sind hier möglich, von denen wir in unserem normalen Bewusstseinszustand nur eine schwache Ahnung haben.

1 Lin Yutang, *Die Weisheit des Laotse*. Frankfurt am Main: Fischer Verlag 1994, S. 81.

Der Anfang

An den Begleiter

■ Die Eröffnung ist häufig der schwierigste Augenblick in der Gruppe. Statt mit einem Vortrag zu beginnen, bei dem die Leute zuhören, während ich rede, oder uns vorzustellen, wobei alle so tun, als würden sie zuhören, während sie in Wirklichkeit mit einem unbehaglichen Gefühl darauf warten, an die Reihe zu kommen, ist es mir lieber, wir werden zusammen laut, veranstalten einen rhythmischen Lärm und machen Musik. So können wir uns alle gleichzeitig äußern und uns gegenseitig zuhören. Dazu statte ich die Gruppe, wie bereits erwähnt, mit einfachen Rhythmusinstrumenten aus, die eher Spielzeugcharakter haben und mit denen die Teilnehmer experimentieren und Spaß haben können, statt sich gefordert zu fühlen. Wenn Menschen zusammen singen, mit den Füßen aufstampfen und rhythmische Klänge erzeugen – also etwas zusammen machen –, entsteht eine Atmosphäre und ein Gefühl der Zusammengehörigkeit.

Wenn wir die Teilnehmer beim Singen und Spielen beobachten, können wir auch anfangen, sie kennen zu lernen. Während eine Person vielleicht eine kleine Rassel nimmt und sie zerstreut schlägt, kann ein anderer sich das lauteste und imponierendste Instrument holen und wie wild darauf eintrommeln. Durch dieses einfache Beobachten können Sie sehr viel darüber erfahren, wie die einzelnen Gruppenmitglieder den Prozess angehen. Spielen sie harmonisch im Rhythmus der Gruppe, oder ignorieren sie die anderen und versuchen, eine Führungsrolle zu übernehmen? Spielen sie unrhythmisch und lauschen dem Klang einer anderen Trommel? Sie sollten keine harten Urteile oder voreiligen Schlussfolgerungen aus diesen Beobachtungen ziehen: das könnte gefährlich sein und Sie verleiten, an Ihrem Urteil festzuhalten, statt sich auf die Person einzulassen. Schauen Sie einfach hin und merken Sie sich, was Sie sehen. Solche Beobachtungen können später hilfreich sein.

Diese Art anzufangen, liegt nicht unbedingt jedem. Nicht die Mittel sind wichtig, sondern ihr Zweck: das Zusammenfinden von Einzelpersonen zu einer Gruppe zu erleichtern und den Übergang von der gewöhnlichen Realität zum Reich von Mysterium und Mythos zu unterstützen.

Ich begleite die Musik gern mit einer Geschichte und einem Lied.

Warum nicht?

Der Gestaltpsychologe Fritz Perls behauptete, dass es nur eine Antwort auf die Frage »Warum?« gibt. Und die lautet: »Weil...«

»Warum?«

»Weil...«

»Warum?«

»Weil...«

»Warum?«

»Weil...« Und alles, was dann noch folgen könnte, ist laut Perls »Unsinn«.

Natürlich war Perls' Einstellung eine Reaktion auf die Freud'sche analytische Methode, und er betrachtete die endlose Suche nach Erklärungen als fruchtlose Anstrengung, die augenblicklichen neurotischen Gewohnheiten zu rechtfertigen. Statt »Warum?« zu fragen, stellte er lieber die Frage: »Wie?« Denn damit richten wir unser Augenmerk darauf, wie die Psyche im Hier und Jetzt agiert.

Die alten Philosophen wussten, dass es jedoch noch eine andere Antwort auf die Frage »Warum?« gibt. Und die lautet: »Warum nicht?«

Ich biete den Teilnehmern diese Antwort als eine Art Instrument der Kraft an – die Kraft der Freiheit, etwas zu riskieren. Lassen Sie diese Worte wieder und wieder in sich nachschwingen: »Warum nicht? Warum nicht?« Sollte es gute Gründe dafür geben, etwas zu unterlassen, wird Ihnen Ihr inneres Wesen das mit Sicherheit sagen. Wenn wir jedoch neue Verhaltensweisen erforschen, kann sich die Tür zu reicheren Lebenserfahrungen öffnen, und Sie bekommen Gelegenheit, bislang unbemerkte Aspekte Ihrer eigenen Person kennen zu lernen. »Warum nicht?«

Wenn ein Same in den Boden gebracht wird, nimmt er die Nahrung der Erde und die Wärme der Sonne in sich auf. Diese Kräfte erzeugen ein Pulsieren im Herzen des Samens. Der Pulsschlag wird stärker und stärker, bis er die Hülle sprengt. Plötzlich schießt aus dem Samen ein Keimling, und das Wachstum beginnt. Unser Wachstumsprozess verläuft ganz ähnlich. Wenn uns eine neue Erfahrung begegnet, können wir spüren, wie unser Herzschlag sich beschleunigt. Adrenalinhaltiges Blut strömt in die Muskeln, so dass wir bereit werden, entweder zu fliehen oder uns dem Erlebnis zu stellen. Diesen Mechanismus von Flucht oder Angriff finden wir bei sämtlichen Tieren vor. Wenn wir die Beschleunigung unseres Herzschlags und unseres Atems als »Angst« bezeichnen, werden wir uns zurückziehen und fliehen. Allmählich beruhigt der Pulsschlag sich dann wieder, und wir kehren zum angenehmen Normalzustand zurück. Können wir diese gesteigerte Lebendigkeit jedoch als »Aufregung« bezeichnen, so wächst die Wahrscheinlichkeit, dass wir bleiben, uns der neuen Erfahrung stellen und ebenso wachsen wie der Same in der Erde. Die Worte: »Warum nicht?« erlauben uns,

»Why Not?«[2]

Have you ever noticed
How the question »Why?«
Is a way to clip your wings
When you want to fly?

»Why should I live something new?«
»Should I even try?«
And you're trapped in the labyrinth
Of the question »Why?«

»Why?« Because, Because, Because...«
It goes on and on,
Tangled up in a web of reasons
While your life flows by.

Well, we've got an alternative
One we've all forgot.
When you ask yourself, »Why should I...?
»...Why not?«

Why not live something new?
Why not climb a tree?
Why not live a mystery?
Why not let yourself be?

(Chorus:) You are free to fly!
Free to live, free to die!
You are free to be who you are
Who you are is free, that's who you really are.
Why not? Why not?
Why not? Why not?
Why not? Why not?
Why not? Why not?

If you've got a good reason
Not to swim or fly,
Trust your body to tell you so
Without asking »Why?«

Simply look around you,
Is there danger there?
Or are all those monsters
Merely made up out of air?

(Chorus)

»Warum nicht?«

Ist dir jemals aufgefallen
Dass die Frage »Warum?«
Manchmal deine Flügel stutzt
Wenn du fliegen möchtest?

»Warum etwas Neues leben?«
»Warum es auch nur versuchen?«
Und schon steckst du fest
Im Labyrinth deines »Warum?«

»Warum?« »Weil, weil, weil...«
Und so geht das immer weiter.
Schon bist du gefangen
Im Spinnennetz vernünftiger Gründe
Und dein Leben fliegt an dir vorbei.

Nun, es gibt einen anderen Weg
Den wir alle vergessen haben.
Wenn du dich fragst: »Warum sollte ich...?«
»...Warum nicht?«

Warum nicht etwas Neues leben?
Warum nicht einen Baum erklimmen?
Warum nicht ein Mysterium leben?
Warum dich nicht sein lassen?

(Chor): Du bist frei zu fliegen!
Frei zu leben, frei zu sterben!
Du bist frei zu sein, wer du bist.
Du bist frei, das ist dein Wesen.
Warum nicht? Warum nicht?
Warum nicht? Warum nicht?
Warum nicht? Warum nicht?
Warum nicht? Warum nicht?

Wenn du gute Gründe hast
Nicht zu schwimmen, nicht zu fliegen
Kannst du dich darauf verlassen
Dass dein Körper sie dir sagt
Ohne groß »Warum« zu fragen.

Schau dich einfach um,
Lauert hier Gefahr?
Oder sind die Ungeheuer
Einfach nur aus Luft gesponnen?

(Chor)

2 © Paul Rebillot

genau das zu tun – uns zu überwinden und zu bleiben, so dass wir entdecken können, was jenseits unserer Angst ist.

Bevor wir das mythische Land der Heldenreise betreten, locke ich mich und die Teilnehmer gern durch das Lied auf Seite 60 aus der Reserve.

Die drei Vereinbarungen

An den Begleiter

■ An diesem Punkt erzähle ich die Hintergründe des Prozesses. Ich erläutere, wie ich dahin kam, ihn zu entwickeln und gebe die Geschichte der Reise wieder, wie ich sie in der Einleitung und in Kapitel 1 dargestellt habe. Dann bespreche ich die folgenden Vereinbarungen und bitte die Teilnehmerinnen und Teilnehmer, sich daran zu halten.

An die Reisenden

Es geht beim Prozess der Heldenreise darum, dass du die Geschichte mit deinem ganzen Wesen, mit Körper, Herz und Geist verkörperst und dramatisch darstellst. Wenn du deine eigene Geschichte so umfassend und intensiv wie möglich erlebst, prägt sich deiner Seele der Prozess der Wandlung ein. Denn die Heldenreise ist der Weg der Transformation. Jedesmal, wenn du Veränderungen vornimmst, ob es um deine Weltanschauung, deinen Beruf, deine Liebesbeziehung oder den Übergang in eine neue Lebensphase geht, spaltest du dich in einen Helden und einen Dämon auf. Du konfrontierst diese Aspekte miteinander, löst den Konflikt und betrittst eine neue Ebene von Wachheit und Erfahrung. Du erhältst das Geschenk der Wandlung und kehrst in deine Lebenssituation zurück, erhellt von einem neuen Selbstgefühl. Jedesmal, wenn wir in unserem Leben etwas verändern, ganz gleich wie wichtig oder geringfügig es sein mag, durchleben wir diesen Prozess.

Die Reise besteht aus einer Reihe deutlich markierter Herausforderungen, die dir helfen, diesen Prozess zu entdecken. Stell dir vor, du befändest dich in einer Schule für Helden. Die Herausforderungen, vor die du gestellt wirst, sollen bewusst deinen Widerstand wecken. Du kannst nur dann Mut entwickeln, wenn du den Widerständen begegnest. Schritt für Schritt werden die Herausforderungen allmählich immer beängstigender, bedrohlicher und schockierender.

Wir haben verschiedene Möglichkeiten, mit einer neuen Erfahrung umzugehen. Wir können sie uns anschauen und sagen: »Das macht mir Angst, aber ich gehe hin und tue es trotzdem.« Das ist Mut. Diese Haltung bezeichne ich als Verschmelzungstechnik. Du lässt den Widerstand schmelzen, indem du ihn zugibst, und gehst dann los, um trotzdem zu tun, was ansteht. Es ist sehr wichtig, dass du deine Bedenken zum Ausdruck bringst; du kannst nicht vorgeben, keine Angst zu haben, obwohl es der Fall ist. Wenn du deinen Widerstand einem anderen Menschen eingestehst, ist das befreiend. Es fällt dir dann leichter, weiterzugehen und das zu tun, wozu du aufgerufen bist. Das ist Mut. So handelt ein Held.

Wenn du Erfahrungen mit Bioenergetik, Primärtherapie oder einer anderen emotional kathartischen Therapie hast, weißt du, dass es noch eine weitere Möglichkeit gibt, mit Widerständen umzugehen. Ich spreche hier von der Methode »Dynamit im Bauch«. Durch Intensivierung der Atmung oder bestimmte körperliche Stresshaltungen werden Emotionen freigesetzt und die physischen Blockaden aufgelöst, die den Widerstand begleiten. Ich benutze diese Methode nicht so gerne, auch wenn ich bei der Entscheidenden Prüfung mit einem ähnlichen Ansatz arbeite.

Die dritte Möglichkeit, mit Widerständen umzugehen, besteht darin, diese zuzulassen und ihnen zu folgen. Dieses Vorgehen ist genauso wichtig wie die anderen beiden Wege. Wenn ich dir eine Übung vorschlage, die du nicht machen möchtest, dann mach sie nicht. Du musst jedoch laut und deutlich sagen: »Ich möchte diese Übung nicht machen.« Du musst deinen Widerstand nicht zu Beginn der Übung äußern, sondern kannst ihn auch mitten in der Übung mitteilen. Solltest du tatsächlich feststellen, dass du deinen Widerstand nicht überwinden kannst, sag einfach: »Ich möchte diese Übung nicht machen.« Das ist eine klare Aussage, die Heldenmut beweist: Du sagst Nein. Wenn du in einer Gruppe arbeitest, hast du dich damit gegen viele Menschen und den Gruppenleiter gestellt, und das ist ein heldenhafter Schritt. Bei der nächsten Übung kannst du ohne weiteres wieder mitmachen.

Manche Menschen äußern ihren Widerstand jedoch auch noch auf andere, nicht heldenhafte Weise: sie leisten passiv Widerstand. In diesem Fall geben sie vor zu tun, was gefordert wird, ohne sich wirklich zu beteiligen. Dieses Verhalten finden wir oft bei Jugendlichen. Mutter sagt: »Geh bitte für das Abendessen einkaufen.« Und der Jugendliche erwidert: »In Ordnung, Mutti, sobald ich hier fertig bin. Ich gehe gleich los, in fünf Minuten mache ich mich auf den Weg. Gleich...« Und eine halbe Stunde später ist er immer noch nicht losgegangen. Wenn ich eine Übung vorschlage und jemand leistet passiven Widerstand, tut er so lange, als ob er mitmacht, bis er den Raum durchquert und sich aus der Tür geschlichen hat. Mir wäre es lieber, du tust das nicht. Wenn du an einer Übung teilnehmen willst, nimm teil. Wenn nicht, solltest du dich entsprechend äußern. Aber du solltest nicht so tun als ob. Dies ist ein ritueller Rahmen, und das heißt, du übernimmst die Verantwortung dafür, ob du dich darauf einlässt oder nicht. Selbstverantwortung gehört zu den wichtigsten Themen des Prozesses.

Wir sollten also vor Beginn des Prozesses bestimmte Vereinbarungen treffen. Erstens solltest du dich damit einverstanden erklären, keinen passiven Widerstand zu leisten. Die zweite Vereinbarung betrifft das Thema Gewalt. Im Verlauf der Reise kann der Drang zu Gewalt aufkommen, vor allem, wenn wir uns dem Dämon des Widerstands stellen. Deshalb möchte ich mit dir die Absprache treffen, dass du deine gewalttätigen Impulse nur an entsprechenden Gegenständen wie Kissen und Matratzen, niemals aber an Menschen auslässt. Und drittens gilt es, auf das Wort »Stopp« zu achten, wenn zwei Menschen sich körperlich auseinandersetzen und der eine Angst vor Gewalt hat. Sagt jemand dieses Wort zu dir, bedeutet das: »Hände weg!«

Dies sind die drei Vereinbarungen, die ich gern mit dir treffen möchte: kein passiver Widerstand, Gewalt nur an Kissen und Matratzen ausagieren und das Wort »Stopp« beachten. (*Ich gehe im Raum herum und bitte jeden Einzelnen um seine Zustimmung.*)

Das Eröffnungsritual

Die Reisenden sollten vor Beginn jeder Arbeitssitzung ein einfaches Ritual durchführen. Zum Beispiel eine Kerze anzünden und anschließend meditieren oder einen kurzen, besinnlichen Text vorlesen (siehe Anhang I, RAM-Meditationen).

An den Begleiter

■ Zu Beginn des Workshops zünde ich gern eine Kerze an, damit die Gruppe sich sammelt. So entsteht eine meditative Atmosphäre, und die Teilnehmer beginnen, sich nach innen auszurichten. Nehmen Sie eine dicke Kerze, die sieben Tage brennt. Die Kerze ist ein Symbol für die Gruppe als Einheit, die für den Prozess zusammengekommen ist. Die Flamme ist die ewige Flamme, die, wenn die äußeren Umstände es erlauben, während der gesamten Zeit brennt. Wir wählen täglich eine Vestalin, die sich um die Kerze kümmert, sie nachts bewacht, morgens wieder in die Mitte des Kreises stellt und dann eine neue Person für diese Aufgabe bestimmt.

Nach dem Anzünden der Gruppenkerze meditieren wir, um uns auf das Drama vorzubereiten. (Siehe Anhang I, RAM-Meditationen. Erster Tag. Von dieser Meditation gehe ich direkt zu der ersten Übung der Übungsreihe »Die Lebensumgebung« über: der Bewegungsmeditation in Kapitel 5.)

Wenn wir jeden Tag mit einer Meditation beginnen, kommt die Gruppe mit einer gemeinsamen Ausrichtung wieder zusammen. Die Vestalin hat nachts die Kerze gehütet. Wenn sie sie aus dem Raum getragen hat, bringt sie sie jetzt zurück, breitet die Altardecke aus und stellt die Kerze in die Mitte. Weisen Sie die Vestalin an, vor Eintreffen der Gruppe den Altar zu schmücken. Sie kann ein paar Blumen oder Blätter pflücken oder Steine um die Kerze legen, um den Raum für die Gruppe vorzubereiten. Während dieser Vorbereitungen kann die Vestalin sich ein kurzes Ritual ausdenken, mit dem sie das Licht für diesen Tag einer anderen Person überreicht.

Wenn Sie vorhaben zu meditieren und ein Ritual durchzuführen, sollten Sie die Gruppe mit einer heiteren Miene empfangen. Viele Menschen haben unter der düsteren Haltung, mit der die traditionellen Religionen Rituale durchführen, gelitten. Eine freundliche und vielleicht sogar humorvolle Atmosphäre kann diesen Menschen helfen, die Verkrampftheit aufgrund dieser negativen Programmierung loszulassen. Es ist durchaus empfehlenswert, gerade auch die ernsten Rituale mit etwas Witz zu würzen, so dass die Angespanntheit sich löst. Doch darüber mehr, wenn wir zur Weihung des Instruments der Kraft kommen.

Nach der Meditation bitten Sie die Hüterin oder den Hüter der Flamme, eine neue Vestalin zu wählen und ihr die Kerze zu überreichen. Schlagen Sie ihr vor, aus dieser Übergabe ihr eigenes kurzes Ritual zu machen. Vielleicht wird die neue Vestalin einfach in die Mitte des Raumes gerufen, wo die Übergabe der Kerze stattfindet. Oder die Vestalin geht mit der Kerze einmal im Kreis herum, um – wie auch immer ihre Geste aussehen mag – die Flamme in einem spontanen Ritual weiterzugeben.

KAPITEL 5

Der Aufbruch

Bevor Sie Ihre Reise antreten können, müssen Sie sich klarmachen, wie Ihre Lebensumgebung aussieht: von hier werden Sie aufbrechen. Hier entdecken Sie die individuelle Prägung Ihrer Reise.

Wir schauen uns vier Aspekte unseres Lebens an: *unser Zuhause, unsere Arbeit/Lebensaufgabe, die Liebe in unserem Leben und uns selbst.* Ich wähle diese Worte bewusst, weil sie viele Bedeutungsebenen haben. Man könnte auch konkretere Begriffe verwenden wie Wohnung, Beruf, Liebesleben und die eigene Person. Die transpersonale Ausrichtung unserer Reise kann jedoch durch Worte wie Beruf und Liebesleben unterwandert werden. Allgemeiner gehaltene Begriffe beinhalten sowohl engere als auch weiter gefasste Bedeutungen. Wenn wir zum Beispiel das Wort »Zuhause« benutzen, haben wir vielleicht ein Bild unserer Kindheitsumgebung vor Augen. Das heißt, unser Gefühl von Zuhausesein ist so stark von der Kindheit geprägt, dass es uns schwer fällt zu sagen, was wir heute als unser Zuhause betrachten. Das kann eine wichtige Entdeckung sein, mit der wir uns auseinandersetzen müssen.

Der Komplex »Arbeit/Lebensaufgabe« schließt die Frage ein: Hat die Arbeit, mit der ich meinen Lebensunterhalt verdiene, irgendetwas mit meiner Aufgabe im Leben zu tun? Wenn nicht, stellt sich die Frage, warum.

Der Begriff »Liebe« erschließt weit gefasste Möglichkeiten; es kann sich sowohl auf unsere Lebensgefährtinnen und -gefährten als auch auf unsere Kinder oder Gott beziehen. So können wir entdecken, wen wir wirklich schätzen und auf welche Art. Manchmal stoßen Menschen, die diesen Aspekt ihrer Lebensumgebung betrachten, auf einen leeren Raum. Das kann vieles heißen. Vielleicht sind sie bereit, jemanden in ihr Leben einzulassen. Vielleicht haben sie Angst vor Kontakt. Oder sie haben gerade einen geliebten Menschen verloren und möchten, dass dieser Platz im Augenblick leer bleibt.

Ich kombiniere die Entdeckung der Lebensumgebung mit dem Ruf zum Abenteuer. Wir empfangen ständig Rufe, die uns zu irgendwelchen Aktionen verleiten wollen. Anzeigen, Fernsehwerbung und sogar unsere Familie und unsere Freundinnen und Freunde versuchen, uns zu Dingen zu überreden, die uns behagen können oder auch nicht. Sie alle drücken ständig unsere »Antworttaste«. Bei der Heldenreise aber lauschen wir auf einen Ruf, der aus tieferen Ebenen kommt.

Die geleitete Meditation, die ich weiter unten beschreibe, beruht auf der Idee vom magischen Wunsch oder Wunder, den Ruf zu unserer eigenen Reise zu vernehmen. Nachdem Sie sich die vier Aspekte Ihrer Lebensumgebung angeschaut haben, haben Sie eine Vorstellung davon, welcher Teil Ihres Gartens Pflege braucht. Wenn Sie ehrlich mit sich waren, wissen Sie, was Sie für Ihre Reise brauchen. Ich lasse die Teilnehmer meistens selbst entscheiden, welches Wunder sie sich »wünschen«. Dieser Impuls sollte spontan aus dem Unbewussten aufsteigen. So umgehen wir unseren inneren Zensor und bleiben nicht bei dem stehen, was wir denken zu brauchen. Ein tieferer, authentischerer Ruf kann uns erreichen, der uns vielleicht überrascht.

Dieser Ruf ist einer der wichtigsten Aspekte der Reise. Aus diesem Bild geht alles andere hervor. Sowohl das Wesen des Helden als auch das des Dämons hängen davon ab, welcher Ruf uns ereilt. Der Impuls, an der Hochschule einen neuen Mathematikkurs zu belegen, löst mit Sicherheit andere Bilder in uns aus als die Aufforderung, uns auf die Liebe zu einem Menschen einzulassen.

Die Lebensumgebung
Übung 1: Bewegungsmeditation[1]

Die erste Übung nach dem Eröffnungsritual soll uns helfen, uns den Raum zu verdeutlichen, den wir als unsere Lebensumgebung bezeichnen. Um sich auf diese Meditation vorzubereiten, müssen die Teilnehmerinnen und Teilnehmer sich zunächst einmal in ihrem Körper zentrieren.

An die Reisenden

Such dir einen Platz im Raum, ohne die meditative Stimmung zu stören, und bleib dort stehen. Die Phantasie zur Lebensumgebung wird in Form einer Bewegungsmeditation gemacht, bei der du die Augen geschlossen hast. Breite deine Arme

1 Ich möchte hier Jean Houstons geleitete Phantasie zu einem »Raum mit vier Wänden« dankend erwähnen, die mich zu meiner eigenen Phantasiereise zur Lebensumgebung, »Der Raum mit den vier Türen«, inspiriert hat. Siehe Kapitel 4 »Games for Expanding Your Consciousness« in dem Buch von Howard R. Lewis und Dr. Harold S. Streitfeld, *Growth Games: How to Tune in Yourself, Your Family, Your Friends.* New York: Harcourt Brace Jovanovich 1970.

aus und lass sie schwingen, um sicher zu gehen, dass du niemanden stößt und genügend Platz hast, dich zu bewegen. Du musst deinen Platz nicht verlassen. Du kannst auf kleinem Raum eine ganze Welt für dich erschaffen, indem du auf der Stelle tanzt, rennst oder gehst.

Stell dich zunächst so hin, dass deine Füße in einem bequemen Abstand direkt unter den Hüftgelenken stehen. So sind sie weder zu weit auseinander noch zu eng zusammen, sondern deinem Knochenbau entsprechend. Die Füße sollten geradeaus zeigen und weder in Balletthaltung nach außen noch »über den großen Onkel« nach innen stehen. Die Knie geben leicht nach. Wenn deine Knie locker sind und du dich nicht verspannst, kannst du im Radius von 360° um dich herum schauen. Ruf dir die drei Lichtkugeln (aus der RAM-Meditation, Anm.d.Ü.) vor Augen und bring sie ins Gleichgewicht, indem du sie übereinander stellst.

An den Begleiter

■ Wenn Sie die RAM-Meditationen nicht machen (siehe Anhang I), zeigen Sie der Gruppe jetzt, wie sich Bauch-, Brustkorb- und Kopfzentrum vertikal ausrichten und ins Gleichgewicht bringen lassen.

Wenn du die drei Zentren vertikal ausgerichtet hast, verlagere dein Gewicht leicht auf den rechten Fuß, so dass du das Gefühl hast, rechtslastig zu sein. Spüre, welche Spannung die Muskeln aufbringen müssen, um dieses Ungleichgewicht zu halten, und spüre auch die Einschränkung, die diese Bewegung mit sich bringt; du kannst jetzt nur deinen linken Fuß bewegen. Jetzt beweg dich über die Mitte zur anderen Seite und verlagere dein Gewicht nach links. Dem Bild eines Pendels folgend, lass deinen Körper von rechts nach links schwingen, wobei der Ausschlag des Pendels allmählich immer schwächer wird, bis es schließlich genau in der Mitte zwischen rechts und links zum Stillstand kommt. Finde diese Haltung in der Mitte, nimm einen tiefen Atemzug und lass zu, dass dein Körper sich in die Position hinein entspannt.

Jetzt komm etwas nach vorn und verlagere dein Gewicht auf die Zehen. Spüre, wie es ist, wenn deine Nase in die Zukunft zeigt und nach vorne auf ein Ziel zueilt. Spüre die Verlagerung, die Spannungen in deinem Körper und das Bewegungspotential in dieser Position. Jetzt komm mit deinem Gewicht nach hinten auf die Fersen, so dass der Körper sich hinter dem Zentrum des Gleichgewichts befindet und sich in die Vergangenheit neigt. »Ah, gestern!« Und wieder lass das Pendel ausschlagen, diesmal vor und zurück, vor und zurück, bis seine Bewegungen immer kleiner werden und du schließlich genau die Mitte zwischen beiden Richtungen gefunden hast. Wenn du dort angelangt bist, nimm einen tiefen Atemzug und entspanne dich in diese Haltung hinein, die wir als *Nullposition* bezeichnen: weder vor noch zurück, weder rechts noch links, einfach präsent im Hier und Jetzt – die Nullposition.

Nimm dir etwas Zeit, dich zu zentrieren. Lass deine Hände locker an den Seiten hängen. Atme in deinen Bauch. Ich spiele jetzt gleich etwas Musik (langsame Musik im Geh-Rhythmus). Erlaube deinem Körper, sich nach dieser Musik zu bewegen, tanze dein Hier und Jetzt.

Stell dir jetzt vor, dass du gehst. Lass zu, dass dein Tanz sich in ein Gehen verwandelt. Du stellst fest, dass du gehst... die Treppe hinunter ... in die Dunkelheit hinein. Am Ende der Treppe siehst du ein Licht. Steig die Treppe hinunter und geh auf das Licht zu.

Wenn du die Treppe ganz hinuntergestiegen bist, betrittst du einen großen, hell erleuchteten Raum. Während du dich in dem Raum umschaust, fällt dir auf, dass sich in der Mitte jeder der vier Wände eine Tür befindet, und über jeder dieser Türen steht ein Wort. Du gehst auf die erste Tür zu (*leichte, melodische Musik*). Du siehst, dass über dem Türrahmen das Wort »Zuhause« geschrieben steht. Hinter dieser Tür befinden sich Bilder eines Zuhauses, wie du es dir vorstellst. Öffne die Tür und geh hinein. Schau dir die Bilder an. Welche Farben findest du hinter der Tür mit der Bezeichnung »Zuhause« vor? Welche Gerüche und Geschmäcker? Zuhause. Auf welche Formen triffst du? Scharfe und hartkantige oder weiche, schmeichelnde und runde? Welche Oberflächenstrukturen verbindest du mit der Vorstellung von Zuhause? Welche Gestalten oder Bilder siehst du? Beweg deinen Körper im Einklang mit diesen Bildern. Sind die Formen scharf und hart, lass deinen Körper scharfe und harte Bewegungen machen. Sind sie weich und rund, bewegt dein Körper sich entsprechend.

Achte darauf, wo Spannungen im Körper sind, und erforsche diese Spannungen mit Hilfe von Bewegung. Wenn dein Körper entspannt ist, erlaube ihm, sich entspannt zu bewegen. Jeder Mensch ist einzigartig. Jede Person reagiert auf ihre Weise auf das Wort »Zuhause«. Dein Körper bewegt sich in Harmonie mit deinen Gefühlen. Nimm einen tiefen Atemzug und lass einen Ton kommen, der dein Gefühl ausdrückt, zu Hause zu sein.

(*Geben Sie den Teilnehmern etwas Zeit, sich zu bewegen, und blenden Sie dann die Musik langsam aus.*)

Spür in deinen Körper hinein und finde heraus, wie er sich in diesem Augenblick anfühlt. Wenn du immer noch in einer Tanzposition stehst, bleib so. Wenn nicht, mach aus deinem Körper jetzt eine Statue oder Skulptur, die deine Gefühle zum Thema Zuhause ausdrückt. Wie sieht diese Skulptur aus? Achte darauf, wie sie auf dem Boden steht, wie sie sich in deinen Füßen anfühlt, in deinem Becken,

Gesäß, Bauch und Unterleib, deinen Schultern und Armen. Wie wirkt sie sich auf deinen Atemrhythmus aus? Wie ist die Neigung deines Kopfes, wie dein Gesichtsausdruck? Gib dieser Skulptur den Titel »Zuhause«.

Stell dir jetzt vor, dass du den Raum mit der Bezeichnung »Zuhause« verlässt. Während du das tust, schmilzt die Skulptur zusammen. Nimm einen tiefen Atemzug und blas sämtliche Bilder von deinem Zuhause fort. Blas sie fort und lass sie los, ähnlich wie Rauch. Die Tür schließt sich, und du stehst wieder in dem Raum mit den vier Türen. Geh auf die zweite Tür zu (*stark rhythmische Musik*). Über dieser Tür siehst du das Wort »Arbeit/Lebensaufgabe«. Hinter der Tür befinden sich Bilder, die zeigen, was »Arbeit/Lebensaufgabe« für dich bedeutet. Öffne die Tür, geh hinein und finde heraus, was sich in diesem Raum mit der Bezeichnung »Arbeit/Lebensaufgabe« verbirgt.

Welche Farben findest du hier vor? Was für Gerüche und Geräusche? Auf welche Formen triffst du hier in dem Raum mit der Bezeichnung »Arbeit/Lebensaufgabe«? Die Formen deiner Arbeit. Erlaube, dass dein Körper beginnt, sich zu diesen Formen zu bewegen. Lass die Formen zu Bildern und Gestalten werden. Bildern der Arbeit. Bewege deinen Körper so, wie du es bei der Arbeit tust. Erlaube deiner Stimme, auszudrücken, wie du dich mit deiner Arbeit fühlst – dein eigener Ton, der deine Gefühle zum Ausdruck bringt, ganz gleich, wie sie aussehen... Arbeit/Lebensaufgabe. Deine Aufgabe.

(*Geben Sie den Teilnehmern wieder Zeit, sich zu bewegen, und blenden Sie die Musik dann langsam aus.*)

Nimm jetzt eine Haltung ein, die deine Gefühle zu deiner Arbeit, deiner Lebensaufgabe ausdrückt. Finde eine Position, die deine Gefühle zu deiner Arbeit zum Ausdruck bringt. Wie würde eine solche Skulptur aussehen? Wie steht sie auf dem Boden? Spüre diese Haltung in deinen Beinen, Schultern, Armen und Händen, deinem Becken, Magen und Brustkorb, der Neigung deines Kopfes und deinem Gesichtsausdruck. Arbeit/Lebensaufgabe. Fühle diese Haltung. Erleb sie uneingeschränkt – die Haltung mit der Bezeichnung »Arbeit/Lebensaufgabe«. Dann komm allmählich in die Nullposition. Während du die Haltung auflöst, nimm einen tiefen Atemzug und blas die Bilder der Arbeit fort. Geh wieder durch die Tür und lass die Bilder hinter dir.

Schüttle deinen Körper aus, um alle Spannungen loszulassen, die du vielleicht noch festhältst.

Stell dir jetzt vor, dass du durch die dritte Tür gehst (*rein instrumentale, romantische Musik*). Auf dieser Tür steht »Liebe«. Hinter dieser Tür befinden sich Bilder der Liebe. Öffne die Tür und geh hinein: der Raum der Liebe in deinem Leben. Bilder der Liebe. Schau wieder nach, welche Farben du hier vorfindest. Welche Geschmäcke und Gerüche nimmst du im Raum der Liebe wahr? Welche Formen triffst du hier an? Lass zu, dass dein Körper Bewegungen der Liebe macht.

Erlaube dir, mit deiner Stimme auszudrücken, welche Gefühle du im Raum der Liebe empfindest. (*Musik ausstellen.*) Und lass deinen Körper wieder eine Haltung einnehmen, die deine Reaktion auf das Wort »Liebe« und die Bilder der Liebe zum Ausdruck bringt. Spüre diese Haltung. Wie stehst du mit Füßen und Beinen auf dem Boden? Spürst du deine Genitalien, dein Rektum? Was empfindest du in diesen Körperbereichen? Wie atmest du in der Haltung der Liebe? Wie hältst du Schultern und Arme? Wie ist dein Gesichtsausdruck? Wie neigt sich dein Kopf? Gib dieser Skulptur den Titel »Liebe«.

Und wieder ist es Zeit, diesen Raum zu verlassen. Während du hinausgehst, löse die Haltung auf, lass sie schmelzen. Nimm einen tiefen Atemzug und puste die Bilder der Liebe fort.

Du kommst nun zur vierten und letzten Tür (*rein instrumentale, spirituelle Musik wie Flöte oder Harfe*). Über dieser Tür steht geschrieben »Das Selbst«. Hinter der Tür befinden sich Bilder und Symbole deines Selbst. Öffne die Tür und geh hinein, um herauszufinden, was du hinter der Tür mit der Aufschrift »Das Selbst« erlebst. Achte wieder auf die Farben in diesem Raum. Welche Symbole, Bilder und Gestalten findest du im Raum des Selbst vor? Erlaube deinem Körper, sich zu diesen Bildern zu bewegen und zu tanzen. Erlaube dir, mit deiner Stimme auszudrücken, wie du dich mit dir selbst fühlst. (*Musik ausstellen.*) Und nimm wieder die Haltung einer Skulptur ein, die sämtliche Gefühle ausdrückt, die du zu dir hast. Spüre diese Haltung in deinen Beinen, Schultern und Armen, in Becken, Magen und Brustkorb. »Genau diese Gefühle habe ich zu mir selbst.« Die Neigung deines Kopfes, dein Gesichtsausdruck. »Diese Gefühle habe ich zu mir.«

Und wieder verlässt du den Raum, schließt die Tür hinter dir, lässt die Haltung zusammenschmelzen, nimmst dabei einen tiefen Atemzug und bläst die Bilder des Selbst fort.

Jetzt befindest du dich wieder in dem Raum mit den vier Türen. Aber etwas Seltsames und Wunderbares ist geschehen. In der Mitte des Raumes siehst du einen goldenen Thron. Und über diesem Thron stehen die Worte »Thron der Wunder« geschrieben. Wie im Märchen hast du einen Wunsch frei, ein Wunder, das wahr werden wird. Nachdem du Gelegenheit hattest, dir die vier Räume deines Lebens anzuschauen, darfst du dir jetzt erlauben zu träumen, dir ein Wunder vorzustellen – ein Wunder, das deinem Leben Erfüllung bringen wird.

Aber bevor du dich auf den Thron setzt, schau dir die vier Bereiche deines Lebens noch einmal an, indem du die Haltungen einnimmst, die du gestaltet hast. Nimm die Haltung mit dem Titel »Zuhause« ein. Fühlt sich Zuhause für dich so an? Oder hast du es in irgendeiner Weise idealisiert? Wenn ja, wie sieht die Wahrheit aus? Arbeit/Lebensaufgabe. Spüre diese Haltung und denk über deine Arbeit nach. Fühlt sie sich so für dich an? Wenn nicht, was ist die Wahrheit? Geh für die Bereiche Liebe und Selbst genauso vor.

Jetzt setz dich auf den Thron und nimm dir einen Augenblick Zeit, um zu atmen (*erhebende Musik wie Pachelbels »Kanon in D«*). Du wirst jetzt zulassen, dass dein tieferes Selbst dir eine Vision schickt, die dir zeigt, was dein Leben erfüllt machen und die vier Räume miteinander verbinden könnte. Lass zu, dass eine Farbe hochkommt, eine Empfindung, ein Gefühl. Vielleicht mischen sich ein paar andere Farben darunter. Allmählich nehmen diese Farben Form an, und ein Bild wird deutlich. Das Bild ist ein Symbol für das, was die vier Räume miteinander verbinden und Licht in dein Leben bringen könnte. Verbring etwas Zeit mit diesem Bild, ohne dass du unbedingt begreifen musst, was es bedeutet. Sei einfach mit dem Bild... Erlaube jetzt, dass Worte aus deinem Inneren aufsteigen, die dir sagen, was das Wunder bedeutet. So, wie du dort sitzt, lass zu, dass dein Körper mit Bewegungen auf das Bild reagiert. Atme es ein, schmecke es, lass dich so weit wie möglich darauf ein. Verleih ihm eine Stimme, lass Töne kommen, ein Lied...

Dein Wunder. Dein Ruf zum Abenteuer, der dich inspiriert, deine Lebensumgebung zu verlassen und deine Reise anzutreten.

Stell dir vor, dass du den Thron der Wunder verlässt. Steig die Treppenstufen hoch und kehre zurück in diesen Raum. Deine Heldenreise hat begonnen.

An den Begleiter

■ Wenn die Teilnehmer mit der Vision ihrer Lebenssituation zu Ende gekommen sind und sich ihr Wunder vorgestellt haben, sind sie meistens in einer völlig anderen Stimmung als beim Betreten des Gruppenraums. Es ist also sehr wichtig, dass die Anweisungen für die nächsten Arbeitsschritte und der entsprechende Inhalt behutsam und mit Respekt für diese Atmosphäre vermittelt werden. Lassen Sie der Gruppe genügend Zeit, wieder im Hier und Jetzt anzukommen. Damit die Teilnehmer in Kontakt mit ihrer Erfahrung bleiben und sich nicht ablenken, empfehle ich, sie schweigen zu lassen. Sie können eine ruhige, meditative Musik auflegen, damit die Gruppe sich das Gefühl der friedlichen Erkundung von Innenwelten bewahren kann.

Die Lebensumgebung
Übung 2: Künstlerisch gestalten

An die Reisenden

Die Huichol-Indianer in Mexiko nehmen Peyote, um sich in andere Bewusstseinszustände zu versetzen. Wenn sie von ihrer Reise zurückkehren, schaffen sie, statt über ihre Erlebnisse zu sprechen, wunderschöne Kunstwerke aus farbigen Garnen, um die Essenz ihrer Erfahrung auszudrücken. Mit Hilfe dieser Kunstwerke können sie das Erlebte integrieren und auf einer anderen, emotional tiefergehenderen Ebene als der rein verbalen mitteilen. Und ich möchte, dass du genau das jetzt auch tust. (*Ich stelle den Teilnehmern gutes Zeichenpapier und mehrere Kästen mit Pastell-Ölkreiden zur Verfügung.*)

Nimm dir ein Blatt Papier und ein paar Stifte. Ruf dir noch einmal vor Augen, was du hinter den vier Türen erlebt hast, wobei die Vision des Wunders ihren Platz in der Mitte des Blattes finden soll. Wenn dir keine eindeutig visuellen Bilder kamen, kannst du deine Erfahrungen mit Farben und Formen umsetzen. Nicht jeder von uns nimmt die innere Welt visuell wahr. Manche erleben sie eher kinetisch, andere akustisch. Eines der Ziele dieses Prozesses besteht darin, unsere individuelle Art der Wahrnehmung zu bereichern und die Möglichkeit zu schaffen, sowohl mit der inneren als auch mit der äußeren Welt in einen intensiveren sinnlichen Kontakt zu treten. Wenn wir Farben, Formen und Zeichnungen aufs Papier bringen, ergänzen wir die emotionale und die kinetische Ebene um die visuelle. Du kannst figürliche Bilder malen, musst aber nicht. Wenn die Vorstellung, ein Kunstwerk schaffen und ein Bild zeichnen zu müssen, dich behindert, spiel einfach mit Farben. Wähle eine Farbe oder eine Reihe von Farben, die ausdrücken, wie du dein Zuhause erlebt hast. Waren die Formen scharf und linear oder weich und wellenförmig? Drück die Gefühlsqualität der Erfahrung aus, ohne sie unbedingt figürlich umzusetzen. Oft kommen Menschen in Schwierigkeiten, weil das, was sie im Kopf haben, nicht mit dem übereinstimmt, was sie aufs Papier bringen können. Dann verschwenden sie ihre Zeit damit, sich in dieses Problem zu vergraben, statt sich einfach zu erlauben, sich auszudrücken. Ich empfehle dir, folgendes Schema für dein Bild zu benutzen *(siehe das Arbeitsbuch in Anhang III).*

Der Zweck dieser Übung besteht darin, die innere Welt in diese Wirklichkeit zu holen und von den Orten, die du gerade innerlich aufgesucht hast, zum Hier und Jetzt überzugehen. Sie ist auch eine Möglichkeit, die Geschichte umfassender als nur verbal wiederzugeben und ein Meditations-Mandala anzufertigen, mit dem du nach Abschluss des Prozesses weiterarbeiten kannst. Du kannst auf deine Bilder meditieren und dir die einzelnen psychischen Ebenen der Geschichte ins

Gedächtnis zurückrufen. Ich möchte dich anregen, sämtliche Hauptstationen deiner Reise künstlerisch umzusetzen.

An den Begleiter

■ Verteilen Sie Papier und Farben und weisen Sie die Teilnehmer an, ihre Lebensumgebung zu malen. Ich würde ihnen dafür eine halbe Stunde Zeit lassen.

Wenn Sie sehen, dass die meisten Leute fertig sind, können Sie die Kopien des Arbeitsbuches zur Heldenreise austeilen, das Sie in Anhang III finden. So sind die Teilnehmer, die fertig sind, beschäftigt, während die anderen ihr Bild in Ruhe zu Ende bringen können, und Sie schaffen genügend Spielraum für die unterschiedlichen Arbeitsrhythmen der Gruppe.

Die Lebensumgebung
Übung 3: Das Arbeitsbuch

Das Arbeitsbuch ist eine weitere Hilfe, deine Geschichte zu dokumentieren. Außerdem ist es so angelegt, dass du etwas Abstand zu dem Prozess gewinnst. Der Prozess ist so beschaffen, dass wir uns tief darauf einlassen, indem wir zu dem Bild werden, den Archetyp umfassend erfahren und dann einen Schritt zurücktreten, um ihn objektiv zu betrachten. So entsteht ein ständiger Dialog zwischen der Verinnerlichung des Archetyps und seiner Veräußerlichung. Das Arbeitsbuch gibt uns die Chance, Abstand zu nehmen. Es ist so angelegt, dass du die Lücken einer vorgegebenen Geschichte ausfüllst. Schreib so einfach wie möglich – als wolltest du die Geschichte einem Kind erzählen. So kann die Psyche die Geschichte wie ein Märchen verarbeiten.

Wenn du mit malen fertig bist, nimm das Arbeitsbuch zur Hand und füll die Lücken der Geschichte bis zu der Stelle aus, wo die Arbeit mit dem Helden beginnt.

Die Lebensumgebung
Übung 4: Den Spirituellen Begleiter finden

An den Begleiter

■ Während die Teilnehmer an ihren Bildern arbeiten oder in ihr Tagebuch schreiben, breiten Sie in einem anderen Teil des Raumes Tarotkarten oder andere Karten mit archetypischen Bildern aus. Wenn Sie Tarotkarten benutzen, empfehle ich das Waite-Deck oder ein anderes, das alle Bildkarten enthält. Breiten Sie sämtliche Karten aus. Vielleicht besorgen Sie sich die Hauptarkanas doppelt, da diese Karten besonders beliebt sind. Die Teilnehmer werden die Karten während der ganzen Reise behalten und sie erst am letzten Tag zurückgeben, es sei denn, Sie möchten sie ihnen schenken. Teilnehmern, die das gleiche Bild wählen, empfehle ich, im Verlaufe der Reise möglichst viel zusammenzuarbeiten. Wenn jeder eine Spirituelle Begleiterin oder einen Spirituellen Begleiter gewählt hat, kommt die Gruppe wieder im Kreis zusammen.

An die Reisenden

Eine der wichtigsten Gestalten im Ensemble der Figuren der Heldenreise ist der Spirituelle Begleiter oder die Spirituelle Begleiterin. Dieses Wesen hat die Fähigkeit, über den Helden und den Dämon hinaus das ganze Selbst zu sehen. Der Spirituelle Begleiter ist daran interessiert, dem Helden beim Erreichen seines Zieles zu helfen, aber er nimmt auch Anteil am Dämon. Der Dämon ist ein ganz wesentlicher Aspekt der ganzen Person und kann nicht einfach beiseite geschoben oder ignoriert werden, um den Helden in seinen Bestrebungen zufrieden zu stellen. Der Spirituelle Begleiter ist der Vertreter des individualisierten Selbst, und er ist da, um dem Reisenden bei dieser Individuation zu helfen. Deshalb versucht der Spirituelle Begleiter nicht, den Dämon zu vernichten, sondern ihn so zu wandeln, dass er für den Erfolg der heroischen Suche nützlich sein kann. In einigen Heldengeschichten wird der Dämon, der im Gewand eines Drachen oder Ungeheuers auftritt, getötet oder umgebracht. Kann der Spirituelle Begleiter jedoch sowohl dem Helden als auch dem Dämon Mitgefühl entgegenbringen, wird der Dämon, der Teil des ganzen Selbst ist, nicht einfach nur aus dem Weg geräumt. Das Sprichwort »Wenn dein Auge dich ärgert, reiß es heraus« läuft darauf hinaus, dass wir halb blind durch die Welt laufen.

Wenn du mit Malen und Schreiben fertig bist, schau dir sämtliche Bilder (*die Tarotkarten oder die anderen archetypischen Abbildungen*) an und wähle eines aus, das jemanden zeigt, der dir hilft, dein Wunder wahr werden zu lassen – eine spirituelle Wesenheit, eine Gestalt aus der Anderswelt, eine Freundin oder einen Freund. Du hältst Ausschau nach deiner Spirituellen Begleiterin oder deinem Spirituellen Begleiter, dem Wesen, das tief in deine Psyche sehen kann, das die ganze Geschichte kennt und dich auf die eine oder andere Weise zu der Reise gebracht hat, um dich in deiner Weiterentfaltung zu unterstützen. Vielleicht begreifst du die Bedeutung des von dir gewählten Bildes im Augenblick noch nicht, aber wahrscheinlich wird sie sich dir im Lauf der Reise enthüllen.

Die Lebensumgebung
Übung 5: Deine Geschichte mitteilen

In einer Gruppe

Finde jemanden in der Gruppe, den du nicht kennst. Schau der Person in die Augen und mach mit ihr einen Zeitpunkt außerhalb der Gruppensitzungen ab, zu dem ihr euch zusammensetzt und euch die Details eurer Reise bis hierhin mitteilt. Das heißt, ihr lest aus euren Arbeitsbüchern vor und zeigt der anderen Person euer Bild und euren Spirituellen Begleiter. Das ist eine Herausforderung, denn es geht darum, mit einem anderen Gruppenmitglied auf einer tieferen Ebene Kontakt aufzunehmen, als einfach nur zu sagen: »Hallo, wie geht's? Woher kommst du? Was machst du so?«

Nachdem du jetzt aufgebrochen bist, ist alles, was im Verlauf dieser Zeitspanne geschieht, Teil deiner Reise. Jedes Treffen, jeder Austausch oder jede Konfrontation wird zu einer Station deiner Reise. Indem du das Reich der Phantasie betrittst, setzt du dir eine bestimmte Brille auf und die trägst du während des ganzen Prozesses. Sogar während du schläfst, geht die Reise weiter. So möchte ich zum Beispiel, dass du dir heute Abend, unmittelbar vor dem Schlafengehen, das Bild deiner Spirituellen Begleiterin beziehungsweise deines Spirituellen Begleiters anschaust. Lass deinen Gedanken ruhig freien Lauf. Betrachte das Bild etwa zehn Minuten lang, so dass diese Gestalt das Letzte ist, was deine Augen gesehen haben, bevor du das Licht ausmachst. Vielleicht legst du dir dein Arbeitsbuch neben das Bett, so dass du aufschreiben kannst, was du nachts träumst. Der Traum muss nicht sofort einen Sinn ergeben, aber es ist möglich, dass dein Begleiter dir etwas Wichtiges zeigt, das sich im Laufe des Workshops von selbst klären wird. Lass dich also von deiner Begleiterin oder deinem Begleiter heute Nacht über die Schwelle zur anderen Welt führen.

Das Abschlussritual

An den Begleiter

■ Jetzt kommt die Gruppe im Kreis zusammen. Sie können den Teilnehmern vorschlagen, sich an den Händen zu halten, um den Kontakt zur ganzen Gruppe zu spüren. Schauen Sie alle noch einmal in die Kerze, werden Sie still und singen Sie dann gemeinsam ein RAM oder Ihre eigenen Varianten, um den Abend abzuschließen, so dass jeder Tag mit Singen beginnt und endet.

Empfehlungen zur Entwicklung eines Gruppengefühls

Je nachdem, wann die erste Sitzung endet und wie viel Zeit Sie noch haben, können Sie verschiedene Übungen machen, um den Teilnehmerinnen und Teilnehmern zu helfen, sich kennen zu lernen. Im Folgenden schlage ich zwei vor: Austausch in Familien und die Übung Kunstausstellung.

Austausch in Familien

Teilen Sie die Gruppe in Kleingruppen von fünf oder sechs Personen auf, innerhalb derer jeder seine Geschichte erzählt und sein Bild zeigt. Manchmal können diese Kleingruppen von fünf bis zehn Mitgliedern als »Familien« innerhalb des größeren Ganzen dienen. Wenn die Gruppe selbst mehr als 20 Personen umfasst, kann es sogar notwendig sein, sie in kleinere Gruppen zu unterteilen, die sich jeden Tag für eine bestimmte Zeit treffen, so dass die Teilnehmer verarbeiten können, was sie miteinander erlebt haben. Damit bekommen sie eine Chance, einer kleinen Gruppe von Menschen näher zu kommen, statt den Versuch zu machen, die ganze Gruppe kennen zu lernen.

Nach der Übung 1 zur Lebensumgebung und vor der Wahl der Spirituellen Begleiter (vielleicht aber auch schon mit deren Hilfe) wäre ein guter Zeitpunkt, die Gruppe zu unterteilen und anzuweisen, sich in den Kleingruppen auszutauschen. Eine wirkungsvolle Möglichkeit ist, dass jede Person in die Mitte geht und noch einmal die Haltungen einnimmt, die sie in den vier Räumen sowie für das Bild des Wunders entwickelt hat. Das ist keine einfache Aufgabe; es bedeutet schon eine kleine Prüfung, sich vor eine Gruppe unbekannter Menschen hinzustellen und sich zu zeigen. Aber gleichzeitig ist es eine Möglichkeit, die Bilder, die die Einzelnen für diese fünf Aspekte ihrer Reise gefunden haben, körperlich noch weiter zu integrieren.

Übung: Die Kunstausstellung

Dies ist eine weitere hilfreiche Übung, um ein Gruppengefühl zu entwickeln. Sie unterstützt die Teilnehmer auch darin, mit Menschen in Kontakt zu treten, die sie sonst vielleicht meiden. Statt sich nur an Leute zu wenden, mit denen sie sich wohl fühlen, können sie anfangen, auch auf jene zuzugehen, die ihnen gerade deswegen weiterhelfen können, weil sie anders sind.

Nachdem die Teilnehmer die Bilder von ihrer Lebensumgebung fertig haben, bitten Sie sie, diese wie für eine Kunstausstellung an die Wand zu hängen. Dann spazieren alle herum wie in einer Ausstellung, bewundern die Bilder und sprechen miteinander darüber.

An die Reisenden

Geh zwischen den Bildern umher. Betrachte sie und halte Ausschau nach Elementen, die auf deinem Bild nicht zu finden sind. Achte darauf, wie unterschiedlich die Bilder gemalt sind... Suche dir jetzt ein Bild heraus, das etwas zeigt, was deinem Bild fehlt oder das völlig anders gemalt ist als deines. Wenn du mit Strichzeichnungen und wenig Farbe gearbeitet hast, schau dir Bilder an, auf denen viele Farben ineinander fließen. Oder wenn dein Bild nur aus Farben ohne Strukturen besteht, such nach einem Bild mit erkennbaren Formen. Halte Ausschau nach einem Bild, das deiner Meinung nach das Gegenteil von deinem Bild darstellt und Elemente enthält, die deinem Bild fehlen. Finde heraus, wer es gemalt hat, und nimm Kontakt mit dieser Person auf... (*Geben Sie den Teilnehmern Zeit dafür.*)

Stell dir jetzt vor, ihr seid eine Gruppe von Kunststudentinnen und Kunststudenten, und heute beginnt euer Unterricht. Wir betrachten jetzt die Gemälde der anderen Künstler. Du suchst dir jemanden, der dir beibringen kann, was du über Kunst lernen möchtest. Vielleicht das Farbempfinden, das Gefühl für Form, Aufbau, Anordnung. Tu dich mit der Person zusammen und sprecht darüber, was ihr euch gegenseitig in Bezug auf Farbe, Form oder die bildliche Darstellung beibringen könnt. Zum Beispiel: »Ich kann dir etwas über Farbempfinden vermitteln, wenn du mir zeigst, wie ich mit Formen umgehen kann.« Oder: »Ich kann dir beibringen, Gegenstände zu zeichnen, wenn du mir verrätst, wie ich so ein wunderbares Farbgefühl entwickeln kann wie du.« Nehmt euch etwas Zeit, darüber zu sprechen, wie ihr euch gegenseitig helfen und unterrichten könnt, als wäret ihr Studentinnen und Studenten an der Kunsthochschule... (*Lassen Sie Zeit dafür.*)

Jetzt stell dir vor, dass Farbe etwas mit Empfindungen oder dem Körperzentrum zu tun hat. Und dass Umrisse und Formen wiederum mit der Organisation dieser Empfindungen und damit mit dem Herzzentrum zusammenhängen, das die körperlichen Rhythmen in Gefühle umsetzt. Symbole oder bildliche Darstellungen hingegen haben einen Bezug zum Kopfzentrum, das mit Erinnerungen und Bedeutungen arbeitet. Statt darüber zu sprechen, wie du dir ein Gefühl für Farben oder den Bildaufbau beibringen könntest, tausch dich jetzt darüber aus, wie ihr euch etwas über Empfindungen, Emotionen oder die Arbeit des Verstandes vermitteln könnt. Findet heraus, was ihr euch gegenseitig in Bezug auf diese Ebenen menschlicher Erfahrung beibringen könnt.

Nachdem du dir jetzt deine augenblickliche Lebenssituation noch einmal angeschaut, dein Wunder visualisiert und das Bild deines Spirituellen Begleiters gefunden hast, bist du bereit, deinen Helden zum Leben erwachen zu lassen. Erlaube den Bildern, die du entdeckt hast, während der Nacht in dir weiterzuarbeiten. Vertraue darauf, dass der Held in dir sie versteht und sich bereits in deinem Herzen regt, auch wenn dir selbst die Bedeutung deines Wunders und deines Spirituellen Begleiters noch unklar sein mag.

KAPITEL 6

Der Held

In dieser Sitzung werden wir unsere Erinnerung heraufbeschwören und unsere Vorstellungskraft einsetzen, um auf spielerische Weise den Helden zu entdecken: die Hauptfigur unseres rituellen Dramas, den Teil in uns, der sich verändern und etwas Neues erleben möchte.

An die Reisenden

Der Held ist der Aspekt der Persönlichkeit, der »Ja!« zum Leben und zum Abenteuer sagt, der Teil in uns, der sich ein Ziel setzt oder es erkennt und sich auf den Weg macht, um es zu erreichen. Um mit diesem Aspekt in Kontakt zu kommen, wirst du die nächste Zeit damit verbringen, dich positiv mit deiner eigenen Person auseinanderzusetzen. Du wirst nach Eigenschaften Ausschau halten, die du entwickeln musst, um diesen Helden und damit die Figur zu gestalten, die in der Lage ist, das Wunder in deinem Leben zu vollbringen.

Was aber geschieht, wenn wir Spaß am Leben haben und uns selbst gut behandeln? Meistens folgt auf solch eine gute Zeit eine depressive Phase. Denn immer, wenn wir gut von uns denken, fährt ein anderer Teil fort, an uns zu zerren, und sagt: »Das glaubst du doch selbst nicht. Du machst dir etwas vor. Du bist eingebildet.« Ich nenne diesen Saboteur den Dämon des Widerstands, der uns immer dann Schwierigkeiten macht, wenn es uns gerade gut geht. Ich habe den Prozess zwar in die polaren Aspekte von Held und Dämon unterteilt, aber im Grunde entwickeln wir die beiden gleichzeitig; denn es fällt uns sehr schwer, uns wirklich gut mit uns zu fühlen, ohne die negative Stimme sagen zu hören: »Bist du dir ganz sicher? Das kann nicht ewig halten. Alle schauen auf dich. Du machst dich doch selbst zum Narren...« und immer so weiter. Das ist das Material für den Dämon, der sich zu zeigen beginnt.

Während du also die positiven Aspekte deiner Persönlichkeit zutage förderst, musst du gleichzeitig wach dafür sein, wie du dich selbst dämonisierst. Mach dir bewusst, wie du dir durch dein Denken selbst einen Streich spielst, indem du dir einredest, du seiest dumm, unfähig, zu alt oder was sonst immer. Mach dir deutlich, dass das dein Dämon ist. Bekenne dich zu dieser Rolle; erlaube dem Dämon, sich auszudrücken, und stell ihn dann dar – so kannst du erkennen, wie die innere Stimme des Dämons dein positives Selbstgefühl sabotiert. Ignoriere diese Stimme nicht. Tu nicht so, als gäbe es sie nicht. Versuche nicht, sie zu verstecken. Lass sie leben – und fahre gleichzeitig fort, dich deinen heroischen Herausforderungen zu stellen.

Ein Kind, das aus dem Haus rennt, um einen Schmetterling zu fangen, ist ein heldenhaftes Wesen, denn es erforscht das Unbekannte. Es ist ein Abenteurer, wenn es dem Schmetterling in die Wälder hinterherjagt. Genau das tut auch ein Held. Wir alle tragen heldenhafte Eigenschaften in uns, die sich in unserem Körper, unserer Präsenz, unserem Wesen verbergen, und zwar von Kindheit an. Das Problem ist, dass wir anfangen, Selbstbilder zu entwickeln, die das Kind verdecken, bis wir das Gefühl haben, dass es uns verloren gegangen ist. Wir haben es jedoch nicht verloren; es ist immer noch in uns. Um mit unserem heldenhaften Selbst in Berührung zu kommen, müssen wir die Fähigkeit zurückgewinnen, wie ein Kind zu spielen.

Archetypen sind Bilder der energetischen Aspekte des menschlichen Wesens, die allen Menschen zu eigen sind. Wenn ich zum Beispiel »Mutter« sage, weiß jeder, was ich meine. Vielleicht sieht jeder ein anderes persönliches Bild vor sich, aber diese Bilder beruhen alle auf demselben Archetypus. Wenn ich sage »Held« oder »Dämon«, haben die meisten von uns ein Gefühl dafür, was ich damit meinen könnte. Kinder leben in dieser Welt archetypischer Gestalten, denn sie üben sich darin, menschliche Wesen zu sein. Sie probieren mal diese, mal jene Rolle aus und gestalten schließlich ihre eigene Individualität auf der Grundlage verschiedener Aspekte dieser Rollen. Wir müssen zu dieser spielerischen Einstellung zurückfinden, diesem freien Lebensfluss in unserer Vorstellungskraft, bevor sich das Ego auf ein »Ich« festgelegt hat. Wir werden in verschiedene Rollen schlüpfen und sie durchspielen – uns erlauben, diese Freiheit so weit wie möglich zurückzugewinnen. Der Unterschied zwischen einem Kind und einem Erwachsenen ist, dass ein Kind das Lebensspiel aus Spaß spielt, während der Erwachsene eine Frage aus Leben und Tod daraus macht. Es ist das gleiche Spiel, nur mit verschiedenen Einsätzen. Ich möchte dich ermutigen, dich an diesem Spiel zu beteiligen, nicht auf Leben oder Tod, sondern einfach, um Spaß zu haben.

An den Begleiter

■ Dies ist der schwierigste Abschnitt des Workshops. Ich habe dafür oft den Vergleich gebraucht, dass wir einen schweren Schleppkahn stromaufwärts ziehen müssen. In dieser Zeit muss ich besonders gut auf mich achten: mir manchmal eine Pause von der Gruppe gönnen, eine stille Meditation machen, mir Zeit nehmen, meine eigenen Widerstände anzuschauen, die mit denen der Gruppe unweigerlich hochkommen. Im Grunde ist die Gestaltung des Helden ein Kampf mit Widerständen. Es ist wichtig, dass der Begleiter das weiß. Schließlich ist der Held derjenige, der den Ruf hört, ihn erkennt und – trotz aller Hindernisse – beschließt, ihm zu folgen, wohin er auch führen mag.

Machen Sie im Anschluss an das Eröffnungsritual und die Meditation einige Aufwärmübungen mit Musik, die den Körper auf Bewegungen vorbereiten und den Menschen in der Gruppe Gelegenheit geben, sich näher zu kommen.

Ritual: RAM-Meditation, 2. Tag (siehe Anhang I)

Der Narrentanz

Die Teilnehmer beginnen, indem sie sich ihren Narrentanz ins Gedächtnis rufen, in dem das rituelle Drama bis zu diesem Punkt zusammengefasst wird und der die Reisenden an die Erfahrungsschwelle bringt. Es geht um die Haltungen, die die Teilnehmer in Übung 1 zum Lebenshintergrund in Kapitel 5 entwickelt haben. Ergänzen Sie diese jetzt um die Haltung für das Bild des Wunders und den Spirituellen Begleiter. Der Spirituelle Begleiter ist die einzige Figur, für die es ein äußeres Bild gibt, die Tarotkarte. Die Reihenfolge lautet also heute: Nullposition – Ich – Zuhause – die Arbeit/Lebensaufgabe – Liebe – das Selbst – das Wunder – die Spirituelle Begleiterin/der Spirituelle Begleiter.

Der Held
Übung 1: Bilder des Helden

An die Reisenden

Nachdem du deinen Narrentanz jetzt innerlich noch einmal durchgegangen bist, schließ deine Augen und finde deine Nullposition. Nimm einen tiefen Atemzug und entspanne dich in diese Haltung hinein... Ich werde dich jetzt in Form einer Geschichte durch deinen Narrentanz leiten.

Es lebte einmal eine Person mit Namen Ich. (*Nimm die Haltung ein.*) Ich stieg eine lange Treppe hinunter und gelangte in einen Raum mit vier Türen. Ich öffnete die erste Tür, auf der das Wort »Zuhause« geschrieben stand. (*Nimm die Haltung ein.*) Hinter der Tür sah ich Bilder, die mir das Gefühl gaben, zu Hause zu sein. Als ich diesen Raum verließ, kam ich zu einer Tür mit der Aufschrift »Arbeit/Lebensaufgabe«. (*Nimm die Haltung ein.*) Und so fühlte ich mich mit den Bildern, die ich hinter dieser Tür sah. Auf der dritten Tür stand »Liebe«. (*Haltung*) Und auf der vierten »Das Selbst«. (*Haltung*) Als ich aus der vierten und letzten Tür trat, war etwas Seltsames geschehen. Dort, in der Mitte des Raumes, stand ein goldener Thron. Er heißt »der Thron der Wunder«. Ich setzte mich auf diesen Thron und stellte mir dieses Wunder vor. (*Nimm die Haltung ein.*) Eine Spirituelle Begleiterin/ein Spiritueller Begleiter kam auf mich zu. (*Nimm die Haltung ein.*)

Verharre einen Augenblick in der Haltung der Spirituellen Begleiterin oder des Spirituellen Begleiters und nimm die Wesensqualität dieser Gestalt an. Betrachte dich als diese Gestalt, die auf dem Thron sitzt, und lade dich ein, dein heldenhaftes Selbst zu entdecken. Beginne als diese Gestalt mit Bewegungen oder einem Tanz, der dich verführt, den Thron zu verlassen und dich auf den Weg zu machen, der zu deinem heldenhaften Selbst führt. Dann komm mit deiner Aufmerksamkeit allmählich wieder nach innen. Stell dir vor, wie du den Thron der Wunder verlässt und ganz langsam anfängst, dich mit dem Gefühl zu bewegen, dass du gehst. Sieh den Spirituellen Begleiter vor dir, der dir winkt und dir zuruft, ihm zu folgen. Der Spirituelle Begleiter wird dich durch eine Reihe von Bildern und Ereignissen führen, die schließlich zu dem Gefühl und dem Bild der Persönlichkeit deines heldenhaften Selbst zusammenfließen.

Fahre fort, dir vorzustellen, dass du vorwärts gehst. Lass dabei zu, dass deine Augen sich ein klein wenig öffnen. Das Bildnis der Spirituellen Begleiterin oder des Spirituellen Begleiters bleibt in jener anderen Dimension zurück, aber während deine Augen sich langsam öffnen, vermischen sich die Farben jener Dimension mit denen dieser Wirklichkeit. Wenn du deine Augen so weit geöffnet hast, dass du dich bewegen kannst, fang an, im Raum umherzugehen. Spüre, wie du herumwanderst. Bleib nach innen gerichtet und achte darauf, wie du gehst, wie deine Füße den Boden berühren, wie du dich beim Gehen im Gleichgewicht hältst, wie du atmest. Probiere verschiedene Bewegungsrhythmen aus. Aber bleib bei dir, achte darauf, wie du dich bewegst, wie du deine Wirbelsäule hältst, wie du mit dem Boden verbunden bist.

In einer Gruppe

Beginne allmählich, dich nach den anderen umzuschauen. Wie wirkt sich das auf dein Gehen aus? Prüfe nach, ob du bei Blickkontakt mit anderen den Zwang verspürst zu lächeln oder ob du sie ohne Maske einfach ansehen kannst. Blicke andere Menschen an und entdecke, wie sie sich dabei verhalten. Begrüßt euch gegenseitig, sagt hallo, tretet in Kontakt. Nach einer Weile wendet ihr euren Blick ab, kehrt mit eurer Aufmerksamkeit zu euch zurück und erlebt, wie ihr geht, wenn ihr wieder bei euch angekommen seid.

Fahr fort, im Raum umherzugehen, und meditiere dabei auf dein Wunder. Nimm dir Zeit, um das Wunder vor dir erscheinen zu lassen, damit es dich leiten kann. Jetzt fangen wir an, verschiedene Rollen zu spielen.

Der Kindheitsheld

Wen hast du als Kind bewundert oder ihm oder ihr nacheifern wollen? Vielleicht war es eine reale Person, vielleicht aber auch eine Gestalt aus einem Comic-Heft oder einem Märchen. Überleg dir, wer für dich als Kind ein heldenhaftes Vorbild war. Nimm das erste Bild, das aufsteigt, und stell dir vor, wie diese Person gehen würde. Versuch dir diese Art des Gehens anzueignen. Wenn es ein realer Mensch war, imitiere ihn. War es eine Phantasiegestalt, lass deinen Körper gehen, wie diese Gestalt gehen würde, und berücksichtige dabei deren Kostüm und Umgebung. Wie würde diese Person stehen? Wie würde sie ihre Arme beim Gehen neben dem Körper schwingen lassen? Und stell dir den Gesichtsausdruck dieser Gestalt vor. Lass dein Gesicht den Ausdruck dieser Person annehmen, setze dieses Gesicht auf.

In einer Gruppe

Jetzt schau dich nach den anderen um; stell dir vor, wie der Held deiner Kindheit auf die anderen Menschen im Raum reagieren würde, und begegne ihnen auf diese Weise. Begrüßt euch gegenseitig mit der Stimme eurer Kindheitshelden. Schließt Bekanntschaft mit jemandem, und beschreibt diesem Menschen euer Leben. Sprecht über euch. Bleibt in der Rolle dieses Kindheitshelden und beschreibt euch.

(*Nach einer Weile*:) Ich möchte jetzt, dass ihr aufhört und eure Augen schließt. Achtet auf eure Körperhaltung und schaut nach, ob ihr immer noch so steht wie euer Kindheitsheld oder ob ihr wieder eure eigene Haltung eingenommen habt. Wenn ihr in eurer eigenen Haltung steht, kehrt zurück in die Position des Kindheitshelden. Spürt eure Wirbelsäule, die Ausdehnung der Lungen, den Gesichtsausdruck, die Haltung eurer Schultern und Arme. Stellt diese Heldenfigur körperlich dar. Spürt, wie es ist, so zu sein. Fragt euch, welche Eigenschaften ihr an diesem Helden am meisten schätzt. Denkt an zwei, drei Eigenschaften, die euch an dieser Person am besten gefallen haben. Und schreibt diese Eigenschaften dann auf. Wenn ihr in einer Gruppe seid, teilt sie eurem augenblicklichen Partner mit. »Als diese Person bin ich schön und stark« oder was immer.

Körper und Geist sind eins, wie der Körper, so der Geist. Wenn eure Körperhaltung kraftvoll ist, beeinflusst das die Art und Weise, wie ihr fühlt. Wenn ihr diese Position nicht länger als ein paar Minuten halten könnt, wird es euch wahrscheinlich schwer fallen, einen neuen Standpunkt einzunehmen. Falls ihr wieder in eure vertraute Haltung geschlüpft seid, solltet ihr in die Position des Kindheitshelden zurückkehren, um seinen Standpunkt zur Welt zu erleben. Wechselt euren Standpunkt. Haltet Ausschau nach den positiven Eigenschaften der Gestalt, die ihr gerade spielt. Selbst eine negative Figur hat positive Züge, wenn ihr sie gründlich genug betrachtet.

An den Begleiter

■ Wir werden auf diese Weise jetzt eine ganze Reihe von Figuren darstellen. Sorgen Sie für große Zeichenblätter und Stifte in leuchtenden Farben. Weisen Sie die Gruppe an, knapp zehn Zentimeter unter der Blattoberkante eine Linie zu ziehen und dann, ohne groß nachzudenken, unter diese Linie zwei oder drei Eigenschaften zu schreiben, die ihnen an dieser Rolle am besten gefallen. Sie werden diese Liste nach jeder weiteren Gestalt ergänzen.

Sie werden die Teilnehmerinnen und Teilnehmer bei diesem Spiel jedesmal an einem bestimmten Punkt bitten, aufzuhören mit dem, was sie gerade tun. Sie können zu diesem Zweck eine Glocke läuten oder »Stopp!« rufen. Die Teilnehmer verharren dann in der Position, die sie gerade eingenommen haben, um nachzuprüfen, ob sie zu ihrer üblichen Körperhaltung zurückgekehrt oder bei der Position der dargestellten Figur geblieben sind. Nachdem Sie »Stopp!« gerufen haben, fordern Sie sie auf, sich die positivsten Eigenschaften ihrer Rolle klarzumachen.

Filmstar

Ich möchte, dass du jetzt wieder im Raum herumgehst. Ruf dir dein Wunder vor Augen. Nach einer Weile lässt du das Bild wieder gehen. Stell dir diesmal einen Filmstar vor, einen Superstar. Überlege, wie dieser Star geht, welches Kostüm sie oder er meistens trägt, in welchen Rollen du ihn oder sie am liebsten gesehen hast. Wie steht und geht dieser Filmstar? Federnd oder weich, verführerisch? Erlaube dir, dich so zu bewegen. Wie hält der Filmstar seine Wirbelsäule? Die Haltung der Wirbelsäule ist ein sehr wichtiger Schlüssel. Stell dir das Gesicht des Stars vor – Lippen, Augen, die Neigung des Kopfes. Setz dieses Gesicht auf, deinen Mund, deine Augen, deine Gesichtsmuskeln entsprechend einsetzend. Verwandle dich in diesen Filmstar.

In einer Gruppe

Wie würde dieser Filmstar die anderen Filmstars im Raum anschauen? Denkt daran, wir befinden uns jetzt in einem Raum voller Stars. Begrüßt euch gegenseitig mit der Stimme dieses Filmstars. Schaut euch jetzt im Raum um. Entscheidet, mit wem ihr in eurem nächsten Film auftreten wollt. Geht auf diese Person zu, macht euch miteinander bekannt, und dreht diesen Film jetzt. Spielt ihn durch (*Lassen Sie den Teilnehmern Zeit dafür.*)...

Bringt euren Film zu einem großartigen Ende. Jetzt hört auf mit dem, was ihr gerade tut, und verbleibt in eurer Haltung. Schließt eure Augen. Wenn ihr in eure eigene Körperhaltung zurückgeschlüpft seid, nehmt wieder die Position des Filmstars ein und spürt diese Veränderung im Körper; spürt den Unterschied, im Körper des Filmstars dazustehen, wie sie oder er zu atmen, Beine und Arme zu halten wie dieser Star. Besinnt euch auf die Eigenschaften dieses Stars, die euch am besten gefallen, die positivsten, kraftvollsten Züge dieses Menschen. Wenn ihr sie gefunden habt, öffnet die Augen und teilt diese Eigenschaften einem Partner mit. Schreibt sie anschließend auf euer Blatt.

Tier

Such dir jetzt einen Platz im Raum und leg dich dort auf den Boden. Ruh dich einen Augenblick aus. Lass deinen Körper in den Boden sinken und spüre, wie du dich der Schwerkraft der Erde hingeben kannst. Du kannst dich in dieser Haltung einfach fallen lassen; du bist völlig sicher, erlaube dir einfach da zu sein. Spüre, wie du dich der Schwerkraft der Erde anvertrauen kannst. Die nächste

Figur hängt mit den Instinkten zusammen, mit den natürlichen Fähigkeiten, die du als Held für diese besondere Reise brauchst. Aber bevor wir uns auf die Gestalt einlassen, möchte ich, dass du dir einen Augenblick Zeit nimmst, um dir dein Wunder ins Gedächtnis zu rufen. Visualisiere es und sieh es vor dir, wenn du kannst. Nimm ein paar tiefe Atemzüge. Erinnere dich, das Wunder leitet dich, die Eigenschaften, die du brauchst, in all diesen heldenhaften Gestalten zu finden; die Eigenschaften, die schließlich zu deinem heldenhaften Selbst zusammenfließen werden. Nimm noch einen tiefen Atemzug, blase das Bild des Wunders fort und lass dich noch einmal in die Erde sinken.

Stell dir ein Tier vor, das erste Tier, das dir in den Sinn kommt. Selbst wenn es dich überraschen oder amüsieren sollte, bleib bei diesem ersten Tier. Wenn du das Tier visualisieren kannst, stell dir vor, dass es vor dir steht. Wie sieht es aus? Welchen Ausdruck zeigt sein Gesicht? Wie hält es seinen Körper? Ist es männlich oder weiblich? Jetzt lass zu, dass das Tier sich vor dir zu bewegen beginnt. Beobachte es dabei oder erinnere dich an die Bewegungen dieses Tieres. Wie hält es seine Wirbelsäule, Beine, Schwanz, Ohren, Nase? Beobachte es einfach. Stell dir das Tier in seiner natürlichen Umgebung vor. Ist es ein Tag- oder ein Nachttier? Bewegt es sich dicht am Boden oder schwingt es sich durch die Bäume? Schwimmt es oder fliegt es? Was frisst es? Sieh, wie das Tier sich seine Nahrung besorgt. Frisst es Kräuter? Körner? Rinde? Blüten? Insekten oder andere Tiere? Wie verteidigt es sich gegen Angreifer? Wie verhält es sich, wenn es in Bedrängnis gerät? Wie reagiert es instinktiv bei Gefahr? Wenn du es nicht weißt, stell es dir einfach vor. Lass deine Vorstellungskraft arbeiten. Dies ist dein inneres Tier, und es kann alles, was du dir vorstellst. Wie paart es sich? Erinnere dich daran, oder, wenn es dir nicht einfällt, stell dir vor, wie dieses Tier sich beim Paarungstanz verhält. Wie sieht das Leben dieses Tieres in seiner unmittelbaren Umgebung aus? Wie gebärt es seine Jungen? Wie nährt es sie? Wie bringt es ihnen etwas bei? Wie geht das männliche Tier mit den Jungen um? Wie das weibliche? Und welches von beiden stellst du dir als dein Tier vor? Ist dein Tier ein Herdentier? Bleibt es bei seiner Herde? Oder ist es ein Einzelgänger? Wie verhält es sich in seinem Nest, seiner Höhle, seinem Bau?

Stell dir das Tier jetzt in seinem Zuhause vor. Es ruht sich aus. Schau dir an, wie es schläft. Wie sieht es im Schlaf aus? Rollt es sich zusammen, steht es, schlägt es die Beine unter? Wie sieht dein Tier im Schlaf aus? Stell es dir vor, wenn du es nicht weißt. Sobald du dir ein Bild gemacht hast, lass zu, dass dein Körper eine Position einnimmt, die der Schlafhaltung des Tieres möglichst ähnlich ist. Und ganz allmählich gehst du bewusst dazu über, dieses schlafende Tier zu werden.

In einigen Minuten werde ich alle schlafenden Tiere auffordern, wach zu werden. Sinniere eine Weile darüber, wie dein Tier aufwacht oder wie du als dieses Tier aufwachen wirst. Bist du sofort hellwach oder kommst du ganz allmählich zu Bewusstsein? Bist du bereit, dich zu verteidigen? Bist du auf dem Sprung? Wie könnte dein Tier aufwachen? Wenn ich das Zeichen gebe, wach auf. Du wirst dich so bewegen, dass du dich körperlich wie dieses Tieres fühlst – ohne mit den anderen Tieren in Kontakt zu treten, solange ich es dir nicht sage. Und jetzt lass dein Tier wach werden!

Dehne und strecke dich. Spüre deinen Körper. Fühle dich wie dieses Tier. Bewege dich wie es. Versuche, die Geräusche zu machen, die es von sich gibt. Füll den Raum mit diesen Tönen. Und wenn du nicht weißt, wie das Tier seine Stimme gebraucht, stell es dir vor. Lass Töne kommen. Jetzt beweg dich durch den Raum, so dass sich die Bewegungen deines Körpers anfühlen wie die des Tieres. Spüre seine Macht, seine Erregung, seine Kraft, Schönheit und seine instinktiven Fähigkeiten.

In einer Gruppe

Beginnt, euch umzuschauen und die anderen Tiere wahrzunehmen. Mit welchem Tier möchtet ihr Kontakt aufnehmen? Von welchem möchtet ihr euch fernhalten? Welches möchtet ihr lieben? Welches fressen? Seht ihr ein artverwandtes Tier? Möchtet ihr mit ihm in Verbindung treten? Bewegt euch durch den Raum und tauscht euch als dieses Tier mit den anderen Tieren aus. Wenn euer Tier angriffslustig ist, kämpft spielerisch, ohne andere zu verletzen. Geht aufeinander zu.

Ich werde jetzt eine Trommelmusik auflegen. Wenn ihr die Musik hört, entwickelt euch allmählich von einem wilden Tier zu einem menschlichen Wesen mit all den typischen Eigenschaften dieses Tieres. Tanzt mit den anderen Tier-Menschen, bleibt aber bei den Eigenschaften eures Tieres. (*Legen Sie eine rhythmische Musik auf und weisen Sie die Teilnehmer an, sich miteinander auszutauschen.*)

Jetzt hört auf und verharrt in eurer Position. Wenn ihr in eure eigene Haltung zurückgeschlüpft seid, nehmt wieder die Position des in einen Menschen verwandelten Tieres ein und besinnt euch auf die drei oder vier positivsten, bejahenswertesten Eigenschaften dieses Geschöpfes. Sollten euch nur negative Aspekte einfallen, betrachtet diese so gründlich, bis ihr die positiven Aspekte daran findet. Ein Mörder, zum Beispiel, kann ein sehr kraftvolles Wesen sein, das sehr gut weiß, wie es bekommt, was es braucht. Wenn ihr die positiven Eigenschaften gefunden habt, öffnet wieder eure Augen und teilt sie einer Partnerin oder einem Partner mit. Danach schreibt diese Eigenschaften auf euer Blatt.

Der Abenteurer

Um uns der folgenden Gestalt zu nähern, werden wir ein kleines Spiel spielen, das ihr vielleicht aus eurer Kindheit kennt. Es heißt »Standbilder«. Ihr und eure Partnerin oder euer Partner haltet euch an den Händen und fangt an, euch gemeinsam im Kreis zu drehen. An einem bestimmten Punkt lasst ihr euch mitten im Kreiseln los und erstarrt in der Haltung, die ihr gerade einnehmt. Das ist euer Standbild. Könnt ihr euch an dieses Spiel erinnern? Nun, genau das werden wir jetzt spielen.

Wenn ihr allein seid, könnt ihr euch einfach dreimal um euch selbst drehen. In einer Gruppe wählt ihr euch eine Partnerin oder einen Partner und haltet euch an den Händen fest. Bevor ihr aber anfangt, euch zu drehen, nehmt euch einen Moment Zeit, um euch an euer Wunder zu erinnern. Teilt es euch nicht gegenseitig mit. Lasst eure Augen geschlossen, bleibt mit eurer Aufmerksamkeit nach innen gerichtet und besinnt euch auf euer Wunder. Dieses Wunder führt euch immer zu den Gestalten, die ihr finden müsst. Atmet einfach und besinnt euch auf das Wunder... Dann lasst das Bild des Wunders langsam gehen, nehmt einen tiefen Atemzug und blast es fort. Öffnet eure Augen und fangt langsam an, euch zu drehen.

An den Begleiter

■ (Wenn in dem Raum, in dem Sie arbeiten, nicht viel Platz ist, sollten Sie dafür sorgen, dass die Teilnehmer sich nicht zu schnell drehen.)

Werdet allmählich schneller und schneller, und dann, wenn ich bis drei gezählt habe, lasst los. Eins, zwei, drei! Gestaltet jetzt euer Standbild. Haltet die Position und spürt, wie euer Körper sie einnimmt. Bleibt so. Nehmt eure Körperhaltung von innen wahr. Stellt euch jetzt vor, dass ihr euch in einer Abenteuergeschichte befindet und eure Körperhaltung ein Abbild des Helden darstellt, der gerade etwas erlebt. Was tut ihr in diesem Augenblick? Was tut ihr in dieser wunderbaren Abenteuergeschichte? Wie seid ihr gekleidet? Auf welches große Abenteuer steuert ihr zu? Und wie seid ihr hierher gekommen, in diesen Augenblick, an diesen Ort? Was hat zu diesem Moment geführt? Seid ihr allein bei diesem Abenteuer oder werdet ihr begleitet? Wohin geht ihr? Wonach sucht ihr? Was ist euer Ziel? Wenn ihr eure Haltung leicht verändern müsst, um es euch bequemer zu machen, dann tut das. Schaut, dass ihr euch so weit wie möglich entspannen könnt. Wie heißt ihr als Abenteurer? In welchem Zeitalter lebt ihr? Oder befindet ihr euch in einer Welt jenseits von Zeit und Raum?

Jetzt erlaubt eurem Körper, sich einfach zu entspannen. Sucht euren Partner, der sich vielleicht in einem anderen Teil des Raumes befindet. (*Wenn du allein bist, nimm ein Notizbuch zur Hand.*) Setzt euch Rücken an Rücken zusammen und entspannt euch in dieser Haltung miteinander. Beschreibt euch als Abenteurer und erzählt eure Geschichte. Die Partner nehmen sich jetzt etwas Zeit, um sich gegenseitig ihre Geschichte zu erzählen (*Pause*). Kommt mit eurem Austausch zu Ende. Steht auf und nehmt noch einmal die Haltung des Abenteurers ein, so genau, wie ihr euch daran erinnern könnt. Ruft euch noch einmal die vier positivsten, bejahenswertesten Eigenschaften ins Gedächtnis, die ihr an dieser Gestalt entdeckt habt. Wenn ihr euch erinnert habt, teilt sie eurer Partnerin oder eurem Partner mit und schreibt sie dann auf euer Blatt.

An den Begleiter

■ Die Zeit reicht nicht immer aus, um mit allen sieben heldenhaften Gestalten in Kontakt zu kommen. Wenn ich mich nur für fünf entscheide, wähle ich den Kindheitshelden, den Filmstar, das Tier, die wichtige Person im Leben und den Gott oder die Göttin. Den Abenteurer und die Geliebte lasse ich aus. Mir ist es jedoch lieber, wenn ich auch diese zwei mit einbeziehen kann, weil das Bild dann eine größere Spannbreite hat. Der wichtige Mensch steht für einen sehr persönlichen Aspekt im Leben der Teilnehmerinnen und Teilnehmer, und der Kindheitsheld stellt ein kindliches oder unschuldiges Element dar. Der Abenteurer bringt die mythische Dimension ein. Und der Geliebte hat sinnliche Eigenschaften, die nicht unbedingt mit denen des Tieres oder des Filmstars übereinstimmen. Deswegen nehme ich auch diese beiden Gestalten gern mit hinzu.

Der Geliebte

In einer Gruppe

Lasst uns in der Mitte des Raumes ein großes Bett bauen. (*Jeder Teilnehmer sollte sich am Bau eines bequemen Bettes aus möglichst vielen Kissen beteiligen.*) Werft sämtliche Kissen in die Mitte des Raumes und legt euch alle zusammen darauf, ohne euch gegenseitig zu bedrängen. Kuschelt euch zusammen. Achtet darauf, dass ihr mindestens einer Person so nahe seid, dass ihr ihr etwas ins Ohr flüstern könnt. Und nicht alle in dasselbe Ohr! Legt euch so, dass ihr jemanden neben euch habt, mit dem ihr euch unterhalten könnt. Vielleicht nehmt ihr behutsam Körperkontakt miteinander auf. Tut aber nur das, womit ihr euch wirklich wohl fühlt. Lasst euren Körper einfach in die Kissen sinken und genießt den Kontakt. Nehmt die Wärme des menschlichen Wesens neben euch wahr. Liegt behaglich da und berührt jemanden am Arm oder streichelt seine Wange. Und während ihr in diesem Genuss schwelgt, ruft euch wieder das Bild eures Wunders vor Augen. Nehmt euch ein paar Minuten Zeit, um euch auf dieses Bild zu konzentrieren. Atmet es ein, und lasst es dann gehen, indem ihr einen tiefen Atemzug nehmt und es fortblast.

Nehmt die Wärme der anderen um euch herum wahr. Achtet auch auf eure eigene Körperhaltung, während ihr dort liegt. Vielleicht dehnt und streckt ihr euch ein wenig. Stellt euch vor, eine oder einer der großen Geliebten der Literatur, Weltgeschichte oder der Mythen zu sein, die beziehungsweise der in Liedern und Geschichten gefeiert wird! Welche dieser Gestalten bist du? Und wer ist deine große Liebe? Wenn dir keine Einzelheiten einfallen, erfinde welche. Stellt euch vor, ihr würdet euch in diesem Augenblick mit eurer großen Liebe in einer Liebesszene befinden. In welcher Umgebung befindest du dich? In einem Schlafzimmer? Oder in der freien Natur, am Ufer eines Flusses? Scheint der Mond? Ist es Nacht? Oder Tag? Welche Farben umgeben euch? Wie sehen die Decken aus? Die Stoffe? Das Bettzeug? Die Einrichtung des Raumes? Stellt euch das alles genau vor. Wie seid ihr in dieser Situation gekleidet, oder tragt ihr gar nichts? Was spielt sich in dieser Szene eurer Liebesgeschichte gerade ab? Seid ihr zusammen? Wartet ihr aufeinander? Seid ihr gerade zusammengekommen? Seid ihr euch gerade erst begegnet? Oder seid ihr dabei, Abschied zu nehmen? Wie sieht diese Szene eurer Liebesgeschichte aus? Und was macht diese Person, die ihr liebt, so besonders? Werdet zu dieser großartigen Geliebten. Neigt euch zum Ohr des Menschen neben euch und flüstert eure Liebesgeschichte hinein. (*Wenn du allein bist, kannst du stattdessen einem geliebten oder befreundeten Menschen einen Brief schreiben, in dem du deine Geschichte mitteilst.*)

(*Geben Sie der Gruppe etwa zehn Minuten Zeit dafür.*) Jetzt kommt mit dem Erzählen zu Ende. Stellt euch noch einmal vor, ihr seid diese/r großartige Geliebte, und fragt euch, welche Eigenschaften ihr in dieser Rolle entdeckt habt. Erzählt sie euch gegenseitig und schreibt sie dann auf euer Blatt.

Der wichtige Mensch

In einer Gruppe

Sucht euch eine Partnerin oder einen Partner und setzt euch einander gegenüber. Bevor ihr weiteren Kontakt aufnehmt, schließt die Augen und macht euch noch einmal das Bild eures Wunders bewusst... Nehmt einen tiefen Atemzug, blast das Bild des Wunders fort und entspannt euch.

Ruft euch das Bild eines Menschen vor Augen, der für euer Leben sehr wichtig gewesen ist, so wichtig, dass sich euer Leben durch ihn in der einen oder anderen Weise verändert hat. Vielleicht war es ein Lehrer, eine Geliebte, ein Verwandter oder eine Freundin – jemand, von dem ihr sagen könnt, dass der Kontakt mit ihm euer Leben unwiderruflich beeinflusst hat. Stellt euch einen realen Menschen vor, keine fiktive Gestalt. Konzentriert euch ein paar Minuten auf diesen Menschen. In welcher Beziehung standet ihr zu ihm? War es ein Schüler, eine Freundin, ein Geliebter? Stellt euch diesen Menschen vor. Wie verhält er sich in seiner häuslichen Umgebung? Wie sieht das Zuhause dieses Menschen aus? Wenn ihr es nicht genau wisst, malt es euch aus. Was arbeitet dieser Mensch? Welche Gefühle bringt er seiner Arbeit entgegen? Wie fähig oder talentiert ist er? Welche Beziehung hat dieser Mensch zu seinen Kolleginnen und Kollegen? Wie verhält er sich emotional, und wie sieht sein Liebesleben aus? Wie ist er, wenn er einen anderen Menschen liebt? Wenn ihr es nicht wisst, lasst eure Vorstellungskraft arbeiten. Ist dieser Mensch zärtlich, mächtig, sinnlich, eine außergewöhnliche Persönlichkeit? Wie verhält er sich in einer Liebesbeziehung? Welche Beziehung hat er zu sich selbst? Welche Gefühle bringt er sich selbst entgegen? Und wie sieht seine Beziehung zu euch aus?

Nehmt euch jetzt einen Moment Zeit, um euch auf den Körper dieses Menschen zu konzentrieren. Welche Körperhaltung würde dieser Mensch zum Beispiel einnehmen, wenn er mit euch zusammen in einem Raum sitzt? Würde er genauso dasitzen wie ihr oder anders? Nehmt seine Haltung ein. Überlasst diesem Menschen eine Weile euren Körper. Erlaubt ihm, euren Rücken, eure Arme und Beine zu benutzen. Lasst diesen Menschen hier in diesem Raum sitzen. Welchen Gesichtsausdruck könnte er haben? Setzt dieses Gesicht auf. Geht behutsam vor. Spürt es von innen, spürt das innere Wesen dieses Menschen, das sich hinter diesem Ausdruck verbirgt. Und wenn ihr bereit seid, öffnet allmählich eure Augen und zeigt euch eurem Gegenüber als diese Person. (*Wenn du allein bist, schreib als diese Person Tagebuch.*)

Jetzt bist du dieser wichtige Mensch! Stell dich deinem Partner vor und erzähl ihm etwas von dir... Nachdem du eine Weile über dich gesprochen hast, rede über die Beziehung, die du als dieser Mensch zu deiner Person hast. Wenn ich zum

Beispiel Joseph Campbell geworden bin, der ein sehr wichtiger Mensch in meinem Leben war, würde ich zu meinem Partner über diesen Mann, Paul Rebillot, sprechen, dem ich in Esalen begegnet bin, und würde erzählen, welche Beziehung ich zu ihm habe. Nachdem ihr als dieser wichtige Mensch von euch gesprochen habt, erzählt ihr also jetzt aus seiner Perspektive von der Beziehung zu eurer Person.

An den Begleiter

■ (Da wir jetzt schon eine Weile gearbeitet haben, gönne ich der Gruppe an diesem Punkt gern eine Pause, wobei ich die Teilnehmer bitte, ihre Rolle beizubehalten. Ich schlage ihnen vor, hinauszugehen, zusammen Tee oder Kaffee zu trinken und als diese Figuren miteinander zu plaudern. So können sie sich etwas ausruhen, ohne dass der Prozess unterbrochen wird.)

Hört jetzt auf zu reden. Haltet inne und nehmt die Position dieser Gestalt ein. Ruft euch wieder drei oder vier Eigenschaften ins Gedächtnis, die ihr an dieser Person entdeckt habt, während ihr sie spieltet. Wenn ihr die Eigenschaften gefunden habt, teilt sie einem Partner oder einer Partnerin mit und fügt sie dann eurer Liste hinzu.

Der Gott

Ich nenne dieses letzte Bild »Das Erwachen der Götter und Göttinnen«. Ich möchte, dass ihr euch wieder in die Mitte des Raumes begebt, ein paar Matratzen ausbreitet und euch hinlegt. Ruht euch einfach noch einen Moment aus und ruft euch das Bild eures Wunders vor Augen... Nehmt einen tiefen Atemzug und lasst es wieder los.

Stellt euch vor, dass der Platz, an dem ihr euch in diesem Augenblick befindet, die Heimat der Götter und Göttinnen ist. Vielleicht ist es der Olymp, die Walhalla oder das Himmelreich. Ihr alle hier im Raum seid Göttinnen und Götter, und gerade ist Ruhezeit; die Götter und Göttinnen haben sich zur Ruhe begeben und schlafen. Und da ihr schlaft, ruht auch das Universum und ist still und dunkel. Da ihr jedoch Götter und Göttinnen seid, wird mit jeder eurer Bewegungen und selbst mit dem Auf und Ab eures Atems ein Stern geboren. Achtet also darauf, wie noch die geringste Regung eures Körpers als Licht in die Dunkelheit des Universums geboren wird. Jede kleine Bewegung, die ihr macht, ist Teil des Prozesses, in dem das Universum erschaffen wird. Mit jeder Atemwelle werden

Sterne geboren – Planeten, Sonnensysteme, Nebelstreifen pulsieren lebendig in einem Universum der Dunkelheit.

Die Zeit des Erwachens ist gekommen. Ganz langsam und auf euren Körper achtend, streckt Arme und Beine aus; und während ihr das tut, stellt euch vor, dass mit euren Bewegungen alle Lichter zum Leben erwachen. Fahrt fort, euch zu strecken; haltet eure Augen geschlossen, aber lasst euch als dieser Gott oder diese Göttin langsam erwachen und erhebt euch allmählich von eurem Diwan, um euch zu bewegen und zu tanzen. (*Hier eine erhabene spirituelle Musik einblenden.*) Erschafft mit eurem Tanz das Universum, schenkt ihm eure Wesensqualität als Gott oder Göttin. Nach einer Weile erlaubt euren Augen, sich langsam zu öffnen, so dass ihr die anderen tanzenden Götter und Göttinnen um euch herum sehen könnt. Die Götter und Göttinnen tanzen zusammen und haben teil am Schöpfungsakt. Wenn ihr bereit seid, öffnet die Augen ganz und tanzt das Universum ins Sein. (*Die Musik sollte langsam einen Höhepunkt erreichen; nach einer Weile lassen Sie sie ausklingen...*)

Jetzt habt ihr das Universum erschaffen. Betrachtet es. Stellt es euch vor, unmittelbar vor euch, mit all seinen Lichtern und Farben. Wie sieht dieses Universum aus? Ist es voller Schönheit und Pracht? Voller Leidenschaften? Voller Macht und Gewalt? Was für ein Universum habt ihr als diese Göttin oder dieser Gott zusammen mit euren Brüdern und Schwestern, euren Mitgöttinnen und Mitgöttern erschaffen? Und welche besondere Prägung habt ihr diesem Universum verliehen? Gebt diesem Universum euren Segen. Segnet es und gebt es frei, sich selbst zu vervielfältigen und immer wieder aufs Neue hervorzubringen. Lasst es los.

Und jetzt ist wieder Ruhezeit. Kommt ganz langsam und behutsam zurück auf euren Diwan, euer Bett, streckt euch aus und gähnt. Die Götter und Göttinnen legen sich wieder schlafen, und die Sterne verlöschen, einer nach dem anderen. Das Universum wird allmählich still, und die Götter und Göttinnen schlafen wieder ein... (*Nach einer Weile*) Nimm dich wieder wahr in diesem Raum; lausche mit geschlossenen Augen den Geräuschen des Hier und Jetzt, der Welt, die dich umgibt, des Raumes. Spüre die Matratze unter dir. Wenn du mit jemandem Kontakt hast, spüre diesen Kontakt. Und sinne eine Weile über das Universum nach, das du erschaffen hast, über die Besonderheit deines Universums. Glich es dem Universum, das du dir in deinem täglichen Leben erschaffst, oder sah es ganz anders aus als dieses? Konntest du eben, als du ein Spiel daraus gemacht hast, mehr zulassen? Oder hast du vielleicht das gleiche Universum erschaffen wie in deinem Alltagsleben? Sinne über die Ähnlichkeiten oder Unterschiede nach... Und dann ruf dir noch einmal das Bild des Gottes oder der Göttin vor Augen, versetz dich in das Wesen dieser Gestalt und denke an drei oder vier Eigenschaften, die diesen Gott oder diese Göttin ausmachen. Wenn du so weit bist, teile diese Eigenschaften einem Partner oder einer Partnerin mit und schreib sie dann auf dein Blatt.

Der Held
Übung 2: Sich zu seinen heldenhaften Eigenschaften bekennen

An den Begleiter

■ Für diese Übung brauchen Sie mehrere Taschenspiegel, je einen für drei Teilnehmer.

An die Reisenden

Nachdem du die letzten drei Eigenschaften auf dem Blatt festgehalten hast, schreib über die Linie oben auf dein Blatt: »ICH BIN.« Schau dir jetzt an, wer du bist! Betrachte die ganze Liste deiner Eigenschaften!

In einer Gruppe

Setzt euch mit einer Partnerin oder einem Partner zusammen und lest euch eure Liste gegenseitig vor: »Ich bin wunderbar, mächtig, spontan, schön, sexy, bewundernswert« – was immer es für euch sein mag. Lest euch gegenseitig eure Eigenschaften vor und schwelgt einfach darin. (*Lassen Sie den Teilnehmern etwas Zeit dafür.*)

Durch das Spielen all dieser verschiedenen Rollen habt ihr euch die Chance gegeben, bestimmte Eigenschaften zu leben, die ihr bislang vielleicht bei euch gar nicht vermutet habt. Die Rolle, mit der ihr euch sonst immer identifiziert, kann viel begrenzter sein als das Spektrum an Möglichkeiten, das zutage tritt, wenn ihr euch die Masken verschiedener Gestalten und Persönlichkeiten aufsetzt und euch erlaubt, diese zu spielen.

Es kann sehr interessant sein, Schauspielerinnen und Schauspieler zu beobachten. Ein Schauspieler kann beim Betreten des Theaters ein völlig schüchterner Mensch sein, ein Duckmäuser – still, zurückgezogen, unscheinbar. Er geht in seine Garderobe und beginnt auf seine stille, schüchterne Art, sich zu schminken. Allmählich bekommt er Autorität. Sein Kostüm verleiht ihm breite Schultern, seine Schuhe machen ihn größer. Wenn er sich auf den Bühneneingang zubewegt, hat er sich Macht, Kraft und Würde angeeignet. Er tritt auf die Bühne und *voilà*, er ist der König – prachtvoll, edel, mächtig! Sobald er die Bühne verlassen hat, sinkt er wieder in sich zusammen, schleicht sich still an seinen Garderobentisch, wischt sich die Schminke ab und verschwindet im Dunkeln, derselbe Duckmäuser, der vor einigen Stunden das Theater betreten hat.

Es ist mir immer merkwürdig vorgekommen, dass ein Schauspieler so völlig verschiedene Persönlichkeiten annehmen kann, ohne zu erkennen, dass er dieselbe Person ist, die die Schwelle zur Bühne überschreitet und deren Würde, Schönheit und Macht – sämtliche Qualitäten seines königlichen Daseins, die er auf der Bühne verkörpern kann – ihn auch in Wirklichkeit ausmachen! Als Duckmäuser fehlen ihm diese Eigenschaften; aber als Agamemnon oder Hamlet konnte er sie darstellen. Ein Schauspieler, der zwischen seinem Bühnen-Ich und seinem Alltags-Ich keine Verbindung herstellen kann, verliert mit jeder Rolle, die er spielt, an Essenz. Die Folge ist, dass er im täglichen Zusammensein mit Menschen immer künstlicher wird. Er verliert den Kontakt mit sich selbst, weil er sich von den Rollen, die er auf der Bühne spielt, abtrennt. Der Schauspieler hingegen, der erkennen kann, dass die Person auf der Bühne eine Erweiterung seiner Alltagspersönlichkeit ist, wächst mit jeder Rolle. Mit jeder neuen Darstellung entdeckt er mehr von sich. Ähnliches gilt, wenn du in einer neuen Situation andere, vielleicht riskantere Verhaltensweisen ausprobierst. Dann wächst du, und deine Persönlichkeit gewinnt.

Jetzt hast du die Chance, herauszufinden, ob du dich zu den Eigenschaften, die du dir beim Spielen deiner Rollen erlaubt hast, auch bekennen kannst, wenn du wieder zu dem Menschen wirst, der du zu sein glaubst. Kannst du zum Beispiel mit voller Überzeugung von dir sagen: »Ich bin sexy. Ich bin mächtig«? Ist dir das möglich? Nun, es gibt einen Weg, das herauszufinden. Du schaust jemandem in die Augen und sagst zu dieser Person: »Ich bin mächtig.« Dann lausch nach innen und spüre, wie dein Körper reagiert. Dein Körper lügt nicht. Wenn du lügst und Worte sagst, die du selbst nicht glaubst oder akzeptierst, wird sich das an deinen Körperreaktionen zeigen.

Es geht nicht darum, ob du diese Eigenschaft *besitzt*, sondern ob du dich dazu *bekennen* kannst. Du bist all das, was du dir vorstellen kannst. Wer stellt sich all das denn schließlich vor? Du und niemand anderes. Das Problem ist, dass du dir nicht erlaubst, dich zu diesen Seiten zu bekennen, weil du in der Kindheit oder in der Zeit deines Heranwachsens bestimmte Erfahrungen gemacht hast. Du erlaubst dir nicht, deine natürliche Schönheit oder deine Kraft und Treue zu erleben. Vielleicht hat man dir gesagt: »Prahle nicht mit deiner Schönheit, sonst bist du eingebildet« oder: »Wenn du deine Macht zeigst, laufen die Leute vor dir weg.« Man hat dir diese Eigenschaften regelrecht ausgeredet. Statt dich also wie die mächtige, kreative, schöne und spontane Person zu verhalten, die du bist, hast du die Tendenz, diese Eigenschaften auszublenden, so dass du sie an dir nicht wahrnimmst.

Diese Übung gibt dir Gelegenheit zu entdecken, zu welchen Eigenschaften auf deiner Liste du dich bekennen kannst und zu welchen nicht.

In einer Gruppe

Kommt in Dreiergruppen zusammen. Wer anfängt, setzt sich den beiden anderen gegenüber. Fragt die anderen nach ihren Namen, um sie anreden zu können, wenn ihr ihnen die Eigenschaften auf eurer Liste einzeln mitteilt. Zum Beispiel: »John, ich bin mächtig.« Ihr schaut John in die Augen und sagt: »John, ich bin mächtig.« Spürt nach, was euer Körper sagt. Akzeptiert er diese Worte? Bleibt euer Körper entspannt und fühlt sich vielleicht sogar wohl, wenn ihr das sagt? Oder verhärtet er sich und eure Kiefer spannen sich an? Möchtet ihr in lautes Lachen oder in Tränen ausbrechen, wenn ihr sagt: »Ich bin mächtig«? Wendet euch an die zweite Person: »Joan, ich bin mächtig.« Haltet ihr den Atem an? Sagt eine Stimme in eurem Kopf: »Das ist doch dummes Zeug. Du weißt, dass das nicht stimmt.« Spürt ihr, wie euer Rückgrat sich versteift? Oder könnt ihr diese Worte sagen und dabei leicht und natürlich weiteratmen und euch wohl fühlen? Die Partner haben die Aufgabe, der Person, die sich zu ihren Eigenschaften bekennt, ihre Augen zu »leihen«, ihr ihre Aufmerksamkeit zu schenken und ganz für sie da zu sein. Sie versuchen nicht, die Person zu verunsichern, sie zum Lachen zu bringen oder sich mit ihr zu streiten; denn sie soll selbst entdecken, ob sie sich zu den Eigenschaften bekennen kann. Sie sollen ihr Gegenüber nicht auf die Probe stellen. Anschließend könnt ihr der Person, die mit ihren Eigenschaften experimentiert, helfen, ihr Thema herauszuarbeiten oder das wichtigste Wort zu finden.

Die Person, bei der es euch am schwersten fällt, diese Eigenschaften zum Ausdruck zu bringen, seid ihr selbst. Nehmt den Spiegel zur Hand, schaut euch in die Augen und sagt: »(*Euer Name*), ich bin mächtig.« Und achtet wieder auf euren Körper. Wenn euer Körper euch nicht widerspricht, lasst es einfach dabei. Sollte euer Körper jedoch bei einer Eigenschaft Widerstand leisten oder euer Verstand dagegen ankämpfen, solltet ihr in Tränen oder Lachen ausbrechen, dann nehmt einen Stift und unterstreicht das Wort. Diese Eigenschaft als eure zu akzeptieren, fällt euch schwer; nicht dass ihr diese Eigenschaft nicht hättet – es ist euch aber unmöglich, euch dazu zu bekennen. Geht eure Liste ganz durch, um einen Gesamteindruck, ein Bild von den Eigenschaften zu bekommen, die ihr für die Erschaffung eures Helden für notwendig erachtet. Wenn ihr bei einer Eigenschaft unsicher seid, könnt ihr euch fragen: Möchte ich in dieser Eigenschaft gern unterstützt werden? Wenn ja, unterstreicht sie. Ist diese Eigenschaft euch nicht so wichtig, müsst ihr nicht weiter darüber nachdenken. Nehmt ihr die Eigenschaft manchmal an euch wahr, manchmal, und auch im Augenblick, aber nicht, unterstreicht sie ebenfalls.

Nachdem ihr sämtliche Eigenschaften unterstrichen habt, zu denen ihr euch nicht bekennen könnt, schaut euch eure Liste an, um herauszufinden, ob sich für euch ein Thema herausschält. Wenn ihr zum Beispiel Schwierigkeiten mit Eigenschaften wie »schön«, »attraktiv« und »interessant« habt, könnte »Selbstvertrauen« ein

Thema für euch sein. Habt ihr Eigenschaften wie »mächtig« und »überzeugend« unterstrichen? Dann könnte es für euch um »innere Stärke« gehen. Oder lautet euer Thema »körperliche Anziehungskraft«? Oder »Freiheit«? Findet einen Begriff für euer Thema, und schreibt ihn hinter die Worte »Ich bin« oben auf euer Blatt. Wenn die unterstrichenen Eigenschaften zum Beispiel auf das Thema »Selbstsicherheit« verweisen, schreibt hinter die Worte »Ich bin« oben auf das Blatt »selbstsicher«: »ICH BIN SELBSTSICHER.« Mit diesen Worten werdet ihr dann in der nächsten Phase des Prozesses weiterarbeiten. Wenn ihr kein Thema finden könnt, sucht die Eigenschaft heraus, für die ihr gern Unterstützung hättet, eine Eigenschaft, zu der ihr euch nicht bekennen könnt und in der ihr von der Gruppe unterstützt werden möchtet. Schreibt diese Eigenschaft hinter das »ICH BIN«.

Der Held
Übung 3: Die Liebeslitanei

Die folgende Übung ist für Gruppen gedacht, aber auch Einzelreisende sind aufgefordert, ihre eigene Liebeslitanei zu entwickeln und zu tanzen. Mit diesem Tanz bekräftigt ihr sämtliche Eigenschaften, die ihr aufgeschrieben habt, und sammelt Kraft für den Unterstützungsprozess.

An den Begleiter

■ Dies ist ein sehr aktiver Prozess, und die Teilnehmer müssen vielleicht in Schwung gebracht werden. Wenn Sie Musikinstrumente mitgebracht haben, ist dies ein guter Zeitpunkt, sie auszuteilen und einen gemeinsamen Rhythmus zu entwickeln. Das bringt die Gruppe wieder zusammen und macht sie munter für die folgende Übung. Sie können aber auch Musik vom Band spielen und die Teilnehmer anweisen, sich gemeinsam zu bewegen, in die Hände zu klatschen oder sich in anderer Form am Gruppenrhythmus zu beteiligen. In einem bestimmten Moment geben Sie dann einen allgemeinen Rhythmus vor, der mit den Eigenschaften in Einklang ist, die die Gruppenmitglieder entwickelt haben. Es empfiehlt sich, die Arbeit der Gruppe genau zu verfolgen, so dass Sie in Ihre Anweisungen konkrete Beispiele einflechten können. Vielleicht müssen Sie die Musik leiser drehen, damit die Teilnehmer Sie hören und Ihnen folgen können, oder Sie schreiben die Anweisungen auf eine Tafel. Fordern Sie sie auf, ihre Eigenschaften zu einer Liebeslitanei zu gestalten, die folgendermaßen aussehen könnte:

Ich bin mächtig!
Ich bin spontan!
Ich bin charmant!
Ich bin sinnlich!
Ich bin liebevoll!
Ich bin leidenschaftlich!
Ich bin frei!
Ich bin ich!

Sämtliche Eigenschaften stammen aus den Listen von Gruppenmitgliedern bis auf die letzten beiden Sätze: »Ich bin frei!« und »Ich bin ich!«. Alle improvisieren und singen gleichzeitig. Geben Sie den Teilnehmern etwas Zeit, sich mit der Aufgabe vertraut zu machen und ihre Listen durchzugehen. Wenn Sie bereit sind, steigern Sie den Rhythmus bis zu einem Höhepunkt und kommen dann zum Ende. Jetzt sollte die Gruppe in aufgeregter Stimmung sein, und Sie können zur nächsten Übung übergehen.

Der Held
Übung 4: Der Unterstützungsprozess

An die Reisenden

Von sämtlichen Übungen, die wir im Verlauf der Reise machen, geht diese am stärksten auf uralte Traditionen und Stammessitten zurück. Sie beruht auf den Formen von Unterstützung, die wir in den sogenannten primitiven Gesellschaften beobachten können. Wenn jemand sich auf ein besonderes Ereignis wie eine Jagd, einen Kampf oder die erste sexuelle Begegnung vorbereitet, kommt der Stamm in einem festlichen Rahmen zusammen und bildet einen Kreis. Die Anwärterinnen oder Anwärter, denen ein neuer Schritt bevorsteht, gehen in die Mitte des Kreises. Vielleicht fühlen sie sich der neuen Herausforderung nicht gewachsen, haben Angst, sind verschlafen oder sonstwie nicht auf der Höhe. Der Stamm weiß darum und beginnt, die Gruppe in seiner Mitte mit rhythmischem Trommeln und Singen zu ermutigen. Er imitiert auch das Gefühl, das für die bevorstehende Konfrontation erforderlich ist. Dabei werden für ein junges Paar völlig andere Töne und Rhythmen benutzt als für einen Krieger.

Die Kandidaten in der Mitte des Kreises erleben inzwischen ihre Ängste, Widerstände und ihre Aufregung und akzeptieren diese Gefühle, ohne sofort zu versuchen, sie zu ändern. Möglicherweise machen sie ihren Empfindungen auf rituelle Art Luft, um sie loslassen zu können. Der Stamm fährt fort, sie dabei rhythmisch zu unterstützen, bis die Gruppe in der Mitte allmählich beginnt, ihm zu antworten. Die Erregung steigert sich, bis die Anwärterinnen und Anwärter bereit sind, loszugehen und sich der anstehenden Aufgabe zu stellen.

Dieser Ablauf beruht auf ähnlichen Grundsätzen wie ein Heilungskreis. Der Außenkreis schickt Unterstützung in die Mitte, und die Person im Kreis, ob real anwesend oder nicht, hat die Möglichkeit, diese Kräfte nach Belieben für sich zu nutzen. Der Unterschied ist, dass in diesem Fall die Unterstützung durch Töne, Rhythmen und Gesang bekräftigt wird.

Zweck dieser Übung ist es, den Teilnehmerinnen und Teilnehmern Gelegenheit zu geben, ihre Widerstände loszulassen, Unterstützung zu erleben, in ihrem Selbstwert gestärkt zu werden und Vertrauen in die Gruppe zu entwickeln.

Eine Person tritt in die Mitte der Gruppe. Es ist wichtig, dass die Affirmationen an diesem Punkt klar und deutlich formuliert werden. Am besten eignen sich Affirmationen, die eine »Ich-bin«-Aussage enthalten; weniger geeignet sind Besitzaussagen (»Ich habe Macht«), zukunftsweisende (»Ich werde Macht haben«) oder negative Formulierungen (»Ich habe keine Angst«). Die Affirmation sollte einfach und direkt sein und ein aktives Element enthalten. Ist sie zu lang oder kompliziert, muss der Gruppenleiter dem Teilnehmer durch Nachfragen helfen, die richtigen Worte zu finden. Wenn Ihre Vorschläge als Begleiterin oder Begleiter bei der betreffenden Person Tränen oder andere eindeutige Körperreaktionen auslösen, wissen Sie, dass Sie den richtigen Punkt getroffen haben. Aber die letzte Entscheidung liegt beim Teilnehmer. Wenn er in Eigenschaften unterstützt werden möchte, die die oben beschriebenen Regeln nicht erfüllen, müssen Sie das respektieren. Das ist die Wahl, die dieser Mensch getroffen hat und für die er seine inneren Beweggründe hat, selbst wenn er eine eindeutig negative Eigenschaft zum Ausdruck bringt. Wählt er jedoch Eigenschaften, bei denen die Gruppe ihn nicht unterstützen kann und will, muss er etwas anderes finden. Wichtiger, als sich über die Gruppe hinwegzusetzen und Aussagen zu machen, die diese nicht gutheißen kann (wie zum Beispiel »Ich bin ein Mörder«), ist, dass die betroffene Person sich von den anderen unterstützt fühlt.

Wichtig ist auch, dass die Gruppe die Energie der Person in der Mitte widerspiegelt. Wenn der Teilnehmer im Kreis zum Beispiel darum bittet, in seiner Macht unterstützt zu werden, sich aber schwach und still zeigt, könnten die anderen den Impuls haben, ihn anzutreiben. Bleiben sie jedoch einfach nur Spiegel, kann die betroffene Person selbst herausfinden, wie sie sich verhält.

(Als Einzelreisender kannst du eine stark rhythmische Musik auflegen und deinen eigenen Unterstützungstanz tanzen. Stell dir vor, dass sämtliche Menschen, die du liebst, dich umgeben und für dich singen, während du tanzend die wichtige Eigenschaft verkörperst, zu der du dich bekennen möchtest. Hab keine Angst, den Widerstand auszudrücken, aber geh im Tanz darüber hinaus, bis du zu deiner Eigenschaft stehen kannst.)

An den Begleiter

■ Wenn die Zeit knapp ist, weise ich die Kleingruppen manchmal an, einen Kreis um die betreffende Person zu bilden und sie durch Berührungen und Worte zu unterstützen. Die Person in der Mitte empfängt einfach, was sie bekommt. Damit folgen wir dem einfachen Ablauf eines Heilungskreises, bei dem der Körperkontakt die Rhythmen ersetzt.

Legt ein Kissen oder eine Matratze in die Mitte des Kreises für den Fall, dass Teilnehmer Ärger, Ablehnung oder Widerstand zum Ausdruck bringen möchten. Die Person in der Mitte teilt der Gruppe mit, wofür sie gerne Unterstützung möchte. Sie könnte zum Beispiel sagen: »Ich bin mächtig.« Die Gruppe beginnt dann – mit Musik, Instrumenten und Stimme – ein rhythmisches Lied mit den Worten »Du bist mächtig« zu improvisieren. Daraus können sich, je nach Spontaneität, Lebendigkeit und Kreativität der Gruppe, harmonische Klänge entwickeln. Die Person in der Mitte öffnet sich für diese Unterstützung, diese Bestätigung, und achtet dabei auch auf ihren Körper. Wenn sie zum Beispiel spürt, wie ihre Schultern sich verspannen, übertreibt sie diese Regung und lässt die Schultern dann los. Sollte Ärger oder Traurigkeit hochkommen, kann sie auf das Kissen einschlagen. Die Gruppe fährt währenddessen fort, die Person in der Mitte zu unterstützen – ohne ihr zu widersprechen. Wenn die Person in der Mitte zum Beispiel anfängt, »Nein!« zu schreien und die Gruppe sagt, »Du bist mächtig«, könnte dieser Dialog leicht zu einem Streitgespräch werden. Die Person in der Mitte kann »Nein!« sagen, solange sie will; die Gruppe unterstützt und bestätigt sie, ohne sich in Argumente und Streitereien zu verwickeln. Wenn wir die Affirmation wie einen rhythmischen Gesang wiederholen, halten wir die Unterstützung aufrecht. Die Person in der Mitte kann alle möglichen Reaktionen und Gefühle durchleben. Wenn sie sie zulässt, wird sie schließlich einfach mit der Musik präsent sein. Sie fängt an, der Musik und den Rhythmen zu lauschen, und lässt sich allmählich auf diesen Rhythmus ein, statt bei ihrem Widerstand zu bleiben. Sie reagiert auf den Rhythmus der Gruppe, ohne nachzudenken, und nimmt die Bestätigung einfach an. Dabei sollte sie ihre Eigenschaft mit entsprechenden

Bewegungen immer deutlicher zum Ausdruck bringen. Während sie im Rhythmus der Gruppe zu tanzen beginnt, spürt sie die Unterstützung der anderen und nimmt auch wahr, wie sie sich infolge dieser Unterstützung immer mächtiger fühlt. Und während sie sich mächtiger zu fühlen beginnt, kann sie dieses Geschenk an die Gruppe zurückgeben – mit ihren Blicken, ihren Händen, ihren Gesten und ihrem Tanz –, bis sie schließlich selbst singen kann: »Ich bin mächtig!« Was ihr zugeflossen ist, fließt jetzt zu den anderen zurück: »Ich bin mächtig!« Sie empfängt; sie erfährt ihren Widerstand; sie antwortet und dann erlaubt sie sich, sich auszudrücken; sie lässt zu, dass die Gruppe sie unterstützt und ihr diese Erfahrung schenkt, um dann das Empfangene an die Gruppe zurückfließen zu lassen. »Ich bin mächtig!« So sieht der Ablauf aus.

Die Person in der Mitte entscheidet, wann die Gruppe aufhört und teilt dieser durch eine Geste mit, dass es genug ist – es sei denn, der Tanz dauert zu lange, dann trifft die Gruppe diese Entscheidung.

An den Begleiter

■ Wenn die Person in der Mitte vor einem Durchbruch steht, können Sie sie ermutigen, sich etwas weiter vorzuwagen, aber im Allgemeinen würde ich respektieren, wenn sie beschließt, ihren Tanz zu beenden. Überlassen Sie den Teilnehmern die Verantwortung für diese Entscheidung. Die Tänzerin oder der Tänzer bestimmt, wer als nächstes in die Mitte geht. Fahren Sie so fort, bis jeder an der Reihe war. Nehmen Sie sich pro Person 15 bis 20 Minuten Zeit.

Der Held
Übung 5: Die Heldenphantasie (eine geleitete Meditation)

An die Reisenden

Du wirst jetzt gleich in einer geleiteten Meditation deinem Helden begegnen. Manche Teilnehmer sind beunruhigt, wenn sie keine Bilder sehen. Sollte das auf dich zutreffen, besteht kein Grund, dich zu kritisieren. Deine Erfahrung mit dieser Phantasiereise beruht auf deiner Art, das Universum wahrzunehmen – über deine Augen, deine Ohren oder dein kinetisches Sinnesvermögen. Solltest du keine

Bilder sehen, hör der Phantasie zu. Spüre sie in deinem Körper. Lass zu, dass dein Körper sich leicht bewegt, damit du ein kinetisches Bild von der Phantasie entwickeln kannst. Es ist auch völlig in Ordnung, aufzustehen und sich zu bewegen, denn so kannst du die Phantasie körperlich erfahren. Akzeptiere alles, was hochkommt, und male es dir mit Hilfe deiner Vorstellungskraft aus. Auch wenn eine geleitete Phantasiereise meistens auf visuellen Anweisungen beruht, muss sie nicht unbedingt bildlich erlebt werden.

Leg dich hin und lass dich in die Erde sinken. Stell dir vor, wie du nach dem Tanz, bei dem du die Unterstützung und Bestätigung der Gruppe empfangen hast, hinausgegangen bist und dich in einen Sonnenfleck gelegt hast, um auszuruhen. Seitdem ist etwas Zeit vergangen. Du hast hier draußen auf der Wiese gelegen und tief geschlafen. Du beginnst gerade, aus diesem erholsamen Schlaf zu erwachen. Du füllst deine Lungen mit Luft, du spürst die Wärme der Sonne, den Windhauch, das Gras unter dir. Du dehnst und streckst dich und erwachst aus diesem tiefen, erholsamen Schlaf. Stell dir vor, dass du dich aufsetzt, deine Augen öffnest und dich umschaust – du befindest dich in einer völlig anderen Welt.

Du befindest dich auf einer schönen Wildwiese, die dir ganz unbekannt ist. Stell dir vor, dass du aufstehst und dich auf dieser fremden, schönen Wildwiese umschaust. Achte auf das Gras, die Gerüche, die Sonne, den Windhauch. Gibt es Blumen hier? Hörst du Insekten oder Vögel auf dieser fremden wilden Wiese? Geh auf der Wiese herum, erkunde sie. Vielleicht begegnest du Tieren. Erlaube dir, herumzuwandern und die Wildwiese zu erforschen. In der Mitte der Wiese stößt du auf einen Pfad, einen Feldweg, der aus der Wiese heraus in einen Wald zu führen scheint. Du betrittst den Pfad und siehst auf halber Strecke ein Schild mit der Aufschrift: »Zum Haus des Helden hier entlang.«

Dies ist der Pfad, der bis zum Haus deines heldenhaften Selbst führt. Während du auf dem Pfad entlanggehst, erinnerst du dich an die Personen, die du vor kurzem gespielt hast – zuerst an den Kindheitshelden. Und während du auf dem Pfad entlangwanderst, gehst du wie dieser Kindheitsheld und spürst, wie du die Eigenschaften dieses Kindheitshelden verkörperst. Dann ruf dir den Filmstar vor Augen und beginne wie er zu gehen. Denk an die Eigenschaften, die du als dieser Filmstar an dir wahrgenommen hast. Jetzt fällt dir das Tier ein, das du gespielt hast, und du erinnerst dich, wie du dich als dieses Tier körperlich gefühlt hast. Du beginnst dich wie dieses Tier durch den Wald zu bewegen. Und jetzt hast du den wichtigen Menschen vor Augen, der dich und dein Leben entscheidend beeinflusst hat. Du beginnst, diesen Menschen zu spüren und zu gehen wie er. Jetzt verwandelst du dich in die Geliebte oder den Geliebten. Du beginnst, den Pfad wie sie oder er entlangzugehen. Der Gott oder die Göttin. Erinnere dich mit Hilfe deines Körpers an sämtliche Eigenschaften all dieser verschiedenen heldenhaften Gestalten, die du heute Morgen erschaffen hast.

Jetzt erscheint in der Ferne vor dir das Haus deines heldenhaften Selbst, und du gehst darauf zu. Wie sieht das Haus aus, in dem dein heldenhaftes Selbst wohnt? Welche Farbe hat es? Wie ist es gebaut? Wie sieht das Grundstück aus, auf dem es steht? Irgendwo in diesem Haus wohnt der Held, in dem sämtliche heldenhaften Gestalten, die du erforscht hast, zusammenfließen – dein heldenhaftes Selbst.

Du gehst auf die Eingangstür zu und klopfst an. Drinnen im Haus hörst du Schritte, Schritte, die näher kommen und sich auf die Tür zubewegen. Dein heldenhaftes Selbst ist es, das immer näher kommt. Langsam öffnet sich die Tür, und dort, vor dir, steht dein heldenhaftes Selbst!

Schau tief in die Augen des Helden, der da vor dir steht und deinen Blick erwidert. Betrachte den Gesichtsausdruck deines Helden. Nimm seine Hände in deine. Spüre in dieser Begegnung die Kraft und die Liebe deines Helden. Jetzt lädt der Held dich ein, in sein Haus zu kommen. Gemeinsam mit ihm schreitest du durch die Eingangstür in das Haus deines heldenhaften Selbst.

Achte darauf, wie das Licht einfällt, mit welchen Farben dein Held das Haus eingerichtet hat, welche Geräusche du im Haus hörst und welche Atmosphäre dich umgibt. Der Held lädt dich ein in seinen Lieblingsraum. Tritt mit ihm zusammen ein und entdecke diesen Raum – den liebsten Raum deines heldenhaften Selbst im ganzen Haus.

In diesem Raum setzt ihr beide euch zusammen und plaudert eine Weile miteinander. Und wieder schaut ihr euch in die Augen. Du fragst den Helden: »Sage mir, wie lautet dein geheimer Name?« Und der Held nennt dir diesen Namen, einen Namen, den nur andere Helden wissen. »Wie lautet dein geheimer Name?« (*Pause*)

Und frag dein heldenhaftes Selbst: »Wonach bist du auf der Suche?« Dein Wunder wird sich dir jetzt in einer symbolischen Form enthüllen, als ein Gegenstand oder eine Person. Bitte dein heldenhaftes Selbst, dir bei der Deutung zu helfen. »Was ist es, wonach du auf der Suche bist?« Und dein Held wird es dir erzählen. »Was ist es, wonach du auf der Suche bist?« (*Pause*)

Und frag deinen Helden: »Was willst du von mir?« Und dein Held wird dir auch das sagen. (*Pause*)

Stell deinem heldenhaften Selbst jetzt sämtliche Fragen, die dir am Herzen liegen. (*Pause*)

Es wird Zeit, das Haus des Helden zu verlassen. Also steht ihr beide auf und beginnt, in Richtung Eingangstür zu gehen. Ihr gelangt zu dieser Tür. Der Held öffnet sie, und plötzlich wird der Raum von Sonnenlicht durchflutet. Ihr steht beide zusammen in dem strahlenden Licht. Ihr breitet eure Arme aus und nehmt Abschied mit einer Umarmung. Du drückst den Helden an dein Herz, und der Held drückt dich an sein Herz. Du spürst die Wange des Helden an deiner Wange, sein Herz schlägt an deinem Herzen. Du spürst die Kraft des Helden in deinem Körper, während ihr euch zum Abschied umarmt. Und plötzlich geschieht etwas Wunderbares. Vom Sonnenlicht erwärmt, ist es, als ob die Poren deines Körpers sich langsam öffneten, und der Held und du verschmelzt allmählich miteinander, werdet eins. Der Herzschlag in deiner Brust ist jetzt der Herzschlag des Helden. Jeder Atemzug, den du jetzt nimmst, ist ein Atemzug des Helden. Sämtliche Knochen und Muskeln deines Körpers sind zu den Knochen und Muskeln des Helden geworden. Du bist zu deinem heldenhaften Selbst geworden!

Und so stehst du als dein heldenhaftes Selbst in der Eingangstür zu deinem Haus und folgst mit deinem Blick dem Pfad, den du entlangwandern musst, um deine Suche zu erfüllen. Plötzlich siehst du, wie sich von links ein Reiter nähert. Es ist ein Bote. Der Bote galoppiert näher und näher, bis er schließlich vor dir hält und dir eine Botschaft überreicht.

»Du bist herzlich eingeladen zur ersten Jahreskonferenz der Helden, und zwar heute Abend um (*hier Zeit und Ort des Heldenbanketts eintragen*). (*Einzelheiten finden Sie weiter unten in der Heldenübung 8.*) (*Pause*)

Nimm dir etwas Zeit, um bewusst zu atmen. Und dann kehre allmählich in diesen Raum zurück.

Der Held
Übung 6: Das Wappen

An den Begleiter

■ Die Gruppe braucht jetzt einen Augenblick, um geistig und emotional in den Raum zurückzukommen. Lassen Sie ihr Zeit, aber unterstützen Sie sie behutsam darin, zurückzukehren. Wenn Sie sehen, dass die meisten wieder im Raum angekommen sind, fangen Sie an, das Papier für die nächste Übung zurechtzulegen, damit die Teilnehmer sehen, dass es gleich weitergeht.

An die Reisenden

Wenn sich im Mittelalter ein Ritter oder eine edle Dame einem Schloss näherte, konnten die Menschen im Schloss an den Farben, mit der diese Person sich und ihr Gefolge ausgestattet hatte oder die sie auf einem Banner trug, ablesen, wer da kam. Dies waren die Wappenfarben der Person. Das Wappen teilte der Welt mit, aus welcher Familie, welcher Tradition, welchem Land dieser Ritter oder diese edle Dame stammte. Wir werden jetzt gleich ein Wappen für unseren Helden anfertigen. Hier geht es jedoch nicht um ein Familienwappen aus überlieferter Tradition, sondern um ein Wappen der Seele.

Jetzt bringt alles auf euer Blatt, was ihr über euer heroisches Selbst aussagen möchtet. Ihr könnt ein Bild zeichnen oder nur mit Farben malen; stellt dar, was immer ihr aus der Tiefe eurer Seele über euer heroisches Selbst aussagen möchtet. Ihr könnt auch auf Bilder zurückgreifen, die ihr gerade in der Meditation gesehen habt. Es kommt aber nicht darauf an, etwas genau wiederzugeben oder bildlich darzustellen. Wichtig ist, dass ihr mit Farben und Formen ein Wappenschild anfertigt, das für euch euren Helden manifestiert. Ihr könnt diesen Prozess als Fortsetzung der Meditation betrachten, die ihr gerade gemacht habt. Wenn ihr während der Meditation zum Beispiel kaum visuelle Bilder gesehen habt, könnt ihr diesen Aspekt eurer sinnlichen Wahrnehmung betonen, indem ihr jetzt bildlich darstellt. Farben und Formen helfen euch, euren Helden verstärkt sinnlich zu erleben. Ich möchte euch bitten, in euer Bild den Namen des Helden einzuarbeiten; selbst wenn er geheim ist und der Held ihn vor der restlichen Welt verbirgt, dürfen die anderen Helden ihn doch wissen. Verkündet euch selbst! Stellt ein prächtiges Emblem dar, euer Wappen als eine Kundgebung eures heldenhaften Selbst.

Der Held
Übung 7: Den Helden kleiden

Die folgende Übung ist in erster Linie für die Gruppenarbeit entworfen. Aber auch Einzelreisende können einen Weg finden, das heldenhafte Selbst, das sie entdeckt haben, zum Ausdruck zu bringen und sichtbar werden zu lassen. Entwirf ein Kostüm. Bereite ein Festmahl vor. Schreib als dieser Held eine Rede, mit der du deinen Auftrag und deine Suche verkündest und um Unterstützung bittest. Was ist dein Gefühl, an wen richtest du dich, wenn du als dein heldenhaftes Selbst sprichst?

An den Begleiter

■ Wenn Sie Stoffe oder andere Utensilien für Kostüme haben, mit denen die Gruppe ihre Helden kleiden kann, legen Sie sie bereit, während die Teilnehmer an ihrem Wappenschild arbeiten. Ansonsten bitten Sie die Gruppe, wenn sie mit der Arbeit zu Ende gekommen ist, alles zusammenzutragen, was sich für diesen Zweck eignet. Wenn Sie auf dem Land sind, könnten die Helden sich mit Trauben, Blättern und Blüten schmücken. Vielleicht möchten sie sich auch in ihre Bettlaken hüllen. Auf jeden Fall sollten sie sich so kleiden, dass der heldenhafte Aspekt ihres Wesens nach außen hin sichtbar wird.

An die Reisenden

In der Bibel heißt es, dass Gott einen Klumpen Lehm nahm, um den ersten Menschen zu formen. Nun, gleich wirst du Gelegenheit haben, auf ähnliche Weise dein eigenes Selbst zu erschaffen. Mit deinem Kostüm und dem groben Lehm deines eigenen Körpers wirst du dem Bild deines Helden, das du vor deinem inneren Auge gesehen hast, Gestalt verleihen. Während du die Teile deines Kostümes zusammenfügst, legst du dir allmählich auch etwas vom Wesen deines Helden zu. Du formst dich selbst zur bildlichen Manifestation der Vision, die du in deiner geleiteten Phantasiereise hattest, wie ein kleines Kind, das sich verkleidet. Als Kinder sind wir, wenn Mutti und Vati aus dem Haus waren, in deren Zimmer gegangen und haben uns interessante Kleidungsstücke aus dem Schrank geholt, um sie anzuziehen. Auch jetzt, wo wir uns als die Helden kostümieren, die wir vor unserem inneren Auge gesehen haben und die wir tatsächlich sind, befinden wir uns in einer »Als ob«-Situation. Nehmt euch Zeit, euch umzuschauen und euch gegenseitig zu helfen. Kleidet die Helden jetzt; später werdet ihr sie vorführen. (*Lassen Sie den Teilnehmern dafür etwas Zeit.*)

Der Held
Übung 8: Das Heldenbankett

An den Begleiter

■ Wenn Sie in Ihrer Unterkunft verköstigt werden, sollten Sie bereits einige Zeit vorher festlegen, wann das Bankett für die Helden stattfindet, und die Küche bitten, für diese Mahlzeit etwas Besonderes vorzubereiten.

Sollte das nicht möglich sein, empfehle ich, dass jeder Teilnehmer am Morgen des Tages des Helden kulinarische Köstlichkeiten für jeweils drei Personen mitbringt. So ist für eine üppige Tafel gesorgt, und jeder kann den anderen etwas abgeben. In der Zeit, wo die Teilnehmer ihr Wappen und ihr Kostüm anfertigen, können Sie und Ihre Helfer irgendwann die Banketttafel decken, oder Sie bitten die Gruppe, das zu tun.

Wenn Sie mit den Vorbereitungen fertig sind, können Sie die Helden in einer kleinen Parade oder mit einem Tanz zur Banketttafel geleiten. Ich führe sie häufig zu einem Spaziergang in die Umgebung und spiele dabei Harfe für sie. Sie können auch die Helden bitten, Instrumente zu spielen, oder eine feierliche Musik auflegen, damit sie das Gefühl haben, den Bankettsaal wirklich als heldenhafte Wesen zu betreten. Dann laden Sie sie ein, Platz zu nehmen.

An die Reisenden

Schaut euch an der Tafel um und betrachtet euch gegenseitig. Erkennt, dass euch allen etwas Besonderes anhaftet, erkennt den Glanz, der auf sämtlichen Gesichtern liegt. Sicher, wir sind ungewöhnlich gekleidet, wir haben uns geschminkt und unsere Haare zurechtgemacht – aber all dies ist nur äußerlich. Der Glanz rührt nicht da her. Er kommt von innen, und all die äußeren Kleinigkeiten dienen lediglich dazu, ihn zu verstärken. Dieser Glanz zeigt, dass etwas von eurem heldenhaften Selbst nach außen strahlt und sich der Welt zeigt. Und ihr wisst, ihr müsst euch nicht aufführen wie Helden; ihr müsst nichts Besonderes tun oder mit gekünstelter Stimme über seltsame und ungewöhnliche Dinge sprechen. Ihr seid Helden. Alles, was ihr jetzt redet und tut, redet und tut ein Held. Also, viel Vergnügen! Esst und trinkt, lacht und genießt euer Mahl. Erkennt, dass wir in diesem Augenblick unser heldenhaftes Selbst sind. Ich möchte gern auf das Land der Träume trinken, das Land, aus dem die Helden stammen!

Der Held
Übung 9: Die Präsentation des Helden

An den Begleiter

■ Wenn das Mahl zu Ende ist, bereiten Sie die Gruppe auf die Präsentation der Helden vor. Am besten wählen Sie einen Platz im Raum oder am Kopfende des Tisches, wo Sie eine Art Thron aufstellen, den Sie mit Stoffbahnen drapieren oder anders schmücken, um eine besondere Atmosphäre zu schaffen. Der Thron sollte so stehen, dass alle ihn gut sehen können – vielleicht auf einem Podest, falls vorhanden. Rücken Sie einen Tisch davor, auf den Sie die Gruppenkerze, etwas Duftöl und zwei Pokale stellen – einen mit Wein und einen mit Traubensaft gefüllt.

Zweck dieser Präsentation ist, den Gruppenmitgliedern Gelegenheit zu geben, sich als Helden vorzustellen und sämtliche Aspekte zusammenfließen zu lassen, mit denen sie bislang gearbeitet haben – den Körper als physischen Aspekt des Helden; die Emotionen, die den Gefühlsaspekt des Helden ausmachen; und das Bild, das sie vor ihrem inneren Auge gesehen haben und das sie jetzt mit Hilfe ihrer Kostüme so gut wie möglich verkörpern. Die Teilnehmerinnen und Teilnehmer werden ihren Helden improvisieren und sich vor die Gruppe hinstellen, um sich zu zeigen. Das ist eine Herausforderung, denn sie müssen sich der Gruppe präsentieren und vor ihr sprechen. Gleichzeitig hat dieser Schritt aber auch einen heiligen Aspekt, denn durch die Salbung des Helden wird sein Weg geweiht und seine Suche oder Vision wird heilig gesprochen. Wenn sie sich dem, was sie tun, nicht mit einer gewissen Ehrerbietung nähern, wird die Salbung ihnen das bewusst machen, so dass sie deutlicher spüren, was sie für sich erbitten möchten. Das Herumreichen des Pokals bringt die ganze Gruppe zusammen. Bei dieser Übung muss jeder Held die Gruppe um etwas bitten. Ein Erwachsener kann andere um etwas bitten; ein Kind hingegen wartet darauf, dass es bekommt, was es braucht. Der Erwachsene ist imstande zu sagen: »Würdest du das bitte für mich tun. Ich hätte das gern von dir.« Und doch ist dieser Schritt auch für uns eine Herausforderung und zeugt von unserer Reife.

An die Reisenden

Jetzt steht die Präsentation der Helden unmittelbar bevor. In mittelalterlichen Zeiten war es üblich, dass ein Ritter, bevor er sich auf die Suche machte, vor den Königshof trat und von sich sprach, sich mit seiner Abstammung, seinen Kräften und seinen bereits bestandenen Abenteuern brüstete. Dann legte er das Anliegen seiner Suche offen dar. Er sagte: »Ich brauche eure Hilfe« und bat um Geld, Begleitung – kurz, um Unterstützung. Der Hof entschied, ob ihm diese Unterstützung gewährt werden sollte oder nicht. Wenn ja, reichte die Königin ihm einen Pokal mit Wein, den der König eingeschenkt hatte, und sagte zu ihm: »Dies ist der Pokal des guten Mutes, der Freundschaft. Von unserem Herzen zu deinem Herzen. Mit dem Darreichen dieses Pokals verbinden wir uns mit dir.« Und mit dem Trunk aus dem Pokal besiegelte der Ritter diese Verbindung. Anschließend wachte er die Nacht durch in der Kapelle und besann sich auf die wahren Beweggründe für seine Suche. Am Morgen wurde die erste Messe für ihn gelesen, bei der der Priester die Suche weihte. Jetzt war diese kein rein individuelles Anliegen mehr, sondern war geheiligt und von allgemeiner Bedeutung für den menschlichen Geist. Diese Weihe der Suche war ein äußerst wichtiger Bestandteil der Vorbereitungen, die der Ritter für seine Mission traf.

Die Buddhisten sprechen von den fünf Grundängsten des menschlichen Wesens: der Angst vor dem Tod, vor dem Verlust des Lebensunterhalts, vor anderen Bewusstseinszuständen, vor dem Verlust des guten Rufes und der Angst, vor einer Versammlung zu sprechen. Nun, meine Damen und Herren, ihr werdet euch jetzt einer dieser fünf Grundängste stellen. Ihr werdet hier an diesem besonderen Ort aufstehen und vor den Anwesenden als euer heldenhaftes Selbst sprechen. Ihr werdet nach vorne kommen, euren Platz einnehmen und von euch reden. Nennt euren Namen und erzählt uns etwas über euren Hintergrund. Lasst eure Vorstellungskraft arbeiten und euch von ihr sagen, woher ihr als diese heldenhafte Person kamt, und teilt uns mit, wem oder was eure Suche gilt. Die Suche ist ein symbolischer Ausdruck eures Wunders, des Rufes, mit dem eure Reise begann. Erzählt uns also, worauf eure Suche aus ist, und erbittet euch dann etwas von uns – vielleicht, dass wir zu euch kommen und eure Hand berühren, euch Beifall klatschen oder ein Lied singen, euch in die Luft hochheben oder umarmen. Die Gruppenmitglieder werden ihr Bestes tun, um euch eure Bitte zu erfüllen.

Während ihr aufsteht, überlegt euch, von wem ihr gern gesalbt werden möchtet und wer euch am Ende der Zeremonie den Pokal überreichen soll. Wenn ihr empfangt, worum ihr die Gruppe gebeten habt, salbt die von euch gewählte Person euch. Sie kann eure Füße, Hände, euer Herz oder euren Kopf salben, wie ihr es gern möchtet. Die Priesterin oder der Priester, die die Salbung durchführen, können einen Kreis oder ein Kreuz ziehen oder ein eigenes Ritual ersinnen, um eure Suche Gott zu weihen oder den lebendigen Kräften der Evolution, der Natur und sämtlichen Geschöpfen. Ihr könnt dabei sprechen oder auch schweigend vorgehen. Ihr solltet euch dem Ritual jedoch mit einem Gefühl der Ehrerbietung nähern, denn es geht um eine Weihe. Dann reicht die Pokalträgerin oder der Pokalträger dem Helden den Pokal. Vielleicht möchte sie oder er dabei etwas äußern und sich zum Beispiel dafür verbürgen, dass dem Helden das Wohlwollen der ganzen Gruppe gilt. Der Held trinkt auf die Anwesenden. Ich fordere die Teilnehmer auf, Beifall zu klatschen oder ihre Wertschätzung und Unterstützung auf andere Weise kundzutun. Dann wählt der Held die nächste Person, und so fahren wir fort, bis sämtliche Helden sich präsentiert haben.

An den Begleiter

■ Lassen Sie sich pro Person etwa fünfzehn Minuten Zeit. Wenn die Gruppe sehr groß ist, können Sie diese Übung auch in mehreren Kleingruppen durchführen. Sie schließt den Prozess des Helden ab. Am Ende der Präsentation können Sie eine kleine Party feiern oder tanzen. Kommen Sie aber ganz am Schluss jeder Sitzung für das Abschlussritual alle im Kreis zusammen. (Sie können den Tag des Helden verkürzen, indem Sie nur mit vier oder fünf Heldengestalten arbeiten. Statt ein Bild zu malen, das sämtliche Eigenschaften zeigt, können die Teilnehmer am Ende jedes Durchgangs die Augen schließen, sich die Eigenschaften bewusst machen und sie einer anderen Person mitteilen. Nachdem Sie alle Gestalten durchgegangen sind, singen Sie entweder eine Kurzform der »Liebeslitanei« oder gehen direkt zur Heldenphantasie über. Beenden Sie die Heldenphantasie, indem Sie die Teilnehmer anweisen, eine Haltung des Helden einzunehmen, die in den Narrentanz einfließen kann.)

Obwohl die Gruppenmitglieder zunächst am Tag des Helden große Widerstände haben mögen, sind sie am Ende des Tages meistens in gehobener Stimmung, weil sie so viele Herzenswünsche zum Ausdruck gebracht und so viel Unterstützung erfahren haben. *Es ist sehr wichtig, dass Menschen an diesem Punkt nicht aus der Gruppe aussteigen, denn hier besteht die Möglichkeit einer Selbstüberschätzung (Inflation). Es ist nicht ungefährlich, den Workshop zu diesem Zeitpunkt zu verlassen.* Der Dämon, zu dem wir im nächsten Kapitel übergehen, stellt das Gleichgewicht wieder her, so dass die Teilnehmer sich besser geerdet fühlen. Wenn jemand beschließen sollte, an diesem Punkt zu gehen, empfehle ich, ihn eindringlich darauf hinzuweisen, dass es gefährlich sein kann, auszusteigen, ohne wirklich wieder auf dem Boden zu sein.

KAPITEL 7

Der Dämon

Vielleicht ist euch inzwischen etwas unbehaglich zumute geworden. Ihr habt euch bislang auf positive, bejahenswerte Themen konzentriert. Ihr habt diese dargestellt und seid zum Helden geworden. Wenn ihr in einer Gruppe arbeitet, habt ihr euch gegenseitig unterstützt, seid warmherzig und freundlich miteinander umgegangen und habt Vertrauen zueinander entwickelt. Die Folge all dessen ist, dass die andere Seite der Medaille sich bemerkbar macht. Bei den meisten Menschen stellt sich das Gefühl ein, all das Gute nicht zu verdienen. Vielleicht fühlt ihr euch jetzt deprimiert; euch kann sogar schlecht werden oder ihr habt körperliche Schmerzen. Aber dies ist *nicht* der Zeitpunkt, um aufzugeben. Der Dämon des Widerstands beginnt sich zu regen.

An den Begleiter

■ Vielleicht haben die Teilnehmer in dieser Sitzung Beschwerden vorzubringen oder kommen zu spät; akzeptieren Sie das als Bestandteil des Prozesses. Klagen oder Kritik können deutlich machen, wie Menschen Widerstand leisten gegen ihre positiven Gefühle für die eigene Person. Wenn die Teilnehmerinnen und Teilnehmer sich ihren Dämonen zuwenden, taucht oft auch mein eigener Dämon auf. Sollten Sie also bemerken, dass Sie sich bedrückt oder sonstwie unwohl fühlen, ist es wichtig, dass Sie sich fragen: »Könnte es sein, dass auch mein eigener Dämon sich zeigt, während ich diese Menschen anleite, zu ihrem Dämon Zugang zu finden?« Die beste Form des Umgangs mit dem Dämon besteht oft darin, ihn ans Licht zu holen. Wurde er erst einmal zutage gebracht, verliert er an Kraft. Sie können sich leichter mit ihm auseinandersetzen, wenn Sie ihn im Rahmen der Gruppe betrachten. An diesem Punkt ist es immer hilfreich, Assistenten oder einen zweiten Gruppenleiter zur Seite zu haben, weil der Prozess sehr tief geht und uns stark fordert. Wenn es Ihnen zu viel wird, kann die andere Person übernehmen, oder Sie können Ihre eigenen Themen zu zweit außerhalb der Gruppe durchgehen, indem Sie ausdrücken, was Sie bewegt, und darüber sprechen.

Ritual: RAM-Meditation 3

Der Tag beginnt wieder mit der Ausbalancierung der drei Körperzentren und dem Singen der RAMs (siehe Anhang I). Nach der Meditation sollten Sie mit der Gruppe ein paar Körperübungen machen, damit die Teilnehmer in ihren Körper kommen. Leiten Sie sie durch den Narrentanz und weisen Sie sie an, die Gestalt des Helden mit hinzuzunehmen.

Der Narrentanz

An die Reisenden

Begib dich in deine Nullposition. Ruf dir deinen Helden vor Augen und erinnere dich an seinen Namen und seine Eigenschaften. Bekomme ein Gespür dafür, dass dieser Held derjenige ist, der dein Wunder wahr werden lassen kann. Gestalte mit deinem Körper eine Skulptur des Helden, wie er sich dem Gegenstand seiner Suche zuwendet und sich auf das Wunder zubewegt. Wie würde dein Held seine Arme und Beine dabei halten? Wie würde er seinen Oberkörper, seinen Brustkorb einsetzen, um deutlich zu machen, dass er sich auf sein Ziel ausrichtet oder sich auf die Suche begibt? Spüre in deinem Körper, wie dein Held auf dem Boden steht. Was passiert dabei mit Becken und Unterleib? Was fühlst du in deinem Bauch, Brustkorb, Rücken, Hals, Kopf, deinen Schultern und Armen? Wie ist dein Gesichtsausdruck? Erlebe diese Haltung als Gestalt deines Helden, die dein Körper zum Ausdruck bringt. So zeigt sich dein heldenhaftes Selbst. Nimm einen tiefen Atemzug, löse dich aus der Haltung und komm wieder in die Nullposition.

Wir werden jetzt den Narrentanz tanzen und ihn um die Gestalt des Helden ergänzen: Null – Ich – Zuhause – Arbeit/Lebensaufgabe – Liebe – Das Selbst – Das Wunder – Der Spirituelle Begleiter oder die Spirituelle Begleiterin – Der Held – Nullposition. Atme.

Diesmal achte beim Tanzen darauf, mit möglichst fließenden Bewegungen von einer Haltung zur anderen überzuwechseln, so dass du in den einzelnen Positionen nicht verharrst, sondern weich von einer zur anderen übergehst.

Den Dämon finden

An den Begleiter

■ Laden Sie die Gruppenmitglieder ein, sich hinzusetzen und sich zunächst darüber auszutauschen, was bis jetzt passiert ist, wo in ihren Körpern sie sich heute wiederfinden, ob es über den gestrigen Tag irgendetwas mitzuteilen gibt. Nehmen Sie sich dafür etwas Zeit, um wirklich alles zu behandeln, was während der letzten Nacht und als Ergebnis des Narrentanzes heute Morgen bei den Teilnehmern hochgekommen ist.

An die Reisenden

Wenn wir mit dem Dämon arbeiten, gehen wir genau umgekehrt vor wie beim Helden. Der Held wird von oben nach unten aufgebaut, der Dämon von unten nach oben. Die drei Zentren im Körper – das Körperzentrum, das Herzzentrum und das Kopfzentrum – stehen für bestimmte körperliche Abläufe.

Das Erste ist das Gleichgewichtszentrum, das Zentrum der Schwerkraft, das *Chi*, das etwa fünf Zentimeter unterhalb des Nabels liegt. Hier stabilisiert sich unser Gleichgewicht und unsere Beziehung zur Erde. Wenn ich im Gleichgewicht bin, bin ich in meinem Chi. In wirklich gefährlichen Situationen setzt das Denken aus und wir agieren direkt aus unserem Überlebenszentrum heraus. Ausdruck dieses Zentrums, des Körperzentrums, ist Bewegung. Das Körperzentrum ist das Zentrum des Gleichgewichts, des Überlebens; es ist das archaischste Körperzentrum, das wir mit den Tieren und mit allem, was überleben muss, gemeinsam haben.

Das Herzzentrum hat zwei Pulse. Es ist das rhythmische Zentrum des Körpers. Einmal finden wir hier den Rhythmus des Atems, der einer musikalischen Phrase gleicht, aber auch das Pulsieren des Herzschlags, der den Takt vorgibt. Dieses Zentrum bemisst unser Erleben. Hier liegen die Ursprünge von Musik: der Rhythmus des Herzschlags und die Partitur des Atems. Zusammen mit der Melodie der Stimme erzeugen sie den Ausdruck von Emotionen. Das Herzzentrum ist das

Zentrum von Beziehungen, das Zentrum des emotionalen Ausdrucks. Man könnte sagen, dass das Herzzentrum die Empfindungen und Erfahrungen des Körperzentrums zum emotionalen Ausdruck organisiert. Reiner Klang ist Ausdruck von Emotionen, die Sprache des Herzzentrums.

Im Kopfzentrum organisieren wir unsere Wahrnehmungen und ordnen den Ereignissen um uns herum ihre Bedeutungen zu. Wir verleihen der Welt über unser Denken einen Sinn. Dies ist das Zentrum der Abstraktion. Es versetzt euch in die Lage, Eindrücke zu verbalisieren und Zusammenhänge und Proportionen einzuschätzen. Genau das ist die Arbeit des Kopfzentrums. Die Sprache dieses Zentrums besteht aus Symbolen, Worten und Bildern.

Bei einem organisierten menschlichen Wesen arbeiten diese drei Zentren harmonisch zusammen. Worte und Symbole sind Ausdruck des Kopfzentrums. Das Herzzentrum drückt sich über Ton und Klang aus und das Körperzentrum über Bewegung. Wenn also sowohl meine Worte als auch der Ton oder Klang, mit dessen Hilfe ich diese erzeuge, und die Geste oder Bewegung, mit der ich das Gesagte untermale, das Gleiche besagen, bin ich im Gleichgewicht. In diesem Workshop versuchen wir kontinuierlich, diese drei Zentren in Harmonie zu bringen, damit sie zusammenarbeiten, wenn wir etwas ausdrücken. Wenn das geschieht, habt ihr angefangen, euer Wesen ins Gleichgewicht zu bringen und euch in Richtung Ganzheit zu entwickeln.

Um den Helden zu gestalten, haben wir uns zuerst mit den Bildern in unserem Kopf beschäftigt, uns dann unseren Gefühlen zugewandt und uns schließlich in unseren Körper begeben, um beim Heldenbankett alle drei Ebenen zusammenfließen zu lassen. Jetzt werden wir uns dem Dämon zuwenden und dabei umgekehrt vorgehen. Wir beginnen mit dem Körper, widmen uns dann unseren Gefühlen, dem Herzen, und entwickeln anschließend in unseren Köpfen eine Phantasie; mit dem Dämonentanz bringen wir alle drei Ebenen zusammen.

»Satan« bedeutet »Widersacher« oder »Hindernis«. Der Dämon ist derjenige, der dem Helden im Weg steht und ihn daran hindert, seine Suche zu erfüllen. Die Gestalt des Dämons wird also durch das Ziel geprägt, das der Held sich gesetzt hat. Der Dämon ist nicht nur die Kontrolle. Er ist die Seite in mir, die sich in bestimmten Situationen völlig unangemessen verhält. Wenn ich zum Beispiel zu einem erlesenen Abendessen eingeladen bin und auf meinen Gastgeber einen guten Eindruck machen will, treibt der Dämon mich, mir die Kleider vom Leib zu reißen und in die Suppenterrine zu pinkeln; mich also völlig danebenzubenehmen und meinen guten Vorsätzen zuwiderzuhandeln. Wenn ich jedoch mit meiner Frau schlafe, kurz vor dem Orgasmus bin und mich zurückhalte, dann ist die Kontrolle der Dämon. Der Dämon hat viele Gesichter. Ich kann nicht sagen, dass er immer nur Kontrolle ausübt oder einfach nur das Kind ist, das sich im Hier und Jetzt uneingeschränkt ausdrücken will. Vielmehr ist er eine Kombination dieser beiden Aspekte. Er ist die Kraft, die euch hindern will, euch selbst ganz zu verwirklichen.

Der Körperpanzer

Der erste Schritt, um den Dämon zu entdecken, besteht darin, uns den Muskelpanzer anzuschauen, mit dem wir herumspazieren. Wir müssen zwei Aspekte dieser Panzerung unterscheiden und herausfinden, welcher im Dienste des Dämons steht. Der eine Aspekt ist spontan, der andere Kontrolle. Wir müssen beide ausfindig machen und aus diesem Material den Dämon gestalten.

Wir werden uns also sowohl dem Kontrolleur als auch dem spontanen Kind zuwenden. Die folgenden Übungen helfen uns, den Muskelpanzer im Körper aufzuspüren.

Der Dämon
Übung 1: Die Retroflexion erfahren:
Die Entwicklung des Körperpanzers

Stell dir vor, du seist ein kleines Kind und vor dir steht Vater oder Mutter. Ich werde dir gleich zwei Anweisungen geben. Die erste lautet, etwas so zu tun, wie es dir spontan in den Sinn kommt, und zwar die Arme nach den Eltern auszustrecken. Dann werde ich dir eine zweite Anweisung geben, die die Reaktion der Eltern an diesem Punkt betrifft. Ich werde dich bitten, deinen Impuls zu stoppen und nicht nach den Eltern zu greifen. Und ich möchte, dass du versuchst, beiden Anweisungen körperlich uneingeschränkt nachzukommen.

Stell dir jetzt vor, dass Vater oder Mutter vor dir steht. Wende dich mit ausgestreckten Armen und deinem ganzen Körper dem Menschen vor dir zu, ganz aus deiner Mitte heraus. Stopp! Spüre, was in deinem Körper passiert. Atme und wende dich der Person wieder zu. Stopp! Atme. Wende dich diesem Menschen wieder zu, greif mit deinen Fingern nach ihm, wende ihm dein Gesicht, deine Schultern zu. Stopp! Zuwenden. Stopp! Zuwenden! Und jetzt wende dich ihm zu und stoppe dich gleichzeitig. Spüre, was in deinen Schultern, deinen Armen, Kiefern, deinem Gesicht, Bauch und Brustkorb geschieht. Lass los. Die meisten von uns halten den Wunsch, sich an andere zu wenden, in den Schultern fest, aber vielleicht spürst du die Kontrolle auch in anderen Körperbereichen.

Dieses Drama spielt sich in unserer Kindheit immer wieder ab, vielleicht über einen Zeitraum von etwa fünf Jahren hinweg. Die Frage ist, wer Sie gestoppt hat. *Sie sind es, die oder der sich gestoppt hat.* Das ist der erste Erkenntnisschritt auf dem Weg zum Wachstum: zu sehen, dass ich derjenige bin, der sich selbst stoppt. Vielleicht hat meine Mutter mich geschlagen oder sich von mir abgewendet. Das hat mir die ersten Male Einhalt geboten. Aber nach einer Weile habe ich angefangen, mich selbst zu stoppen. Wenn ich die Verantwortung für die Tatsache übernehme, dass ich mich selbst davon abhalte, auf andere zuzugehen, kann ich allmählich anfangen, dieses Verhaltensmuster zu ändern. Vorher suche ich die Schuld wahrscheinlich ständig bei meiner Mutter oder bei anderen Menschen. Und solange ich anderen Vorwürfe machen kann, muss ich selbst nichts unternehmen; ich kann so bleiben, wie ich bin. Mutter hat jedoch keine Schuld. Niemand hat Schuld. Tatsache ist, dass ich mich selbst daran hindere, auf andere zuzugehen.

Sich zurückzuhalten ist ein ganz natürlicher Prozess, der in der Gestalttherapie als *Retroflexion* bezeichnet wird. Dahinter steht ein simpler Überlebensmechanismus, der uns ermöglicht, zurückzuhalten, was sich äußern will. Ohne diesen Mechanismus könnten wir unser Bedürfnis, zu urinieren oder den Darm zu entleeren, nicht so lange zurückhalten, bis wir die Toilette erreicht haben. Auch Tiere können diese Bedürfnisse so lange zurückhalten, wie sie sich im Nest aufhalten, um zu vermeiden, dass der starke Geruch mögliche Angreifer auf sie aufmerksam macht. Der Prozess der Retroflexion ist im wesentlichen ein Schutzmechanismus, der das Leben des Tieres rettet. Und auch wir Menschen besitzen die Fähigkeit zur Retroflexion.

Problematisch ist die Retroflexion, wenn sie zur Gewohnheit wird und wir zum Beispiel unser Bedürfnis nach Kontakt ständig zurückhalten. Zuerst ist diese Zurückhaltung eine bewusste Entscheidung, die der Körper in die Tat umsetzt. Stell dir vor, du würdest ständig deine Schultern bis zu den Ohren hochziehen! Das wäre äußerst schmerzhaft. Der Körper ist jedoch ein wunderbarer Ausgleichsmechanismus; er versucht, den Anweisungen des Verstandes nachzukommen. Wenn ich meine Schultern ständig hochziehen muss, nimmt das einen Teil meiner Aufmerksamkeit in Anspruch. Also übernimmt der Körper diese Arbeit. Jeder unserer Muskeln ist umhüllt von einem Gewebe, der Muskelhaut, die einer Plastikfolie ähnelt. Die Muskelhaut ist sozusagen selbstklebend. Wenn ich meine Schultern ständig hochziehe, beginnt sie zusammenzukleben. Jetzt hält sie die Muskeln hoch, so dass sie sich nicht entspannen können und meine Schultern nicht mehr, der Schwerkraft folgend, nach unten hängen. So muss ich meine Schultern nicht mehr bewusst hochziehen. Damit geraten jedoch die drei Körperzentren aus dem Gleichgewicht; also muss ich meinen Kopf und mein Becken vorschieben, um die Verlagerung des Brustkorbs auszugleichen. So stehe ich da: mein Kopf und mein Becken drängen vor in die Welt, und mein Herz und meine Schultern halten zurück. Ich bin sicher vor Verletzungen – ein cooler Typ! Ich habe mein Leben im Griff! Diese Körperstruktur ist mein Charakterpanzer.

Wenn ich sage, ich bin ein cooler Typ, was fühle ich dann? Ich fühle gar nichts, denn der Körper hat andere Möglichkeiten gefunden, sich mit all diesen Themen auseinanderzusetzen. Ich habe meinen Kopf vom restlichen Körper abgeschnitten. Vom Hals abwärts empfinde ich gar nichts. Der untere Körperbereich ist wie eine Zwielichtzone. Forscher pflanzen Tieren Elektroden ins Gehirn, ins Schmerz- oder ins Lustzentrum. Wenn sie die Energiezufuhr zu diesen Elektroden steigern, wird das Tier immer erregter, bis die Erregung aufhört und das Tier in eine hypnotische Trance verfällt. Etwas Ähnliches geschieht auch mit uns Menschen. Um den Schmerz all der widersprüchlichen Energien zu ertragen, den Menschen in ihrem Körper erfahren, löscht der Verstand diese Empfindungen aus. Deshalb fällt es den Menschen oft so schwer, ihre Gefühle zu spüren; sie wissen einfach nicht, was sich unterhalb des Halses im Körper abspielt. Ich denke, das ist mit den Begriffen »unbewusster« oder »unterbewusster Verstand« gemeint: Gefühle und Empfindungen sind in das automatisch arbeitende Überlebenssystem abgewandert und der bewussten Aufmerksamkeit nicht länger zugänglich. Um den Körper wieder bewusst zu spüren, müssen wir die Gefühle und Impulse unter der Oberfläche intensivieren.

Wenn ich ständig meine Schultern hochziehe sowie Kinn und Becken vorschiebe, ist viel Schmerz in meinem Körper. Falls ich meinen Kopf vom Körper abschneide, um diesen Schmerz nicht spüren zu müssen, rede ich wahrscheinlich viel und bin sehr laut, um diesen Schmerz irgendwie zu bewältigen. Und meine einzige Möglichkeit ist der exzessive Gebrauch von Worten.

Wo wir zurückhalten, was nach außen dringen möchte, erstarrt der Körper und die Muskeln ziehen sich zusammen. Die Muskeln sind für die Bewegung gedacht, die Knochen für das Gleichgewicht. Wir benutzen die Muskeln, um unsere Knochen von einer ausbalancierten Haltung in die andere zu bringen. Wenn jedoch meine Knochenhaut die Muskeln in einer rigiden, unnatürlichen Starre hält, versuchen diese Muskeln verzweifelt, als Knochen zu fungieren. Manchmal sind die Muskeln im Körper eines Menschen so hart, dass er keinen Zugang zu seinen Knochen bekommt und diese noch nicht einmal berühren kann. Wenn die Muskeln weich und gut organisiert sind, kann man an jeder Stelle des Körpers direkt in sie hineingreifen und die Knochen berühren. Überall dort, wo das nicht möglich ist, ist die Energie blockiert.

Und jede Energie, die sich lösen möchte und vom Körpersystem zu lange zurückgehalten wird, wird giftig. Wenn das retroflektierte Bedürfnis, auf andere zuzugehen, zu lange zurückgehalten wird, entwickelt der Mensch ein selbstkritisches und selbstzerstörerisches Verhalten.

Ein Standpunkt ist nicht nur ein geistiger Zustand. Er bezeichnet darüber hinaus den Ort, von dem aus ich die Welt betrachte und meint auch meine physische Beziehung zur Welt, die durch das Zentrum des Verstandes, das die Zusammenhänge herstellt, beschrieben wird. Wenn ich mit gebeugtem Kopf durchs Leben gehe und geduckt nach oben schaue, sehe ich ängstlich aus und fühle mich auch so. Ich betrachte die Welt als bedrohlichen Ort. Es gibt ein physikalisches Gesetz, das besagt, dass die Natur Leere verabscheut. Wenn ich mit dieser Haltung durch die Welt gehe, schaffe ich ein Vakuum, denn diese Einstellung ist nicht immer und überall angemessen. Es wird also ziemlich schnell jemand versuchen, dieses Vakuum zu füllen. Ich ziehe Menschen an, die den entgegengesetzten Standpunkt vertreten und die mein eigenes Vakuum füllen sollen. Eine ängstliche Person fühlt sich zu Autoritäten hingezogen, ein Masochist zu Sadisten. Dann heirate ich ihn oder sie und habe eine Entschuldigung für mein Verhalten. Ich kann sagen, meine Frau ist schuld, oder mein Mann, die Schwarzen, die Juden, die Weißen – andere sind verantwortlich, nicht ich! Ich bin unschuldig. Wenn ich einen Menschen anziehe, der mich zum Opfer machen soll, kann ich ihm mit ruhigem Gewissen Vorwürfe machen. Ich muss mich nicht mehr ändern.

Während der Körper auf diese Weise ständig für einen Ausgleich sorgt, erstarrt er. Der Körper ist eine Manifestation unseres ganzen Wesens. Wie bei der Übung, die wir gerade gemacht haben, kommt das erste »Stopp« von außen, von den Eltern. Die Folge ist, dass die Person sich mit dem Opfer dieses »Stopp« identifiziert. Wir identifizieren uns mit der Person, die Kopfschmerzen bekommt, statt mit den verkrampften Muskeln und Blutgefäßen, die die Beschwerden hervorrufen. Wir identifizieren uns mit dem Empfänger der Schmerzen statt mit den verursachenden Faktoren, und doch ist beides in uns. Um wieder bewusst zu unserer Kraft stehen zu können, müssen wir uns klarmachen, dass wir die Schöpfer unserer Schmerzen sind und die Verantwortung dafür übernehmen. Deswegen würde es in der Gestalttherapie heißen: »Ich zermartere mir den Kopf« oder »Ich würge mich selbst ab«. Um diese Verantwortung wieder zu übernehmen, müssen wir uns klarmachen, dass wir die Macht haben, »Stopp« zu sagen, und uns mit dieser Seite identifizieren statt mit unserer Unfähigkeit, auf andere zuzugehen. Und diesen Prozess werden wir jetzt Schritt für Schritt nachvollziehen: wir verlagern unsere Identifikation vom Opfer auf den Täter, den Kontrolleur.

Wir beginnen, indem wir unseren Körper betrachten, um herauszufinden, welche Panzerungen er aufweist und welche Art von Kontrolle er ausübt. Nachdem wir einen ganzen Tag damit verbracht haben, uns auf den Helden zu konzentrieren, hat sich unser Widerstand mit Sicherheit verstärkt.

Wir werden unseren Körper in die sicherste Beziehung zur Schwerkraft bringen, das heißt, wir legen uns auf den Boden. Sämtliche Teile des Knochenbaus, die den Boden nicht berühren, werden von Muskeln gehalten, ausgenommen die Biegung des Halses, die leichte Krümmung des Kreuzes und die Rückseite von Knien und Fußgelenken. Sämtliche anderen Knochen, die den Boden nicht berühren, werden durch einen retroflektierenden Mechanismus festgehalten. Wenn wir dieses Muster der Retroflexion erforschen, finden wir auch etwas über unseren Standpunkt heraus.

Tatsächlich werden wir eine Karikatur unserer eigenen Standpunkte anfertigen. Das kann nach außen hin seltsam aussehen, einem Irrenhaus nicht unähnlich. Eine Möglichkeit, Kopf und Körper wieder miteinander zu verbinden oder sich die Verspannungen im Körper bewusst zu machen, besteht darin, zu übertreiben, was wir an Abwehrmechanismen vorfinden. So können wir wahrnehmen, wie es sich anfühlt, körperlich festzuhalten. Deswegen lautet in der Gestalttherapie eine der wichtigsten Anweisungen: »Verstärken Sie diese Haltung!« Ihr wollt herausfinden, wie ihr vorgeht. Wenn ihr das erkennt, könnt ihr anfangen, unbefriedigende Verhaltensmuster zu ändern. Solange ihr nicht wisst, was ihr tut, könnt ihr euer Verhalten auch nicht verändern. Deshalb fragen wir in der Gestalttherapie »Wie?« und niemals »Warum?«. Die Frage nach dem *Warum* kann zur Entschuldigung dafür werden, mit den entsprechenden Gewohnheiten fortzufahren. Wenn ihr aber wisst, *wie* ihr vorgeht, habt ihr die Möglichkeit, euer Verhalten zu ändern.

Der Dämon
Übung 2: Meditation auf den Körperpanzer

An den Begleiter

■ Für diese Meditation teile ich die Gruppe am liebsten in Paare ein. Eine Herausforderung dieser Übung ist es, Vertrauen zu entwickeln. Aus diesem Grund sollten Lebensgefährten nicht zusammenarbeiten, sondern das Risiko eingehen, mit jemand Neuem zusammenzuarbeiten. Ich bestehe jedoch nicht darauf.

Während der eine Partner auf seine Körperhaltung meditiert, gibt der andere ihm Feedback. Viele Menschen sind nicht in Berührung mit den Vorgängen in ihrem Körper, deswegen kann ein Feedback von außen sehr hilfreich sein. Lebenspartner haben bei dieser Übung oft die Tendenz, sich in Diskussionen darüber zu verwickeln, was es bedeutet, dass dieses Bein nach außen zeigt, diese Schulter verspannt ist und so weiter, wodurch der Prozess weitschweifig und unnötig lang wird. Da solche Randgespräche von der Körpermeditation selbst ablenken, rate ich davon ab. Das Feedback kann und soll überwiegend auf der körperlichen Ebene verlaufen. Wenn der Beobachter zum Beispiel bemerkt, das der Kopf seiner Partnerin sich in die eine oder andere Richtung neigt, kann er, statt verbal darauf hinzuweisen, die Neigung ihres Kopfes mit der Hand behutsam verstärken. Auf diese Weise kann die Person ihre Kopfhaltung spüren, statt darüber zu reden.

Wenn die Zeit knapp ist, empfiehlt es sich, die Meditation für die ganze Gruppe anzuleiten. In diesem Fall müssen Sie sorgfältig darauf achten, Ihre Anweisungen so deutlich zu formulieren, dass die Teilnehmerinnen und Teilnehmer ihre Fehlhaltungen von innen spüren können.

Bei dieser Arbeit schlafen die Gruppenmitglieder leicht ein. Ich rate Ihnen, sich für diese Fälle ein Zeichen zu überlegen, zum Beispiel die Füße zu berühren, wenn jemand einschläft, schnarcht oder dem Prozess offensichtlich nicht folgt.

Denken Sie daran, nur das, was die Psyche der betreffenden Person bereitwillig akzeptiert, kann ihr bewusst werden. Vielleicht nimmt man bei seinem Partner Verspannungen wahr, die dieser von sich weist. Jemand kann sogar sagen: »Die Leute meinen immer, ich sei völlig steif, aber als ich dort auf dem Boden lag, konnte ich nicht feststellen, dass das stimmt; mein Körper ist völlig in Ordnung.« Natürlich steckt hinter diesen Widerständen eine innere Notwendigkeit. Ich würde niemanden zwingen, körperliche Verspannungen zu verstärken oder sich einzugestehen, die er nicht wahrzunehmen bereit ist. Lenken Sie die Aufmerksamkeit auf all das, was Sie sehen, aber denken Sie daran, dass Ihre Worte bei Menschen, die sie nicht hören wollen, auch nicht ankommen. So einfach ist das. Sie können niemanden zwingen weiter zu gehen, als sein Abwehrsystem zulässt.

An die Reisenden

Wir beginnen mit der Meditation auf den Körperpanzer, indem wir uns etwas Zeit nehmen, um die Widerstände zu spüren, die durch die Arbeit am Helden ausgelöst wurden. Nehmt die Haltung ein, die ihr für den Helden beim Narrentanz entwickelt habt. Bleibt in dieser Position. Erlebt, wie der Held sich auf sein Ziel ausrichtet, auf das Wunder; seht den Gegenstand seiner Suche deutlich vor euch, damit ihr das Gefühl von Sehnsucht sowie Entschlossenheit und Unternehmungsgeist des Helden wirklich empfinden könnt. Haltet die Position so lange, wie es euch möglich ist. Bleibt so, und denkt währenddessen darüber nach, welche Gründe dafür sprechen könnten, dass ihr dieses Ziel nicht erreichen sollt, könnt oder werdet; du bist zu dick, zu alt, du bist eine Frau, ein Mann... lass dir so viele Hindernisse wie möglich einfallen, die dich von der Erreichung dieses Zieles abhalten könnten. Fahre fort, über diese Blockaden nachzudenken, und bleib dabei in deiner Position... Spüre, wie die Spannung in deinem Körper allmählich wächst.

Was geschieht zum Beispiel in deinen Schultern? In deinem Gesicht? Deinem Rücken? Deinen Beinen? Zitterst du irgendwo? Halte die Position so lange, wie du kannst, und dann lass los, schüttle deinen Körper aus und leg dich auf den Boden.

An Einzelreisende

Da diese Übung sehr komplex ist, gebe ich dir besondere Anweisungen. Nachdem du in dieser Haltung deines Helden verharrt bist und dir sämtliche Gründe dafür hast einfallen lassen, warum du dein Ziel nicht erreichen kannst, leg dich auf den Boden. Achte darauf, ob dein Körper gerade liegt: das heißt, liegen deine Arme und Beine parallel zu deiner Wirbelsäule? Liegen die Handflächen nach unten zum Boden, und zeigen die Füße gerade nach oben oder sind sie gleichmäßig nach außen gespreizt? Falls das nicht der Fall ist, verstärke jetzt mögliche Abweichungen.

Nachdem du überprüft hast, wie Arme und Beine zur Mittellinie des Körpers ausgerichtet sind, achte auf sämtliche Knochen im Körper. Beginne beim Kopf und wandere mit deiner Aufmerksamkeit langsam weiter zu Hals, Schultern, Armen und Händen, Rücken, Becken, Beinen und Füßen. Spüre, wo du den Boden berührst und wo nicht. Bei völlig entspanntem Körper ist Luft im Bereich der Biegung des Halses, der leichten Krümmung im Kreuz (etwa einen Finger breit) sowie unter den Kniekehlen und Fußgelenken. Sämtliche anderen Knochen im Körper sollten den Boden berühren: das heißt deine Hände, deine Handgelenke und dein Rücken. Auch dein Gesäß und deine Schulterblätter sollten ganz auf dem Boden ruhen. Überprüfe das, und überall, wo du zwischen deinem Körper und dem Boden Abstand oder eine Unausgewogenheit beider Seiten wahrnimmst, verstärke diese Haltung. Wenn deine Arme zum Beispiel so gedreht sind, dass deine Handflächen den Boden nicht berühren, dreh sie um, um zu spüren, was geschieht, wenn deine Handflächen auf dem Boden liegen. Spüre, ob es einen Zwischenraum zwischen deinen Händen, deinen Handgelenken und dem Boden gibt. Wenn ja, verstärke die entsprechende Haltung und dreh dann deine Arme zurück in die ursprüngliche Position. Verstärke sämtliche Abweichungen deines Körpers. Das wird ein merkwürdiges Gefühl sein, denn du verstärkst dadurch sämtliche Muskelblockaden im Körper. So kannst du das volle Ausmaß deiner Körperpanzerung spüren, die durch die Konzentration auf den Helden verstärkt wurde.

Du kannst auch so vorgehen, dass du deinen Körper in eine perfekte Haltung bringst: das heißt, deine Wirbelsäule ist gerade, die Arme liegen unter den Schultern, die Beine unter den Hüften, parallel zur Wirbelsäule. Die Füße können gerade nach oben zeigen oder gleichmäßig gespreizt sein. Auch diese Haltung fühlt sich wahrscheinlich merkwürdig an. Bleib einen Augenblick dabei. Dann entspann dich völlig und beobachte, zu welcher Haltung dein Körper jetzt übergeht. Verstärke sämtliche Abweichungen in deinen Schultern, Armen, Händen, Beinen. So hält dein Körper fest. Fahre jetzt fort mit dem Absatz »Weichteile«.

An die Gruppe

Ich werde euch jetzt zu einer Meditation anleiten, bei der wir sämtliche Körperteile Schritt für Schritt durchgehen. Immer wenn ihr feststellt, dass euer Körper den Boden nicht berührt, verstärkt die entsprechende Haltung. Wenn euer Nacken sich krümmt, krümmt ihn stärker. Ganz allmählich geht ihr zu einer Haltung über, die eine Verstärkung sämtlicher Blockierungen im Körper darstellt. Wenn ihr euren Körperpanzer betont, bekommt ihr die Chance, die Verantwortung für ihn zu übernehmen. Euer Körper lässt euch nur jene Spannungen bewusst wahrnehmen, mit denen ihr euch auseinanderzusetzen bereit seid. Wahrscheinlich wird euch nicht alles bewusst, was in eurem Körper vorgeht, aber euer Körper wird zulassen, dass ihr all das spürt, was sich für euer Bewusstsein öffnen will.

An den Begleiter

■ Sie werden die Gruppe jetzt zur Meditation auf den Körperpanzer anleiten. Weisen Sie die Teilnehmerinnen und Teilnehmer zunächst an, sich zu entspannen, indem sie ihren Kopf behutsam vor- und zurückrollen, ihre Hände und Beine ausschütteln und sich schließlich auf den Boden legen, die Arme an den Seiten, die Beine gerade ausgestreckt, wobei die Handflächen nach unten zeigen.

Lenkt eure Aufmerksamkeit auf die fünf Hauptlinien im Körper: die Wirbelsäule, die beiden Arme und Beine, die alle parallel zueinander liegen sollten. Falls sie nicht parallel liegen, können Schultern oder Hüften verdreht sein, oder Nacken oder Kreuz sind verspannt.

Ihr werdet jetzt eure Aufmerksamkeit Schritt für Schritt vom Kopf zu den Füßen lenken, um zu erforschen, wie der Körper in Beziehung zur Schwerkraft auf dem Boden liegt. Die einzigen Bereiche, wo der Körper den Boden nicht berühren sollte, sind die Nackenbiegung und die leichte Krümmung im Kreuz (wenn der Kreuzbereich den Boden berührt, ist das in Ordnung, aber die Norm ist, dass sich unter dem Kreuz ein leichter Hohlraum bildet), die Kniekehlen und die Unterseite der Fußgelenke. Sämtliche anderen Knochen sollten in Kontakt mit dem Boden sein. Wenn das nicht zutrifft, ist der Körper in diesem Bereich verspannt. Überprüft Schritt für Schritt den ganzen Körper, um festzustellen, ob sämtliche Knochen den Boden berühren, und – wo das nicht der Fall ist – die entsprechende Haltung zu verstärken.

An den Begleiter

■ Wenn zum Beispiel die Handgelenke und Handflächen nicht in Kontakt mit dem Boden sind, weisen Sie die betreffende Person an, die Hände zu krallen, um ganz konkret zu spüren, wie sie unbewusst zu dieser Haltung beiträgt.

Wenn Sie die einzelnen Körperteile mit der Gruppe durchgehen, sollten Sie sich an die Reihenfolge halten, die ich vorgeben werde. Weisen Sie die Teilnehmerinnen und Teilnehmer an, die Verstärkung nach und nach aufzubauen. Wenn jemand zum Beispiel feststellt, dass die Haltung seiner Arme abweicht, verstärkt er diese und geht dann auch entsprechend mit Schultern, Hals und Kopf vor. Nach jeder Intensivierung einer abweichenden Haltung weisen Sie die Gruppenmitglieder an, zu atmen und loszulassen. Eine natürliche Folge dieses Verstärkens und Loslassens ist, dass sich Verspannungen lösen. Während die Teilnehmer daran arbeiten, ihren Dämon zu entdecken, lassen sie gleichzeitig Spannungen im Körper los. Vielleicht kommen Emotionen hoch. Manche Menschen können wütend werden oder in Tränen ausbrechen. Lassen Sie das zu, aber sorgen Sie auch dafür, dass diese Ausbrüche die Teilnehmer nicht vom Prozess ablenken. Da die meisten Spannungen im Körper die Funktion haben, ungewollte Gefühle zurückzuhalten, werden häufig Emotionen freigesetzt, wenn die Entspannung einsetzt.

Kopf, Drehung

Als erstes konzentriert euch auf den Kopf. Achtet darauf, wie der Kopf auf der Erde ruht. Wenn der Kopf sich nicht dreht, ruht der Hinterkopf bequem ausbalanciert auf dem Boden. Wird er zur Seite gedreht, zeigt die Nase nach rechts oder links statt nach oben zur Decke. Die Drehung ermöglicht uns, unseren Kopf verneinend zu schütteln. (*Sollte der Kopf im Ruhestand mehr zur einen oder anderen Seite zeigen, weisen Sie die betreffende Person an, die Drehung in die entsprechende Richtung zu verstärken.)*

Kopf, Neigung

Wenn ihr von der Spitze des Kopfes nach unten zu Nase und Kinn eine Linie zieht, sollte diese weiter durch die Mitte des Körpers verlaufen. Zeigt das Kinn zur einen oder anderen Seite? (*Wenn das der Fall ist, sollten Sie die betreffenden Teilnehmer anweisen, genau diese Drehung zu verstärken.*)

Nacken

Die meisten Menschen sind im Nacken verspannt. Wenn sie mit einem Kissen unter dem Kopf auf dem Boden liegen, sollten sich die Gesichtsflächen, das heißt Stirn, Wangen und Kinn, parallel zum Boden befinden. Ist das Kinn höher als die Stirn, ist der Nacken mit Sicherheit verspannt. Wenn ihr eure Kopfhaltung ändert, damit eure Gesichtsflächen parallel zum Boden liegen, und der Nacken verspannt sich, ist er zu stark gekrümmt. Verstärkt diese Nackenhaltung, wenn das für euch zutrifft, und fügt diese Haltung der Neigung und der Drehung eures Kopfes hinzu. Wenn ihr die Abweichungen in Nacken und Kopf betont, könnt ihr gut herausfinden, ob ihr auch Kiefer, Lippen und Zunge anspannt. (*Sollte das der Fall sein, weisen Sie die Teilnehmer an, sämtliche Verspannungen zu verstärken und sich dann zu entspannen.*)

Schultern

Bei den Schultern gibt es mehrere Dinge zu bedenken. Erstens sollten beide Schulterblätter in gleicher Weise den Boden berühren und den gleichen Abstand zu den Ohren haben. Meistens können die Menschen spüren, ob sie ihre Schultern zu den Ohren hochziehen. Manche beugen sie auch nach vorn Richtung Brustkorb oder drücken sie zurück, so dass ihr Brustkorb vorsteht. Vielleicht ziehen sie auch nur eine Schulter hoch. (*Achten Sie auf all diese Möglichkeiten, und weisen Sie die Teilnehmerinnen und Teilnehmer an, abweichende Schulterhaltungen zu verstärken und sie den Verspannungen von Kopf und Nacken hinzuzufügen, um sich anschließend zu entspannen.*)

Arme

Die Arme sollten parallel zur Wirbelsäule an den Seiten liegen und die Handflächen nach unten zeigen. (*Wenn die Arme sich vom Körper wegdrehen, so dass die Handflächen den Boden nicht berühren, weisen Sie die Person an, die Hand-*

flächen zum Boden zu drehen, um den Raum zwischen Handflächen und Handgelenken und dem Untergrund zu spüren.) Die Ellenbogen sollten im gleichen Abstand von der Mittelachse des Körpers weg und mehr oder weniger Richtung Boden zeigen. Die Arme sollten an den Ellenbogen nicht abknicken, sondern von den Schultern bis zu den Fingerspitzen eine gerade Linie bilden. Sämtliche Abweichungen sollten verstärkt werden.

Brustkorb

(*Weisen Sie die Teilnehmer an, ihre Aufmerksamkeit zum Brustkorb zu lenken.*) Die Rippen sind wie Finger, die an der Wirbelsäule befestigt sind. Sie greifen nach vorn und fügen sich dort wieder zusammen, ausgenommen die freistehenden Rippen im unteren Bereich des Brustkorbs. Wenn wir einatmen, öffnen sich die Finger, um mehr Luft hereinzulassen, und mit dem Ausatmen schließen sie sich wieder. Das ist eine ganz subtile Bewegung. Die Rippen sollten in alle vier Richtungen beweglich sein, das heißt nach hinten, nach vorne und nach beiden Seiten. Achtet darauf, ob sich beim Atmen sämtliche Rippen bewegen. (*Weisen Sie die Teilnehmer an, tief einzuatmen, um herauszufinden, ob sich nach dem Einatmen ein befriedigendes Gefühl einstellt wie beim Gähnen oder der Brustkorb sich verspannt. Achten Sie auch darauf, ob der untere Brustkorb sich Richtung Boden bewegt.*) Viele Menschen halten den Atem in diesem Bereich fest, so dass ihr Brustkorb sich vorwölbt. Es ist wichtig, darauf zu achten. Der Atem sollte auch in den Bauch fließen, denn das Zwerchfell dehnt sich nach unten. Es ist kein leichtes Unterfangen, die Abweichungen im Brustkorb zu verstärken. (*Weisen Sie die Teilnehmer an, die neu wahrgenommenen Spannungen bewusst zu intensivieren und sie den bereits entdeckten hinzuzufügen.*)

Wirbelsäule

Die Wirbelsäule zu spüren ist schwierig, denn wir müssen sie von innen visualisieren. Achtet darauf, ob eure Wirbelsäule in ihrer ganzen Länge als gerade Linie verläuft oder an manchen Stellen nach rechts oder links wegknickt. Überprüft sie auch auf mögliche Verdrehungen in die eine oder andere Richtung. Wenn die Wirbelsäule verdreht ist, liegen Gesäß oder Schultern nicht gleichmäßig verteilt auf dem Boden; eine Gesäßhälfte oder Schulter fühlt sich dann schwerer an. Die leichtere Hälfte zieht sich vom Boden zurück und ist deshalb verspannt. Das Kreuz muss den Boden nicht berühren, aber der Abstand sollte nicht zu groß sein. Wenn ihr eure flache Hand unter das Kreuz gleiten lasst, solltet ihr Boden und Wirbelsäule gleichzeitig spüren können. Wenn zwischen Hand und Rückgrat zu viel

Raum ist, solltet ihr das Hohlkreuz betonen und diese Haltung den bereits aufgespürten Abweichungen hinzufügen.

Becken

Mit der Erforschung des Beckens haben wir bereits begonnen, als wir überprüften, ob die Wirbelsäule verdreht ist. (*Weisen Sie die Teilnehmerinnen und Teilnehmer noch einmal an, auf ihr Gesäß zu achten. Wenn eine Gesäßhälfte sich schwerer anfühlt, sollte die entsprechende Haltung verstärkt werden.*)

Beine

Eine Möglichkeit, die Haltung der Beine zu überprüfen, besteht darin, sie aufzustellen, so dass die Füße Kontakt mit dem Boden haben und die Knie zur Decke zeigen. So könnt ihr herausfinden, ob ihr die Tendenz habt, die Knie zusammenzuklappen, sowie ihr die Beine aufstellt. Wenn das zutrifft, sind die inneren Oberschenkelmuskeln verspannt. (*Weisen Sie die entsprechenden Personen an, diese Spannung zu verstärken, indem sie ihre Knie zusammenpressen.*)

Achtet darauf, wie die Füße auf dem Boden stehen. Zeigen sie geradeaus? Die Zehen sollten leicht auf dem Boden ruhen und sich weder in den Untergrund krallen noch von ihm wegstreben. Die Fußmitte strebt aufgrund der entsprechenden Wölbung leicht vom Boden weg. Achtet darauf, ob der Fuß sich flach an den Boden drückt oder die Wölbung zu stark ist. Die Beine immer noch aufgestellt, verstärkt sämtliche abweichenden Körperhaltungen, die ihr gerade entdeckt habt. (*Weisen Sie die Teilnehmer dann an, die Beine auszustrecken, die Spannungen zu halten und sämtliche weiteren Anspannungen im Körper bewusst hinzuzufügen.*)

Weichteile

Nachdem jetzt alle Gelegenheit hatten, die Beziehung ihres Knochenbaus zur Schwerkraft und zur Mittelachse des Körpers zu erforschen, wenden wir uns als nächstes den Weichteilen im Körper zu. Die Verspannungen in diesen Körperbereichen ergänzen das, was ich als »Körperanpassung« bezeichne. Im Laufe unseres Heranwachsens haben wir versucht, unseren Körper den verschiedenen Anforderungen anzupassen. Nur so konnten wir Situationen bewältigen, die wir andernfalls vielleicht nicht überlebt hätten. Das ist jedoch Vergangenheit. Die »Anpassung« ist überholt, und wir müssen herausfinden, wie weit wir bereit sind, sie loszulassen.

Der erste Schritt in Richtung Körperanpassung besteht meistens in dem Versuch, unseren Atem zu manipulieren. Dies ist eine der ersten Formen von Manipulation, die Kleinkinder sich aneignen, um eine gewisse Kontrolle über sich und ihre Eltern auszuüben. Wenn das Kind plötzlich blau anläuft, kommen die Eltern angelaufen. Diese Kontrolle weitet sich auch auf angrenzende Körperbereiche aus. Die Bewegungen des Zwerchfells wirken sich aus auf den Magen, die Kehle und die Zunge und in bestimmten Fällen sogar auf die Genitalien und das Rektum. Diese weicheren, empfindsameren Körperteile werden bereits von unseren ersten Versuchen der Selbstkontrolle in Mitleidenschaft gezogen. Häufig besteht zwischen dem Festhalten im Bereich des Knochenbaus und der Kontrolle der Weichteile im Körper ein Zusammenhang. Die Abweichungen im Skelett sind leichter zu entdecken. Wenn wir jedoch den Knochenbau durch Verstärken abweichender Haltungen erspüren, nehmen wir auch direkter wahr, wie wir die Weichteile kontrollieren, das heißt Genitalien, Rektum, Unterleib, Magen, Kehlkopf, Augen, Gesicht und Zunge.

Nehmt jetzt die Haltung eurer Körperanpassung ein, indem ihr sämtliche Verspannungen im Körper von Fuß bis Kopf übertreibt: Beginnt mit den Füßen, dann folgen Beine, Becken, Kreuz, Knicke und Verdrehungen der Wirbelsäule, Brustkorb, Schultern, Arme, Hände, Hals, Neigung und Drehung des Kopfes, Kiefer, Lippen und Zunge. Haltet diese Position, und achtet dabei auf die empfindsameren Weichteile im Körper. Wie nehmt ihr eure Genitalien wahr? Spannt ihr sie an? Wenn ja, verstärkt diese Spannung. Und ebenso das Rektum. Wenn ihr das Gefühl habt, das Rektum zusammenzuziehen, übertreibt das. Haltet ihr im Unterleib fest? Im Magen? Im Kehlkopf? In der Zunge? Teile eures Gesichtes? Die Augen? Die Augenbrauen? Die Kopfhaut? Wenn ja, übertreibt die Verspannung der entsprechenden Körperteile, haltet sie dort fest, spürt hinein – und dann nehmt einen tiefen Atemzug und lasst mit einem lauten Geräusch alle Spannungen los. Wiederholt dieses geräuschvolle Loslassen ein paarmal. Lasst euch dann zu Boden sinken und entspannt euren Körper so weit wie möglich.

Wenn Emotionen hochkommen, schenkt ihnen eine Weile eure Aufmerksamkeit. Meditiert dann darauf, was diese Haltung bedeutet. Was tut der Oberkörper? Was der Unterkörper? Was drückt euer gesamter Körper aus? Nehmt euch etwas Zeit, diesen Fragen nachzugehen. Wenn ihr so weit seid, rollt euch auf eure linke Seite, bevor ihr aufsteht. (*Die Partner können die am Boden liegende Person massieren oder leicht schaukeln, damit verbliebene Spannungen sich lösen.*)

Der Dämon
Übung 3: Das Schlachtfeld malen

An die Reisenden

Nimm ein Blatt Papier zur Hand. Erinnere dich an deine Körperanpassung und zeichne eine Strichfigur, die auf vereinfachte Weise zeigt, wie du deine Beine und Arme hältst, ob deine Hände oder Zehen sich krallen, wie du deinen Brustkorb hältst und wie dein Kopf auf dem Hals sitzt – mit anderen Worten, zeichne eine Strichfigur, die deinen gesamten Körperaufbau zeigt. Versuche mit einfachen, geraden Linien so viel wie möglich zu verdeutlichen. Diese simple Zeichnung ist nur für dich; sie soll nicht im Louvre hängen, sondern dir eine Vorstellung davon vermitteln, wie du mit deiner Körperstruktur bislang verfahren bist.

Ruf dir als Nächstes ins Gedächtnis, wo im Körper du, auf dem Boden liegend, die größten Spannungen wahrgenommen hast. Nimm einen farbigen Stift, sagen wir, einen grünen, und markiere diese Bereiche bei deiner Strichfigur. Wenn du unter chronischen Schmerzen leidest oder Schmerz empfandest, während du deine Körperanpassung verstärkt hast, kennzeichne die entsprechenden Körperteile mit einer weiteren Farbe. So könntest du dich zum Beispiel in der rechten Körperhälfte sowie zwischen den Augen und im Nacken verspannt fühlen. Und vielleicht stellst du fest, dass du auch in der Mitte des Brustkorbs und in den Lenden Schmerzen hast. Schmerzen und Verspannungen müssen nicht zwangsläufig im selben Körperbereich auftreten.

Für die Bereiche, wo du gar nichts gefühlt oder höchstens ein leichtes Prickeln wahrgenommen hast, nimm eine dritte Farbe, vielleicht Blau, und markiere damit diese »tauben« Stellen. Es gibt durchaus Bereiche im Körper, in denen wir überhaupt keine Empfindungen haben. Ich meine nicht die Körperteile, die sich gut anfühlen, sondern die, wo du gar nichts spürst. Häufig haben Menschen die Tendenz, ihre Empfindungen im Beckenbereich abzutöten.

Es ist wichtig, dass du ein Gespür dafür bekommst, wo du äußerst verspannt bist, wo du die intensivsten Empfindungen wahrnimmst, die wir als Schmerz bezeichnen, und wo du so gut wie gar nichts spürst. Fertige eine entsprechende Zeichnung deines Körpers an, und gib der fertigen Zeichnung den Titel »Das Schlachtfeld«. Denn auf diesem Gelände tobt der Kampf zwischen der Seite in dir, die sich ausdrücken möchte, und der Seite, die festhält. Das Schlachtfeld ist der Ort der Auseinandersetzung zwischen der heldenhaften Seite, die losgehen und ihr Ziel erreichen will, und dem Dämon-Saboteur, der Kontrolle ausübt und dem Helden den Weg versperrt.

Der Dämon
Übung 4: Der Standpunkt

An den Begleiter

■ Diese Übung, bei der Menschen ihren Standpunkt erfahren, ist nicht von zentraler Bedeutung, gibt den Teilnehmerinnen und Teilnehmern aber Aufschluss darüber, wie ihre Körperhaltung ihre Sicht der Welt beeinflusst. Ich mache diese Übung sogar in kurzen Wochenendworkshops, weil ich sie für wertvoll halte. Sollten Sie sich auch dazu entschließen, ist es wichtig, dass Sie der Gruppe die folgenden Informationen vorher geben, denn bei der Übung kann es so laut werden, dass Ihre Anweisungen in dem Lärm untergehen.

An die Reisenden

Nachdem ihr erfahren habt, wie euer Knochenbau sich im Liegen zur Schwerkraft verhält, werdet ihr entdecken, wie der angepasste Körper aufsteht, sich durch den Raum bewegt und wie ihr euch fühlt, wenn ihr euch mit anderen Menschen in dieser ungewöhnlichen Haltung austauscht. Das wird euch helfen, herauszufinden, wie eure Körperhaltung euren Standpunkt beeinflusst. Die intellektuelle Sicht der Welt ist im Grunde eine Widerspiegelung der Art und Weise, wie unsere Augen die Welt sehen.

Nachdem ihr eure eigene Körperanpassung durch Verstärkung karikiert habt, erfahrt ihr jetzt, wie eure Augen, beeinflusst von eurem Körperpanzer, die Welt betrachten.

(*In einer Gruppe:* Deine Welt besteht in diesem Augenblick aus den anderen Menschen im Raum. Vielleicht verspürst du den Wunsch, sie um Hilfe zu bitten; oder du findest die anderen abstoßend und möchtest dich von ihnen abwenden. Es kann auch sein, dass du nach ihnen schlagen oder greifen möchtest. Erlaube dir einfach, deine Körperanpassung in Beziehung zu anderen zu erleben.)

Während ihr mit dem Gefühl in Kontakt kommt, das im Augenblick in euch vorherrscht, versucht ein Wort oder einen Satz zu finden, der es zum Ausdruck bringt, wie: »Bleib mir vom Hals«, »Komm näher« oder »Du ekelst mich an.« Dieser Satz ist eine grundlegende Äußerung über die Sicht der Welt, die euer Alltagsleben prägt. Vielleicht bekommt ihr das nicht ständig zu spüren, aber dieser Standpunkt färbt eure Einschätzung von Menschen und Situationen und beeinflusst ebenfalls eure Herangehensweise. Und diese Sichtweise ist eine Widerspiegelung eurer Körperhaltung. Wenn ihr diese Haltung ändert, verändert sich auch eure Sicht der Welt.

Steht jetzt auf und betrachtet das Bild eures Schlachtfelds. Nehmt euch ein paar Augenblicke Zeit und versucht, diese Haltung im Stehen einzunehmen, ohne euch dabei anzustrengen. Vielleicht sieht sie ein wenig anders aus als auf dem Boden, weil eure Beziehung zur Schwerkraft jetzt eine andere ist. Eure Füße stehen wahrscheinlich anders auf der Erde. Spürt, wie ihr euren Körper bewegen müsst, um diese Position im Stehen einnehmen zu können. Nehmt dann einen tiefen Atemzug und kommt zurück in die Nullposition, die ihr vom Narrentanz kennt. Während ich von 0 bis 7 zähle, bewegt euch allmählich und fließend von eurer Nullposition zur Haltung eures Schlachtfeldes. Kommt langsam von Null zum Zenit – der Haltung eures Schlachtfeldes im Zustand höchster Intensität dieser Art von Schmerz. Zähle 0-1-2-3-4-5-6-7, Zenit, halte die Position und kehr dann zu Null zurück, indem du rückwärts zählst: 7-6-5-4-3-2-1-0. Nun schüttle deinen Körper aus. Bei dieser Meditation geht es darum, von der völligen Entspannung in die Nullposition zu gehen, sich von hier zum Zenit zu bewegen und wieder zurückzukommen.

Die nächste Phase der Meditation besteht darin, sich noch einmal von Null zum Zenit zu bewegen und auf dem Zenit den Rhythmus eures Atems wahrzunehmen. Liegt die Betonung auf dem Ausatem oder dem Einatem? Gebt beim Atmen Geräusche von euch, um das herauszufinden. Atmet in der Zenit-Position und lasst die Töne einfach kommen. Bleibt eine Weile dabei, damit ihr ein Gefühl für euren Atemrhythmus bekommt, und dann bewegt euch noch einmal von sieben rückwärts zu Null und löst euch aus der Haltung eurer Körperanpassung. Also 0-1-2-3-4-5-6-7, halten. Auf den Atem achten. Töne kommen lassen. Die Töne verstärken. Spüren, welches Gefühl sich in dem Ton äußert. Dann die Haltung lösen, 7-6-5-4-3-2-1-0, und ausschütteln.

Dieses Mal werden wir unseren Spaß haben! Dies ist unsere Körperanpassung, unser Trauma, unser Drama – warum es nicht genießen? Wir werden uns von Null zum Zenit bewegen, wie wir es bereits getan haben; wir werden Töne kommen lassen und nachspüren, welche Gefühle unsere Körperanpassung auslöst. Versucht nach einer Weile, euch im Raum zu bewegen. Öffnet eure Augen ein wenig, um nirgendwo anzustoßen. Findet heraus, welche Bewegungen ihr trotz der merkwürdigen Haltung eurer Beine und Füße machen könnt. (*Einzelreisende können die folgende Übung vor einem Spiegel machen.*)

In einer Gruppe

Gleich werde ich sagen: »Öffne deine Augen und beweg dich im Raum.« Folge dieser Aufforderung, aber schau die anderen dabei nicht an. Später werde ich euch die Anweisung geben, euch miteinander auszutauschen. Jetzt bleibt bei euren Tönen und Bewegungen, öffnet aber eure Augen und beginnt, euch anzuschauen. Spürt, welche Gefühle dabei hochkommen. Fangt an, nach Worten zu suchen, die diese Gefühle zum Ausdruck bringen. Die Worte, die euch einfallen, sind eine Verkörperung eures Standpunkts.

Wenn sie anfangen, sich anzuschauen, brechen die Teilnehmerinnen und Teilnehmer häufig in Lachen aus. Verstärkt euer Lachen oder Lächeln, wenn das geschieht, übertreibt es, zieht eine Grimasse und lasst diese zum Bestandteil eurer Körperanpassung werden. Manche Leute lächeln einfach immer; so drückt ihr Körperpanzer sich im Mundbereich aus.

Beginnt mit der Nullposition. Entspannt euren Körper und bewegt euch von Null zum Zenit, wobei ihr bis sieben zählt: 1-2-3-4-5-6-7, Zenit, haltet die Position; achtet auf euren Atem, lasst Töne kommen und bleibt mit eurer Aufmerksamkeit beim Atem und bei den Tönen. Findet heraus, welche Bewegungen ihr machen könnt. Beginnt, euch im Raum zu bewegen. Öffnet langsam eure Augen, aber schaut euch gegenseitig nicht an. Bewegt euch durch den Raum. Spürt, was ihr dabei fühlt.

Schaut euch noch nicht an. Bleibt mit eurer Aufmerksamkeit nach innen gerichtet und nehmt euch von innen wahr. Fahrt fort, Laute entstehen zu lassen. Jetzt beginnt, euch gegenseitig anzuschauen. Achtet auf die Emotionen, die hochkommen, während ihr euch in die Augen schaut. Lasst Worte kommen. Lasst zu, dass die Laute, die eure Stimme hervorbringt, und der Impuls zu bestimmten Bewegungen sich umwandeln in Worte. Tauscht jetzt diese Worte mit anderen aus. Fangt keine Dialoge oder Gespräche an, sagt euch einfach eure Sätze und bewegt euch weiter durch den Raum. (Fahrt etwa fünf Minuten so fort.) Stopp – 7-6-5-4-3-2-1-0 – und schüttelt euren Körper aus.

An den Begleiter

■ Nehmen Sie sich etwas Zeit, die Äußerungen oder Sätze, die die Gruppenmitglieder gefunden haben, zu besprechen, und helfen Sie ihnen, herauszufinden, wie diese Worte mit ihrer alltäglichen Sicht der Welt zusammenhängen. Das Gespräch über diese Standpunkte kann den Teilnehmerinnen und Teilnehmern helfen zu klären, was diese Sichtweisen körperlich für sie bedeuten und was sie in ihrem Leben anders machen könnten.

An die Reisenden

Solltest du zum Beispiel feststellen, dass du »Nein« sagst, kannst du dich fragen, ob du in deinem Leben andere Menschen verneinst oder es ablehnst, dich auf andere einzulassen. Wenn du sagst, »Hilf mir«, stellt sich die Frage, ob du dich in Beziehungen oft bedürftig fühlst. Nimm dir etwas Zeit, herauszufinden, welcher Zusammenhang zwischen deiner Körperhaltung und deinem Verhalten im Leben und zu anderen Menschen besteht. Es kann schockierend sein zu entdecken, dass du dich völlig anders darstellst und äußerst, als du in Wirklichkeit meinst und willst. So kann jemand zum Beispiel glauben, dass er zum Ausdruck bringt: »Liebe mich«, während er anderen tatsächlich vermittelt, »Hilf mir« oder sogar »Komm mir nicht zu nahe«.

Wenn dir dieser Standpunkt bewusst wird, kannst du anfangen, ihn zu ändern. Einem Menschen, der sich nicht darüber im Klaren ist, was er nach außen trägt, kann das Leben als ständige Tragödie erscheinen. Wenn du aber spürst, dass dein Körper in einer neuen Situation spontan den Panzer anlegt, den du gerade entdeckt hast, dann kannst du damit aufhören und etwas dagegen unternehmen. Du kannst dich Situationen anders nähern und Schritte unternehmen, um einen anderen Standpunkt zu entwickeln.

An den Begleiter

■ Bei diesem Gespräch kann in der Gruppe viel hochkommen. Es ist wichtig, den Teilnehmerinnen und Teilnehmern Zeit zu lassen, diese Themen in Kleingruppen zu verarbeiten. Aber achten Sie darauf, dass nicht die ganze Zeit für die Verarbeitung individueller Themen draufgeht oder Sie als Begleiter schließlich eine Einzelsitzung mit einer Person machen, während die anderen warten müssen. Das Hauptaugenmerk liegt darauf, den Dämon zu gestalten. Wenn jemand in einen emotionalen Prozess gerät, sollten Sie ihm Raum dafür lassen, ohne diese Person zum Gruppenstar zu machen. Manche Menschen, die viel Erfahrung mit Primärtherapie oder Bioenergetik haben, neigen dazu, sich mit emotionalen Blockaden ausführlichst zu beschäftigen. Ebenso wichtig, wie Zeit für die Verarbeitung zu lassen, ist es, dass Sie weitergehen.

Bei diesem Prozess bauen die einzelnen Übungen aufeinander auf. Am besten machen Sie den gesamten Ablauf, von der Erforschung des Körperpanzers (mit dem Sie gerade gearbeitet haben) bis zur Gestaltung des Dämons, in einem Durchgang. Wenn sie den Tag abschließen, ohne die zurückgehaltenen Energien aufgelöst zu haben, schlafen die Gruppenmitglieder wahrscheinlich schlecht und haben beim Aufwachen noch mehr Widerstände. Wenn sie sich jedoch von der Erforschung des Körperpanzers bis zur Gestaltung des Dämons vorarbeitet, erlebt die Gruppe nicht nur, wie die Energien sich stauen, sondern kann sich im Laufe des Tages auch von Blockaden befreien. Ich weiß, dass einige Therapeuten lieber darauf hinarbeiten, die Spannungen nicht aufzulösen, sondern bis zum nächsten Morgen zu halten. Aber die Dynamik dieses Prozesses macht es ratsam, dass wir ihn vor dem Schlafengehen abschließen.

Umkehrung der Retroflexion

An die Reisenden

Die Übung, in der ihr euch anderen zugewendet und dann gestoppt habt, war vom aktiven Impuls von Zuneigung und Zärtlichkeit geprägt. Aber dieser Impuls wurde durch den Prozess der Retroflexion blockiert. Jede nicht entladene Energie, die wir zu lange im Körper halten, wird schädlich, und der oder die Betroffene beginnt, sich zum Opfer zu machen. Mit unseren inneren Kontrollmechanismen imitieren wir die Form der Selbstkontrolle, die unsere Eltern, Lehrer und andere Bezugspersonen uns beigebracht haben. Wenn wir verspottet wurden, neigen wir dazu, uns selbst zu verspotten. Hat man uns ständig kritisiert, üben wir häufig Selbstkritik. Verlief unsere Erziehung überwiegend schweigsam, verschließen wir uns häufig vor uns selbst. Und während wir die Kontrolle fortsetzen, verstärkt sich das Verhaltensmuster und wird schädlich, ja, fast selbstzerstörerisch. Wir werden zu Opfern unserer eigenen Kontrollmechanismen.

Wir sagen, »Ich habe Kopfschmerzen« und nicht »Ich setze mich im Kopf unter Druck«, was genauer wäre, auch wenn es merkwürdig klingen mag. Vielleicht verhindere ich Gedanken, die ich nicht zum Ausdruck bringen möchte, aber der Punkt ist, dass ich das selbst tue. Das ist schwierig zu erkennen, denn ursprünglich kam der Impuls, mich an andere zu wenden, von innen und das Stopp von einer anderen Person. Dann habe ich angefangen, mich selbst zu bremsen, die Macht, das zu tun, jedoch weiterhin nach außen projiziert: »Mutter hat mir das verboten.« Ich musste mich zurücknehmen, um zu überleben. Der Schmerz (ob real oder eingebildet), ständig von Mutter gebremst zu werden, war für mich unerträglich. Und trotzdem identifiziere ich mich nicht mit der Quelle der Kontrolle, sondern mit deren Opfer, mit dem, der leidet: »Ich Armer«. Also spiele ich das beliebteste Spiel weit und breit, das Spiel »Ich Armer« – »Ich Armer, keiner versteht mich. Meine Frau nörgelt an mir herum, der Chef lobt mich nicht, ich Armer!« Und dann geht dieser »Arme« auf eine andere »Arme« zu, die sagen kann: »Ach ja, du Armer, das Leben ist schwer« – und die ihm keine Zuneigung, sondern Verachtung entgegenbringt. Menschen halten an diesem Spiel fest, weil sie sich überlegen fühlen, wenn sie mit leichter Verachtung sagen können: »Du Armer.« Später können wir die Rollen tauschen, und sie können auf mich herabsehen. Vielleicht sprechen wir von Freundschaft oder Leidenschaft oder finden noch edlere Namen, die völlig an der tatsächlichen Dynamik zwischen uns vorbeigehen.

Je weniger ich mit dem Kontrolleur identifiziert bin, desto stärker projiziere ich ihn nach außen und desto dringender brauche ich einen anderen Menschen, der für mich das Monster spielt, damit ich mich in meinem Leben als armes, bedauernswertes und leidendes Opfer fühlen kann.

Retroflexion heißt das zurückzuhalten, was sich äußern will. Um diesen Mechanismus zu verändern, müssen wir ein Verfahren anwenden, das in der Gestalttherapie als »Reversion der Retroflexion« bezeichnet wird. Statt mir selbst etwas anzutun, tue ich es einem Kissen an. Statt mein Bedürfnis, mich für mich einzusetzen, abzuwürgen, würge ich das Kissen. Mit derselben Kraft, mit der ich mich innerlich behindere, bearbeite ich jetzt das Kissen und lenke dabei den Energiefluss in die entgegengesetzte Richtung. Das, was du dir selbst antust, möchtest du eigentlich einem anderen Menschen antun, aber das wäre zu gefährlich. Der andere könnte dir seine Liebe entziehen oder zurückschlagen. (Ich empfehle jedoch, diesen Prozess nicht mit Menschen durchzuspielen, sondern lediglich mit Kissen.)

Um die Gestalt des Dämons zu entwickeln, müssen wir uns mit dem Kontrolleur statt mit dem Opfer identifizieren. Statt das Opfer von Kopfschmerzen zu sein, werden wir zu deren Ursprung, zu demjenigen, der sie verursacht. Statt unter unserem verkrampften Körper zu leiden, werden wir zu demjenigen, der ihn verkrampft. Durch Umkehrung der Retroflexion gewinnen wir das Material für die Gestaltung des Dämons.

Wenn wir Schauspielerinnen oder Schauspieler wären und ein Stück aufführen wollten, müssten wir die Gestalt des Kontrolleurs genau umreißen. Die besten Schauspieler finden den Stoff für ihre Rolle in sich selbst. Die folgende Übungsreihe soll dir helfen, die Rolle zu entdecken. (*Einzelreisende können die folgende Übung machen, indem sie das Gegenüber durch ein Kissen ersetzen, Sie können aber auch zu der alternativen Dämon-Übung 7 übergehen – Umkehrung der Retroflexion: Kurze Form.*)

Was aber kontrolliert der Kontrolleur? Das, was sich äußern will. Wir werden diesen Impuls, sich zu äußern, das »Spontane Kind« nennen. Der Kontrolleur kontrolliert unsere Spontaneität. Um die Gestalt des Kontrolleurs zu entwickeln, müssen wir uns also auch die Gestalt des Spontanen Kindes verdeutlichen.

Dies ist sowohl die einfachste als auch die komplexeste Phase des Workshops. Hier haben die Teilnehmer die größten Verständnisschwierigkeiten. Der Grund dafür liegt zum Teil darin, dass der Dämon unbewusst bleiben will; denn wenn er uns bewusst wird, ist er kein Dämon mehr. Dann kann er für statt gegen dich arbeiten. Deshalb müssen wir bei diesem Prozess besonders sorgfältig vorgehen, Schritt für Schritt. Vergewissere dich also, dass du die jeweils anstehende Phase verstanden hast, bevor du zur nächsten übergehst.

Der Dämon
Übung 5: Drehbücher schreiben

Nimm ein Blatt Papier zur Hand und zieh in der Mitte eine senkrechte Linie. Auf der einen Seite wirst du die Gestalt des Kontrolleurs skizzieren und auf der anderen die des Spontanen Kindes. Jetzt teile jede Blatthälfte noch einmal in zwei gleiche Hälften. Beim Kontrolleur lauten die beiden Überschriften »Tätigkeiten« und »Drehbuch« und beim Spontanen Kind »Reaktionen auf Kontrolle« und »spontane Impulse«. Du wirst jeweils zu einer Überschrift arbeiten und mit den »Tätigkeiten« des Kontrolleurs beginnen. Zeichne zwei Pfeile, die aufeinander zeigen: Der eine verläuft vom Kontrolleur zum Spontanen Kind und der andere vom Spontanen Kind zum Kontrolleur. Schreib nun unter den Pfeil des Kindes »sich an andere wenden« und unter den Pfeil des Kontrolleurs »Stopp«, um die frühere Übung im Hinterkopf zu behalten.

An den Begleiter

■ Vergewissern Sie sich, dass die Teilnehmer jede Phase dieser Übung verstehen. Das bedeutet natürlich, dass Sie selbst den Ablauf gründlich verstanden haben müssen.

1. Der Kontrolleur: Tätigkeiten

An die Reisenden

Finde einen Platz im Raum, nimm dir ein Kissen und such dir (wenn du in der Gruppe arbeitest) eine Partnerin oder einen Partner. Beginne mit der Übung, indem du die Position deiner Körperanpassung einnimmst, sie hältst und dich auf das Kopf-Hals-Segment konzentrierst. Spüre, was dort vor sich geht. Sprich nicht darüber. Erlebe diesen Körperbereich.

Wenn du allmählich ein Gespür dafür bekommst, was du dir antust, dann nimm dir ein Kissen und tu ihm das Gleiche an. Verfahre mit dem Kissen genauso, wie du mit dir selbst verfährst. Lass auch Töne raus, um die emotionale Aufladung deines Verhaltens zu spüren. Stell dir vor, das Kissen wäre dein Kopf. Bearbeite es mit Händen und Armen, damit es sich anfühlt wie dein Kopf. Gib dabei auch Töne von dir. Werde lauter und lass aus den Tönen Worte werden. Sprich zu deinem Kopf mit der emotionalen Aufladung, die du in dir entdeckt hast. Dein Partner schreibt auf, welche Tätigkeiten du formulierst. Zum Beispiel: »Ich drücke dich zusammen. Ich erwürge dich. Ich ersticke dich.« Geh auf diese Weise sämtliche Hauptsegmente deines Körpers durch (Kopf, Brustkorb, Becken, Beine). Finde Worte, die beschreiben, was du dir gerade antust. Vielleicht taucht dasselbe Wort immer wieder auf, denn häufig tun wir uns in sämtlichen Körperbereichen das Gleiche an. Such nach Worten, die emotional gefärbt sind, wie würgen, ersticken, verbiegen, zusammenquetschen, drängen, Augen zuhalten. Finde passende Worte für die Verspannungen in den Hauptsegmenten deines Körpers. So erhältst du eine Beschreibung der körperlichen Vorgehensweisen des Kontrolleurs. Vereinfache die Beschreibung, indem du dich auf fünf Worte beschränkst.

In einer Gruppe

Nachdem du deine verspannten Körperbereiche durchgegangen bist, steh auf und versuche, den Körper deines Partners in die Position deiner Körperanpassung zu bringen und so zu halten. Das wird nicht leicht sein. Du musst dazu deine Hände, Arme und Beine benutzen, um den Partner in dieser Position zu halten. Du bist jetzt für einen Augenblick dein eigener Kontrolleur geworden. Finde einen Satz, der umfassend zum Ausdruck bringt, was du tust, um den Körper deines Partners in diese Anpassungsposition zu zwingen. Hältst du ihn fest? Drückst du ihn zusammen? Biegst du ihn zurecht? Finde Worte, die das, was du tust, zusammenfassen, und sprich sie dann aus.

Entdecke so, was der Kontrolleur konkret tut, und schreib diesen Satz unter das Wort »Tätigkeiten« in die Spalte für den »Kontrolleur«.

2. Das Spontane Kind: Reaktionen

In der nächsten Phase geht es um die Entwicklung der Gestalt des Spontanen Kindes. Durch die Tätigkeit des Kontrolleurs – erwürgen, festhalten, drücken – werden Energien zurückgehalten, die nach außen dringen wollen. Das Kind zeigt zwei Verhaltensweisen; erstens die Handlungen, die ursprünglich, spontan und grundsätzlich lustorientiert sind – wie berühren, singen, spielen, tanzen, lieben –, und zweitens die Reaktionen auf Kontrolle.

Was tust du, wenn man dich kontrolliert? Das sind die Reaktionen des Spontanen Kindes. Es gibt vier oder fünf mögliche Reaktionen auf Kontrolle. Gibst du auf? Wehrst du dich? Kicherst du? Reißt du Witze? Wie reagierst du auf deine Form der Selbstkontrolle?

In einer Gruppe

Als Kontrolleur hast du gerade deiner Partnerin oder deinem Partner angetan, was du dir selbst antust. Bitte deinen Partner jetzt, mit dir so zu verfahren, wie du mit ihm verfahren bist, und reagiere auf sein Verhalten. Vielleicht musst du mehrere Anläufe nehmen, um genau herauszufinden, wie deine Reaktionen aussehen. Schreib sie unter die Überschrift »Reaktionen auf Kontrolle«.

3. Das Spontane Kind: Spontane Verhaltensweisen

In einer Gruppe

Dein Partner kontrolliert dich jetzt noch einmal und hält dich dabei lange fest. Wenn er dann loslässt, erforschst du, was du plötzlich ungehindert tun kannst – rennen, singen, tanzen, lachen, Grimassen ziehen.

Nachdem du diese Möglichkeiten konkret ausprobiert hast, schau dir die Tätigkeiten deines Kontrolleurs noch einmal an und frage dich: »Was könnte ich tun, wenn ich mich nicht selbst behindern würde?« Oder: »Was wäre möglich, wenn ich im Genitalbereich nicht festhalten würde?« Spekuliere, welche wunderbaren Möglichkeiten du ungehindert ausprobieren könntest, wenn du dich nicht kontrollieren würdest. Finde heraus, was das Spontane Kind tun könnte, wenn ihm völlige Freiheit gewährt würde. Schreib die entsprechenden Worte in die Spalte mit der Überschrift »Spontane Impulse des Spontanen Kindes«.

Der Kontrolleur: Das Drehbuch

Eine Spalte deines Blattes ist immer noch leer – und zwar die mit der Überschrift »Das Drehbuch« des Kontrolleurs. Hier geht es darum, was der Kontrolleur zum Spontanen Kind sagt, um dessen Spontaneität zu unterdrücken.

Setz dich jetzt mit deiner Partnerin oder deinem Partner zusammen. Schau dir an, wie deine spontanen Impulse aussehen und wie du sie kontrollierst. Finde heraus, was du in Gedanken zu dir sagst, um dich an diesen spontanen Aktivitäten zu hindern. Was sagst du dir zum Beispiel, wenn du auf jemanden ärgerlich bist, deinen Ärger jedoch zurückhältst? Sagst du: »Ach, er hört mir sowieso nicht zu«, »Ich bin doch gar nicht so wichtig, dass ich ihm das sagen kann«, »Das ist einfach nicht nett«, »Sieh dich vor und mach nicht so viel Wind«? Formulierungen wie »ich sollte« und »ich sollte nicht« stammen meistens aus unserer Kindheit, leben aber in uns fort. Heute sagen wir sie uns selbst. Das Drehbuch des Kontrolleurs beschreibt, wie du vorgehst, um wegzudrängen, was sich in dir äußern will, wie du dich in deiner Sexualität behinderst und dich davon abhältst, mit anderen Kontakt aufzunehmen. Wie redest du auf dich ein, um dich in all diesen Bereichen zurückzunehmen? Schreib zehn bis fünfzehn entsprechende Äußerungen in dein Drehbuch. Da sich die beiden Gestalten später austauschen werden, musst du die Sätze, die der Kontrolleur dem Spontanen Kind sagt, als direkte Anrede formulieren. Zum Beispiel: »Du hast kein Recht, das zu tun.«

Der Dämon
Übung 6: Der Kontrolleur und das Spontane Kind: Die Rollen spielen

An Einzelreisende

Die folgenden Übungen sind für eine Gruppe gedacht. Ich empfehle dir aber, den Text durchzulesen, um dich zu informieren, und dann direkt mit der Übung »Umkehrung der Retroflexion: Kurze Form« weiterzumachen.

An den Begleiter

■ Im letzten Abschnitt haben die Teilnehmerinnen und Teilnehmer die Drehbücher für den Kontrolleur und das Spontane Kind geschrieben. Die folgende Übung gibt ihnen Gelegenheit, beide Rollen darzustellen. Dabei spielt eine Person das Spontane Kind der anderen, während die andere ihren eigenen Kontrolleur spielt und ihr Spontanes Kind verbal und körperlich kontrolliert.

Menschen lieben ihr Spontanes Kind. Sie spielen es nicht nur gern, sondern sehen auch gern, wie andere es spielen. Am liebsten aber möchten sie ihr Spontanes Kind selbst spielen und den anderen den Kontrolleur sein lassen. Bei dieser Übung muss ich immer wieder darauf aufmerksam machen: »Denk daran, du spielst deinen eigenen Kontrolleur, und die andere Person spielt dich als dein Spontanes Kind.« Manchmal schlage ich vor, dass die Teilnehmer ihrer Partnerin oder ihrem Partner sagen, wie sie als Kind gerufen wurden. Wenn sie den Kontrolleur spielen, bekommen die Reisenden Gelegenheit zu entdecken, welche Kraft sie aufwenden müssen, um sich selbst zu kontrollieren.

In ihrem Drehbuch haben die Gruppenmitglieder die konkreten Tätigkeiten des Kontrolleurs festgehalten. Arbeitet der Kontrolleur mit Wegdrängen, Abwürgen, Zusammendrücken, Verbiegen, Zwingen? Welche negativen Aktivitäten setzt der Kontrolleur ein, um die Spontaneität des Kindes zu unterdrücken? Jetzt wird der Kontrolleur, ohne die Sicherheitsgrenzen zu verletzen, diese Tätigkeiten so weit wie möglich mit der Person durchspielen, die die Rolle des Spontanen Kindes übernommen hat. Das heißt, zwischen den Teilnehmern muss sich ein gewisses Maß an Vertrauen entwickelt haben, und Sie müssen sich darauf verlassen können, dass die Gruppenmitglieder auf sich selbst achtgeben. Erinnern Sie sie an die Vereinbarung, keine Gewalt anzuwenden und »Stopp« zu sagen, wenn der andere zu weit geht: »Stopp!« bedeutet »Hände weg, halt dich zurück!«

Diese Übung macht großen Spaß, und es geht dabei körperlich hoch her. Sorgen Sie also für entsprechende Sicherheitsmaßnahmen. Ein Kreis aus Kissen oder Matratzen kann den Spielplatz abgrenzen, so dass die Teilnehmer nicht gegen Wände oder Fensterscheiben stoßen. Die Gruppenmitglieder sollten alles ablegen, was verletzen könnte, wie Ringe, Uhren und Schuhe (und auch die Strümpfe, wenn der Boden glatt ist).

Wenn die Gruppe mehr als zwölf Teilnehmer hat, teilen Sie sie. Die eine Hälfte bildet einen Außenkreis und schützt ihn mit Matratzen und Kissen, während die andere im Kreis ihr Spiel spielt. Die Teilnehmer im Außenkreis können zuschauen, und außerdem ist es sicherer, wenn im Kreis nur eine kleine Gruppe arbeitet. Denn im Grunde können Sie Ihr Spontanes Kind nicht kontrollieren. Es spielt, kreischt, schreit, rennt herum, zieht sich aus, sagt und tut, was ihm in den Sinn kommt. Alle Spontanen Kinder sind sich ziemlich ähnlich. Die Teilnehmer, die das Kind der anderen Gruppenmitglieder spielen, spielen also auch ihr eigenes. Der Kontrolleur hat die schwere Aufgabe, diese spontanen Kräfte zu zügeln.

Beginnen Sie die Übung, indem Sie die Partner anweisen, sich für eine Weile zusammenzusetzen. Die Person, die an ihren Themen arbeitet, beschreibt ihr Spontanes Kind. Sie erzählt ihrer Partnerin oder ihrem Partner auch, wie das Kind auf Kontrolle reagiert. Diese Reaktion sieht bei jedem Kind anders aus. Stellt das Kind sich tot? Wehrt es sich? Schlägt es um sich? Schreit es? Erstarrt es? Was tut das Kind, wenn es kontrolliert wird? Nachdem die Teilnehmer dieses Verhalten in ihren Drehbüchern festgehalten haben, setzt die Person, die das Spontane Kind spielt, es jetzt in die Tat um.

Geben Sie der Gruppe ein deutliches Signal, anzufangen (Sie können zum Beispiel eine Glocke läuten). Lassen Sie den Teilnehmern im Kreis drei bis fünf Minuten Zeit, um sich auszutoben. Dann läuten Sie die Glocke noch einmal und rufen: »Und jetzt beginnt der Kontrolleur, Kontrolle auszuüben!« Das bedeutet nicht, dass der Kontrolleur plötzlich die absolute Kontrolle hat; das Kind gibt zunächst nur etwas nach. Lassen Sie die Teilnehmer dieses Spiel für ein, zwei Minuten spielen. Dann läuten Sie die Glocke zum dritten Mal und sagen: »Und jetzt gewinnt der Kontrolleur die Kontrolle.« Allmählich bekommt der Kontrolleur das Spontane Kind völlig in den Griff. Das wird etwas dauern, lassen Sie den Teilnehmern Zeit dafür. Dann läuten Sie zum vierten Mal und bitten sie, aufzuhören mit dem, was sie tun, und in der Haltung zu verharren, in der sie sich gerade befinden. Weisen Sie sie an, sich ihre Haltung bewusst zu machen und zu atmen.

An die Gruppe

Achte auf deine Gefühle, ganz gleich, welche Rolle du spielst. Was empfindest du bei dem, was du gerade tun musstest oder getan hast? Welche Gefühle hast du als Kontrolleur für dein Spontanes Kind? Und wie fühlst du dich als Kind, wenn du so kontrolliert wirst, wie es gerade der Fall war? Überlege als Kind, wie dein Partner dich am wirkungsvollsten kontrollieren konnte. Welches war deinem Gefühl nach die effektivste Form, dich unter Kontrolle zu bekommen?

An den Begleiter

■ Nachdem die Gruppenmitglieder Gelegenheit hatten, über diese Fragen nachzudenken, läuten Sie wieder die Glocke und weisen sie an, sich Feedback zu geben. Anschließend werden die Rollen getauscht. Überprüfen Sie vor jeder neuen Sitzung, ob alle Teilnehmer die richtige Rolle spielen: Die Person, die an ihren Themen arbeitet, spielt den Kontrolleur, ihre Partnerin oder ihr Partner das Spontane Kind. Das Spiel heißt nicht »Eltern und Kind«; beide Partner sind, was Körpergröße und Kraft betrifft, völlig erwachsene Menschen, aber einer vertritt das Spontane Kind und der andere den Kontrolleur ein und derselben Person. Es ist wichtig, dass wir den Kontrolleur nicht mit Mutter oder Vater verwechseln. Bei der Übung geht es nicht um die Beziehung zwischen Eltern und Kind, sondern um den *eigenen* Kontrolleur, der mit Befehlen und Verboten arbeitet, die von sämtlichen Kontrolleuren aus der Kindheit stammen, nicht nur von den Eltern.

Der Dämon
Übung 7: Das Irrenhaus

An den Begleiter

■ Wenn Sie den Teilnehmerinnen und Teilnehmern in der ersten Sitzung mitteilen würden, dass diese Übung vorkommen wird, würden diese die Gruppe wahrscheinlich sofort verlassen! Bei dieser Übung geht es um die Darstellung von Schattenseiten, die wir meistens auch vor uns selbst gut verborgen halten. Unsere Schattenseiten in einer sicheren Umgebung zu zeigen ist deshalb wichtig und wertvoll, weil wir sie dann in unserem Leben nicht ausagieren müssen oder zumindest ein gewisses Maß an bewusster Kontrolle über sie haben. Wenn diese negativen Energien auftauchen, können wir ein ganz reales Gespür dafür bekommen, wie wir unsere Familienangehörigen, Lebensgefährten oder Kinder unbewusst behandeln.

Für Sie als Begleiter ist das ebenfalls eine heikle Angelegenheit. Sie fordern Menschen auf, sich einige der unangenehmsten, geheimsten Aspekte der eigenen Persönlichkeit anzuschauen – und nicht nur anzuschauen, sondern auch noch lustvoll darzustellen. Das macht diese Aufgabe zwar noch heikler, gleichzeitig aber, aufgrund des humorvollen Herangehens, auch leichter. Der Begleiter soll das Gefühl vermitteln, dass dieses Spiel sowohl erlaubt ist, als auch Spaß machen darf. »Es ist völlig in Ordnung, dieses Skelett hervorzuziehen, denn schließlich haben wir alle Leichen im Schrank und spielen nur damit.« Fühlen Sie sich bei dieser Übung unwohl, so überträgt sich das auf die Gruppe, und die Atmosphäre wird bedrückend. Während dieser Übung wächst die Erregung und damit die Energie, mit der wir anschließend den Dämon malen. Sollte sie Ihnen aber wirklich unangenehm sein, lassen Sie sie besser aus. Dann können Sie nach der Arbeit mit dem Spontanen Kind direkt dazu übergehen, den Dämon zu malen.

Diese Übung geht sehr tief und braucht einen schützenden Rahmen, denn jedes Gruppenmitglied wird seinen verrückt gewordenen Kontrolleur spielen. Ich definiere den Kontrolleur als die Seite in uns, die versucht, uns zu zügeln, zu kontrollieren und davon abzuhalten, uns auszudrücken. Der »verrückt gewordene« Teil von uns betrachtet sämtliche anderen Personen im Raum als Menschen, die ebenfalls kontrolliert werden müssen. Wenn jemand zum Beispiel die Tendenz hat, seine Stimme zu kontrollieren, indem er seine Wut herunterschluckt, dann könnte er der »wütende Unterdrücker« oder »Würger« sein, der herumläuft und jeden würgt, der Lärm macht. Wer seine Sexualität unterdrückt, interpretiert jede Beckenbewegung als sexuelle Regung und wird versuchen, sie auch bei anderen zu kontrollieren, auch wenn diese einfach nur durchs Zimmer laufen. Es ist, als wäre der Kontrolleur in uns plötzlich psychotisch geworden.

Geben Sie den Gruppenmitgliedern also Gelegenheit, ihre Besonderheiten aufzuspüren und herauszufinden, wie ihre Art der Kontrolle aussieht, indem sie sich die Frage stellen: Was für ein Mörder oder eine Mörderin bin ich? Und wen bringe ich um? Steht im Drehbuch, dass ihr Kontrolleur würgt, erstickt, wegdrängt, zurechtbiegt, kastriert, belästigt? Was für ein Mörder sind sie, und wen bringen sie um? Jack the Ripper zum Beispiel hat immer nur Prostituierte umgebracht – sexuell aufreizende Frauen. Damit brachte er seine eigene weibliche sexuelle Seite um. Wenn jemand ein Würger ist, was würgt er ab? Das, was Menschen ausdrücken? Intimität? Aufsteigende Wut? Bei dieser Übung betrachten die Teilnehmerinnen und Teilnehmer alle anderen im Raum als Menschen, die kontrolliert werden müssen, und versuchen, diese Kontrolle auszuüben. Damit die Gruppenmitglieder ihre Besonderheiten herausfinden können, bitten Sie sie also, genau darauf zu achten, was sie wem antun.

Erinnern Sie sie noch einmal an das Abkommen, keine Gewalt auszuüben und – falls nötig – »Stopp« zu rufen und diese Aufforderung bei anderen ebenfalls zu respektieren. Führen Sie eine dritte Regel ein, die lautet, dass jeder ein Kissen mit sich herumträgt, an dem der Kontrolleur sich austoben kann. Er verübt seinen »Mord« an dem Kissen, während er die betreffende Person ansieht. Die fällt aber daraufhin nicht tot um. Wir glauben, dass wir uns gegenseitig vernichten, aber das ist nicht unbedingt der Fall. Die anderen fahren einfach fort mit dem, was sie tun. Jeder bekommt Gelegenheit, seine verrückte, psychotische Seite so stark wie möglich auszuagieren. Wenn ein Gruppenmitglied seinen Mörder voll ausleben möchte, ohne dabei jemanden anzuschauen, geben Sie ihm ein großes Kissen, das in irgendeiner Ecke des Raumes umgebracht werden kann (ohne in Stücke gerissen zu werden). So bekommt die oder der Betreffende Gelegenheit, die körperliche und emotionale Dynamik des Kontrolleurs voll zu erfahren.

Ziel dieser ganzen Übungsreihe ist es, die Identifikation mit dem Opfer auf den Täter zu verlagern. An diesem Punkt ist es der Täter, der durchdreht. Die Gruppenmitglieder sind also vom Opfer, das sagt: »Oh, ich Armer, ich leide so!«, zum Täter geworden, der ihnen Leid zufügt.

An die Reisenden

(Alles, was ich dem Begleiter weiter oben gesagt habe, würde ich im Wesentlichen auch der Gruppe sagen. Wenn du als Einzelreisende oder Einzelreisender nicht zur alternativen Dämonen-Übung 7 übergegangen bist, mach diese Übung, indem du deinen psychotischen Kontrolleur in deinem Tagebuch beschreibst. Schreib dann als dieser Kontrolleur ein Bekenntnis, in dem du ausführst, wen du kontrollierst, warum du das tust und wie du dabei vorgehst. Sei stolz auf deine Kontrollfähigkeit!)

Nehmt euch alle ein Kissen und beginnt, im Raum herumzulaufen. Stellt euch vor, ihr seid eine Mörderin, ein Würger, ein Unterdrücker, eine Gewalttäterin und verrückt geworden. Sagen wir, du bist der Würger von Boston. Du bist gerade auf der Straße von der Polizei festgenommen und in diese Krankenhausstation eingewiesen worden. Hier befindest du dich im Aufenthaltsraum. Du wanderst mit den anderen Patienten im Raum herum. Halt also dein Kissen fest und schau dir diese Leute an. Sieh, wie dringend sie in Schach gehalten werden müssen, denn wenn du sie nicht zügelst, werden sie die ganze Welt zugrunde richten! Schau dich also um und entscheide, wer deiner Meinung nach am dringendsten kontrolliert werden muss. Du wirst ihn schon noch erwischen! Wie wirst du ihn unter Kontrolle bekommen? Was wirst du tun? Sei stolz auf deine Fähigkeit, alle Menschen zu vernichten, die außer Kontrolle geraten sind, denn so wird die Welt für Menschen wie dich zum sicheren Ort. Sei stolz darauf! Sei stolz darauf, die Menschheit zu retten! Wenn du bereit bist, halt Ausschau nach der ersten Person, die unter Kontrolle gebracht werden muss, und nimm deine Aufgabe in Angriff. Denk daran, keine Berührungen, keine Gewalt, tob dich am Kissen aus. Und »Stopp!« bedeutet »Hände weg!«

An den Begleiter

■ Achten Sie sorgfältig darauf, dass die Teilnehmerinnen und Teilnehmer sich nicht körperlich angreifen und schreiten Sie sofort ein, falls das geschieht. Lassen Sie ihnen etwa fünf Minuten Zeit, und nutzen Sie die entstandene Energie anschließend, um sie so schnell wie möglich den Dämon malen zu lassen.

Der Dämon
Alternative Übung 7: Umkehrung der Retroflexion, kurze Form

An den Begleiter

■ Dies ist im Wesentlichen eine Kurzform der Übung »Das Irrenhaus«. Sie werden die Gruppe zur Umkehrung der Retroflexion anleiten, wobei die Teilnehmer sich an Kissen abreagieren und mit der umgelenkten Energie dann allmählich den Dämon gestalten. Die Gruppenmitglieder werden ihre Dämonen gemeinsam tanzen. Bei dieser Übung ist es sehr wichtig, dass die Teilnehmer, die sich bereits in Dämonen verwandelt haben, sich nicht mit denen austauschen, die noch an der Umkehrung der Retroflexion arbeiten. Die Dämonen sollten nur mit den anderen Dämonen in Kontakt treten und tanzen. Wichtig ist auch, dass Sie daran denken, wie schnell Menschen in die Opferrolle zurückschlüpfen. Sobald die Teilnehmer anfangen, die Kissen zu bearbeiten, sollten Sie sie auffordern, mit diesen Kräften bewusst zu bleiben und nicht erneut in Selbstmitleid zu verfallen. Denn genau das geschieht oft, wenn Menschen begreifen, was sie sich selbst angetan haben. Ziel der Übung ist es jedoch, sich vom Opfer zum Kontrolleur zu entwickeln und diesen dann allmählich in den Dämon zu verwandeln.

Weisen Sie die Teilnehmer an, sich im Raum zu verteilen und sich ein Kissen vor den Körper zu halten. Selbst wenn die Gruppe ziemlich groß ist, können sie diese Übung alle zusammen machen. Im Stehen nehmen die Teilnehmer die Haltung ihrer Körperanpassung ein, spüren sie, machen sich bewusst, was sie sich antun, und übertreiben die Haltung. Wenn sie sich bereit fühlen, die zurückgehaltene Energie umzulenken, begeben sie sich auf den Boden und fangen an, dem Kissen anzutun, was sie sich sonst selbst antun. Dabei geben sie Laute von sich und benutzen ihren ganzen Körper, um zu spüren, welche Kräfte am Werk sind, wenn sie ihr Kissen bearbeiten. Vielleicht nehmen die Geräusche und Töne eine emotionale Färbung an. Lassen Sie das zu. Legen Sie eine rhythmische Musik auf, die die Gruppenmitglieder stimuliert, die umgelenkte Energie mit Hilfe ihrer Vorstellungskraft allmählich in einen Dämon zu verwandeln. Ermutigen Sie sie, ihren Dämon spontan zu gestalten, ohne viel darüber nachzudenken. Wenn sie den Dämon anschließend malen, wird sein Bild noch deutlicher und vollständiger.

An die Reisenden

Wenn sich jemand zum Beispiel wegen seiner Kopfschmerzen an einen Gestalttherapeuten wendet, könntest du Folgendes beobachten: Die Therapeutin oder der Therapeut bittet den Klienten, seine Aufmerksamkeit auf die Kopfschmerzen zu richten. Nach einer Weile wird er gebeten, den Schmerz zu beschreiben. Er könnte daraufhin sagen: »Ich spüre den Schmerz wie ein Band, das sich um meinen Kopf wickelt und ihn von allen Seiten zusammendrückt.« Der Klient hat ein Bild entworfen, das konkret umgesetzt werden kann. Der Therapeut kann dann ein Kissen vor den Klienten hinlegen und sagen: »Das ist dein Kopf. Tu dem Kissen an, was du deinem Kopf antust.« Während der Klient beginnt, das Kissen zusammenzudrücken, kommen häufig Emotionen hoch. Wenn er Laute von sich gibt und zu dem Kissen sagt: »Ich drücke dich zusammen! Ich quetsche dich! Du musst perfekt sein!«, wird Energie freigesetzt. Häufig führt diese Umkehrung der Retroflexion zu einer Milderung der Schmerzen. Wichtig ist dabei, dass die Person nur das Kissen zusammenquetscht und nicht gegen den eigenen Körper drückt, denn dadurch würde die Energie wieder nach innen gelenkt. Sie muss den ganzen Körper benutzen, um die Energie in das Kissen zu geben, weg von sich.

Du wirst jetzt das Gleiche tun, nur dass du von deiner gesamten Körperanpassung ausgehst statt lediglich von Kopfschmerzen. (*Wenn du allein bist, leg jetzt eine rhythmische Musik auf.*) Leg dein Kissen vor dich auf den Boden und stell dich hin. Geh langsam in die Position deiner Körperanpassung... spür sie... halte sie und bleib dabei... Nach einer Weile wende dich deinem Kissen zu und fang an, ihm anzutun, was du dir antust: bieg es zurecht, drück es zusammen, würg es. Was immer du dir antust, tu es jetzt dem Kissen an. Werde heftiger ... greif noch fester zu... Gib Laute von dir. Bleib bei diesen Lauten. Fahr so fort. Du hast Zeit... Lass ganz deutlich werden, wie sich die Energie, die du in das Kissen umlenkst, ausdrücken will.

Nachdem du eine Weile so gearbeitet hast, fang an, mit deinen Bewegungen dem Rhythmus der Musik zu folgen, so dass du die umgelenkte Energie in Rhythmus umsetzt. Ganz allmählich lass dich von der Musik verleiten, vom Boden aufzustehen. Und dann gestalte mit Hilfe deiner Vorstellungskraft langsam ein Monster. Beweg dich wie dieses Monster. Tanz wie dieses Monster. Stell dir seine Augen vor, seine Krallen, seine Zähne, die Bewegungen von Bauch und Becken. Werde zu deinem Monster! Tanz durch den Raum! Schau dir die anderen Monster an und tausch dich mit ihnen aus. Tanz einen Dämonentanz!

Den Dämon gestalten

Der Dämon
Übung 8: Den Dämon malen

An den Begleiter

■ Beschreiben Sie die folgende Übung so schnell wie möglich und achten Sie darauf, keinen Punkt zu vergessen. Schreiben Sie die Liste der Fragen auf eine Tafel oder auf ein großes Blatt Papier, das Sie an die Wand heften. Die Gruppe soll die Energie, die durch die Irrenhaus-Übung (oder den Dämonentanz) entstanden ist, direkt für das Malen des Dämons nutzen. Ich gebe den Teilnehmern meistens ein Beispiel, um sie zu ermutigen und ihnen die Erlaubnis zu geben, so viel »verbotenes« Material wie möglich einzubringen.

An die Reisenden

Jeder braucht ein Blatt Papier und Farben. Ihr werdet paarweise arbeiten. Einer von euch zeichnet das abscheulichste, obszönste, schrecklichste Monster, das man sich nur vorstellen kann, und spricht wie dieses Monster. Der andere sitzt vor ihm und stellt Fragen, stachelt ihn an und fordert ihn auf, das Monster noch scheußlicher zu gestalten. Geht dabei so spontan wie möglich vor. Ihr gestaltet mit Hilfe eurer Vorstellungskraft den Dämon, der sich eurem Helden entgegenstellen könnte. Der Dämon entsteht aus all dem Stoff, den ihr bis jetzt zusammengetragen habt, und zwar je spontaner, desto besser. (*Wenn du allein arbeitest, leg eine laute, lebendige Musik auf, die dich inspiriert, deinen Dämon so spontan wie möglich zu zeichnen.*)

Ich möchte euch bitten anzufangen, indem ihr euch vorstellt, dass die Eltern nicht mehr da sind. Wir haben hier nur einen Haufen frecher, spontaner Kinder vor uns. Und ich möchte, dass ihr für euch den gräßlichsten, abstoßendsten, ungeheuerlichsten, häßlichsten Dämon zeichnet, den ihr euch nur vorstellen könnt, während euer Partner euch dabei hilft. Stellt euch vor, ihr wäret der Dämon und würdet wie dieser reden, Laute von euch geben, euch verhalten wie er, lachen wie er. Und eure Partnerin oder euer Partner feuert euch an, während ihr malt. Lasst euch von eurem Bild helfen. Wenn ihr zum Beispiel rote Farbe auf das Blatt spritzt, könnte euer Partner sagen: »Was ist das?« Daraufhin könntet ihr antworten: »Das ist das Blut, das mir aus der Nase läuft!« Äußert spontan, was euch in den Sinn kommt. Nutzt den Fluss der Farben und die Lebendigkeit des Spontanen Kindes, um ein Monster zu erschaffen. Euer Partner hilft euch dabei, indem er euch folgende Fragen stellt:

- Wie siehst du als Dämon aus?
- Wie verfährst du mit Helden?
- Welche Kräfte besitzt du?
- Wie heißt du?
- Wie wurdest du geboren?
- Wo lebst du?
- Was beschützt du?

Denkt daran, der Dämon steht an der Schwelle zum Land der Wunder und versucht, den Helden davon abzuhalten, es zu betreten. Wie verfahrt ihr also mit Helden, die versuchen, an euch vorbeizukommen? Welche Kräfte besitzt ihr? Findet einen Namen für euch. Denkt euch aus, wie ihr geboren wurdet. Wo lebt ihr? Malt euch diese Umgebung aus. Und, am wichtigsten von allem, was beschützt ihr? Denkt euch ein Symbol, eine Gestalt, ein Bild aus, das für das steht, was ihr als Dämon beschützt. Nehmt keine abstrakten Begriffe wie Glück oder

Sexualität, sondern etwas Konkretes, beispielsweise ein kleines Ei in einem Gemach eures Schlosses, in dem sich ein kostbarer Ring befindet. Etwas, das der Dämon über alles schätzt. Denkt nicht darüber nach, was es bedeuten könnte. Ihr habt als Dämon einfach Angst, der Held könnte es euch wegnehmen. (*Einzelreisende schreiben, nachdem sie ihr Bild fertig haben, in der ersten Person eine Autobiografie ihres Dämons in ihr Tagebuch.*)

Der Dämon
Übung 9: Der Dämonentanz der Macht

An den Begleiter

■ Ziel dieser Übung ist es, den Teilnehmerinnen und Teilnehmern Gelegenheit zu geben, den Dämon, den sie mit Hilfe ihrer Vorstellungskraft erschaffen haben, körperlich so total wie möglich darzustellen. So wie das Heldenbankett eine Möglichkeit war, sich vor den anderen als Held zu präsentieren, gibt der Dämonentanz der Macht ihnen Gelegenheit, ihren Dämon vorzuführen.

Sobald die Teilnehmer mit ihren Bildern fertig sind, rufen Sie sie mit einer rhythmischen Musik zusammen. Bauen Sie zusammen ein kraftvolles Klangfeld auf, indem Sie mit den Füßen stampfen, in die Hände klatschen und einen gemeinsamen Rhythmus entwickeln. Ermutigen Sie die Gruppenmitglieder, ihren scheußlichen Dämon zu tanzen. Wenn Sie das Gefühl haben, dass der Tanz auf dem Höhepunkt ist, dämpfen Sie den Rhythmus, gehen in die Mitte und geben der Gruppe die Anweisungen für den Dämonentanz der Macht.

An die Gruppe

Gut, gestern hat sich hier eine Truppe von Helden versammelt, um sich zu brüsten und aufzuspielen und sich so großartig darzustellen, dass einem schlecht davon wurde! Das war scheußlich, lächerlich und dumm! Ihr wart alle ziemlich verrückt. Nun, ich habe euch Dämonen hier zusammengerufen, damit wir uns gegenseitig unsere Macht zeigen. Wir werden diese Helden nicht an uns vorbeilassen, stimmt's?

Um ihre Macht zu zeigen, begeben sich sämtliche Dämonen der Reihe nach einzeln in den Kreis. Zeigt uns euren Körper! Tanzt eure Macht! Spielt uns vor, wie ihr mit Helden verfahrt! Benutzt vor allem die Körperteile, die ihr beim Zeichnen eures Dämons hervorgehoben habt. Tanzt eure Macht! Zeigt uns eure Kräfte! Wenn ihr das Gefühl habt, uns eure Macht vorgeführt zu haben, ladet einen anderen Dämon ein, zu euch in den Kreis zu kommen. Tauscht euch aus. Messt eure Kräfte, übertrumpft euch gegenseitig, führt uns vor, wie großartig und mächtig ihr seid. Begegnet euch, ohne euch gegenseitig zu berühren. Nach einer Weile verlässt der erste Dämon den Kreis und die zweite Dämonin tanzt weiter. Jetzt zeigt sie ihre Macht und lädt dann einen anderen in die Mitte ein; sie tauschen sich eine Weile aus, und dann geht sie aus dem Kreis. Fahrt so fort, bis jeder seinen Tanz getanzt hat.

Die restliche Gruppe bildet einen Kreis und unterstützt die Dämonen in der Mitte mit Musikinstrumenten, lacht mit, schreit, feuert die Tanzenden mit aller Kraft an und feiert die Dämonenkräfte. Am Ende tanzen wir alle zusammen, um unsere Macht zu feiern.

An den Begleiter

■ Meistens lasse ich am Ende dieser Übung Zeit dafür, dass alle frei tanzen können. Wenn die Teilnehmer sich noch weiter austoben und ausdrücken müssen, können sie das jetzt alle gemeinsam tun. Manche setzen sich vielleicht an den Rand, aber der Tanz kann noch bis zu einer Stunde weitergehen, denn es wurde viel Energie freigesetzt. Erlauben Sie den Teilnehmerinnen und Teilnehmern, so lange weiterzutanzen, wie es sich für sie gut anfühlt, ohne jemanden zu drängen, über seine Grenzen zu gehen. Wenn Sie das Gefühl haben, dass die Gruppe bereit ist, rufen Sie sie zusammen. Sollten Sie Feedback brauchen, fordern Sie die Teilnehmer auf, sich zu äußern, aber wahrscheinlich ist die Energie an diesem Punkt nicht verbal orientiert. Es ist jedoch sehr wichtig, dass die Gruppe sich erdet, indem sie zusammen singt, um den Tag des Dämons abzuschließen. Wenn die Teilnehmerinnen und Teilnehmer nicht singen möchten, fassen Sie sich bei den Händen und schreien so laut wie möglich. Aber lassen Sie anschließend Stille eintreten.

An diesem Abend bleiben die Gruppenmitglieder meistens lange auf, weil so viel Energie frei geworden ist. Vielleicht machen Sie sie darauf aufmerksam, dass ihr Körper sich jetzt völlig anders anfühlt als in der Haltung der Körperanpassung und wie befreiend der Tanz ihres Dämons war: genau diese körperliche Freiheit ist im Körperpanzer gebunden. Sie können die Teilnehmerinnen und Teilnehmer auch anweisen, sich noch einmal die Liste mit den Eigenschaften ihres Helden anzuschauen und besonders auf die zu achten, die sie unterstrichen haben, weil sie sich nicht dazu bekennen konnten. Neun von zehn Teilnehmern stellen an diesem Punkt fest, dass sie als Dämonen inzwischen dazu stehen; weil die Eigenschaften, die die eine Seite ihrer Persönlichkeit leugnet, von der anderen Seite meist akzeptiert werden können.

An Einzelreisende

Leg laute, rhythmische Musik auf und tanz deinen Dämon auf ähnliche Weise, wie es oben beschrieben wurde. Tanze, bis du das Gefühl hast, dass du dich zu deinem Monster nicht nur bekennst und Spaß daran hast, sondern auch spürst, dass deine Kräfte nachlassen. Das ist befreiend. Gib dazu Laute von dir. Wenn du das Gefühl hast, du bist zu Ende gekommen, nimm dir etwas Zeit, um dich wieder mit der Erde zu verbinden. Berühre den Boden und sing ein beruhigendes Lied.

Der Dämon
Alternative zu Übung 9: Der Dämonenlauf

Der Dämonentanz ist eine sehr kraftvolle Möglichkeit, die Gestalt des Dämons in einem sicheren, strukturierten Rahmen zum Leben zu erwecken. Es gibt jedoch auch andere Wege. Wenn Sie sich in ländlicher Umgebung befinden, können Sie stattdessen auch den »Dämonenlauf« machen.

Machen Sie diese Übung tagsüber und in Dreiergruppen. Die eine Person darf ihren Dämon spielen, während die beiden anderen die gute Mutter und den guten Vater darstellen, die dem Dämon erlauben, sich so wild wie möglich zu gebärden, ohne etwas zu zerstören oder sich selbst zu verletzen. Es ist wunderbar, dieses Freiwerden von körperlichen Energien draußen in der Natur zu erleben. Vielleicht trifft der Dämon hier auch andere Dämonen, die herumlaufen und sich mit ihm austauschen. Achten Sie wieder auf einen sicheren Rahmen, so dass die Begegnungen nicht gewalttätig verlaufen. Stellen Sie Regeln auf, die die Teilnehmer schützen.

Die beiden Begleitpersonen haben die Aufgabe, dem rennenden Dämon das Gefühl zu geben, dass er sich austoben darf und zugleich geschützt ist, ohne kontrolliert oder zu etwas gezwungen zu werden. Es ist sehr wichtig, dass der Dämon sich wirklich frei fühlt. Nehmen Sie sich etwa 15 Minuten Zeit für diese Übung. Schlagen Sie der Gruppe vor, dass die drei sich anschließend zusammensetzen, bei den Händen halten und gemeinsam singen, um sich zu erden. Dann sprechen sie eine Weile über ihre Erlebnisse und wählen den Nächsten, der losläuft. So fahren sie fort, bis alle drei an der Reihe waren.

Der Dämon
Alternative Übung 9: »Wo geht's für mich lang?« – Die Dämonenshow

Bei dieser Übung spielt die gesamte Gruppe das aufmerksame Publikum. Der Dämon stellt oder setzt sich in die Mitte. Sie oder jemand aus der Gruppe, der entsprechende Talente hat, übernehmen die Rolle des Showmasters und fragen den Dämon nach seinem Wesen, seinen Tätigkeiten, seinem Charakter und seinen Verteidigungsstrategien. Der Showmaster regt den Dämon an, sich vorzustellen. Die ganze Gruppe kann ihm Fragen stellen, bis er ein möglichst vollständiges Bild von sich gegeben hat. Diese Übung ist etwas theatralischer und macht viel Spaß. Sie eignet sich besonders gut, wenn der Dämonentanz aufgrund äußerer Umstände nicht möglich ist oder die Teilnehmerinnen und Teilnehmer eher zurückhaltend sind. Die Fragen und die ganze Situation bei der Dämonenshow können sehr tiefe, bislang verborgene Seiten enthüllen, und zwar nicht nur den Zuschauern, sondern auch der Person, die ihren Dämon vorstellt.

Abschlussritual

An den Begleiter

■ Alles, was wir bislang getan haben, zielte darauf ab, Vertrauen aufzubauen. Die Dämonenshow, der Dämonenlauf und der Dämonentanz wären ohne dieses Vertrauen nicht möglich. Meistens hat sich zu diesem Zeitpunkt bei den Teilnehmerinnen und Teilnehmern viel gelöst, und die Gruppe ist zusammengewachsen. Es ist durchaus möglich, dass manche sich all dem nicht gewachsen fühlen. Denken Sie daran, die Teilnehmer haben bei sämtlichen Übungen die Möglichkeit, »Nein« zu sagen. Es ist sehr wichtig, dass Sie als Begleiter – und auch die Gruppe als Ganze – die Mitglieder, die sich an bestimmten Punkten verweigern, nicht ausschließen. Akzeptieren Sie das Nein als Teil des individuellen Prozesses. So bleiben auch die Neinsager Teil des Ganzen.

KAPITEL 8

Das Instrument der Kraft

Ihr hattet nun Gelegenheit, sowohl den Helden als auch den Dämon zu erleben. Infolge dieser Polarisierung und Klärung kann bereits eine bestimmte Verarbeitung stattgefunden haben. Diese ist jedoch noch nicht abgeschlossen, und vielleicht fühlt ihr euch innerlich zerrissen. Ich weiß noch, wie einmal kurz vor der Begegnung der beiden Gestalten eine Frau zu mir kam und sagte: »Ich kann diese Übung heute nicht machen, ich fühle mich ganz schizophren.« Das ist genau der richtige Augenblick für die Konfrontation. Auf diese Spaltung der beiden gegensätzlichen Kräfte haben wir die ganze Zeit hingearbeitet.

Vielleicht seid ihr verwirrt, was eure Identität in Bezug auf diese beiden Seiten betrifft. Wenn Menschen den Helden spielen, finden sie Gefallen daran, sich mit ihren heldenhaften Zügen zu identifizieren. Sobald sie jedoch in Berührung mit der Macht, der Kraft und der köstlichen Sinnlichkeit des Dämons kommen, sagen viele Teilnehmerinnen und Teilnehmer: »Ich identifiziere mich viel lieber mit dem Dämon!« Vielleicht befürchtet ihr heute, euren Helden verraten zu haben, und eure innere Zerrissenheit drängt euch, euch für die eine oder andere Seite zu entscheiden. Natürlich wollen wir dieses Entweder/Oder letzten Endes auflösen, damit ihr sowohl den Helden als auch den Dämon erleben und die Ganzheit eures Wesens erkennen könnt.

Früher habe ich das Instrument der Kraft am Ende des Heldenprozesses eingebracht, weil es zum Helden gehört. Ich habe jedoch festgestellt, dass manche sich mit den dämonischen Kräften so stark identifizieren und so positiv davon berührt sind, dass sie den Helden oft mit den Augen des Dämons betrachten: »Der arme Irre! Er bildet sich ein, so viel Macht zu haben!« Damit die Gruppenmitglieder sich wieder mit dem Helden identifizieren können, also mit der selbstbejahenden, suchenden Seite, bringe ich das Instrument der Kraft jetzt an dieser Stelle ein, unmittelbar vor der Konfrontation von Held und Dämon. Wenn Menschen ihr Instrument der Kraft finden und wieder in Kontakt mit ihrem Spirituellen Begleiter kommen, geschieht etwas ganz Wichtiges. Sie gewinnen offensichtlich insgesamt mehr Klarheit. Die Dinge rücken ins richtige Licht.

Der Spirituelle Begleiter bildet die obere Spitze eines Dreiecks. Zuerst habt ihr euch tief auf den Helden eingelassen und dann auf den Dämon. Plötzlich werdet ihr in die Position des objektiven Dritten versetzt. Der tiefe Konflikt zwischen Held und Dämon ist deutlicher geworden, und das verlangt nach einer Art mitfühlendem Abstand. Wenn ihr auf dem Gipfel eines Berges steht, zeigt sich euch die Entfernung zwischen einem See und einem Haus völlig anders, als wenn ihr auf dem Pfad wandert, der zwischen beiden verläuft. Und so stellt sich durch die erneute Kontaktaufnahme mit dem Spirituellen Begleiter offensichtlich ein Gefühl von Objektivität ein. Der Spirituelle Begleiter hat Einsicht in beide Seiten der Persönlichkeit und weiß, wie die notwendige Heilung aussieht.

Mit der Entdeckung des Instruments der Kraft können die Symbole ihren Platz finden. Wenn Menschen sich draußen in der Natur nach ihrem Instrument der Kraft umschauen, haben sie oft ein starkes Gefühl von Synchronizität. Die Wanderung selbst wird zum magischen Erlebnis. Indem ihr den Helden und den Dämon erschuft, habt ihr eure innere Phantasiewelt stark erweitert. Wenn ihr diese jetzt in die Natur hinaustragt, dehnt ihr sie noch weiter aus und bringt zugleich die umfassendere Welt in sie ein. Und die frische Luft haucht ihr Leben ein.

An den Begleiter

■ Am Abend des Tages des Dämons bleiben die Leute oft lange auf und feiern, denn sie haben sehr viele innere Hemmungen abgebaut. Der Korken ist von der Flasche, und der Dschinn möchte nicht zurück! Also sind die Gruppenteilnehmer morgens wahrscheinlich müde. Das ist noch ein weiterer Grund, das Instrument der Kraft hier einzubringen – die Übung macht sehr munter. Wenn ich den Prozess an einem Wochenende mache, steht das Instrument der Kraft häufig am Sonntagmorgen auf dem Programm, denn das ist der perfekte Zeitpunkt für ein rituelles Fest.

Während der Suche nach dem Instrument der Kraft und der anschließenden Weihe fühlen viele sich innerlich bewegt, als wären sie ganz plötzlich mit einem mystischen inneren Kern in Berührung gekommen. Es ist wichtig, sich diese Empfindungen bewusst zu machen, sie sich einzugestehen und ihnen Glauben zu schenken, denn einige Gruppenmitglieder haben diese Seite in sich vielleicht noch nicht kennen gelernt. Da die Reise zum inneren Kern führt, müssen diese Erfahrungen bestätigt und akzeptiert werden, bevor wir zum nächsten Schritt übergehen.

RAM-Meditation, 4. Tag

Der Narrentanz

An die Reisenden

Heute werdet ihr das Bild des Schlachtfelds und die Gestalt des Dämons in euren Tanz einbeziehen. Im Allgemeinen führen wir den Narrentanz in Form von T'ai-Chi-Bewegungen durch, bei denen jede Haltung ihren Platz hat und etwa gleich lange eingenommen wird. Wenn wir den Helden und den Dämon zusammenbringen, verändert sich dieser Ablauf jedoch. Zwischen Held und Dämon befindet sich das Schlachtfeld, und dieses besteht natürlich in sämtlichen Muskelverspannungen, die ihr in eurem Körperpanzer aufgespürt habt. Das Schlachtfeld gleicht also, was Ausführung und Dauer betrifft, nicht den anderen Positionen, sondern stellt die Widerstände und Behinderungen dar, die sich dem Helden in den Weg stellen. Aus diesen Begrenzungen wird dann der Dämon mit all seiner Macht geboren. Es ist wichtig, sich den Unterschied zwischen dem Dämon und dem Schlachtfeld klarzumachen. Das Schlachtfeld stellt sämtliche verkrüppelnden Aspekte des Konfliktes dar; der Dämon hingegen ist die verkrüppelnde Macht. Das Schlachtfeld bewirkt, dass wir uns zusammenziehen, während der Dämon in uns explodiert. Wenn euch die Beziehung zwischen Held, Schlachtfeld und Dämon klar geworden ist, solltet Ihr versuchen, den Übergang vom Helden zum Dämon als Druck zu erleben, der zu einer Explosion führt, aus der der Dämon geboren wird. Dieser Ablauf kontrastiert zu den langsamen Bewegungen, die typisch für sämtliche anderen Haltungen sind.

An den Begleiter

■ Nachdem die Gruppenteilnehmer den Narrentanz einige Male alleine getanzt haben, um sich zu vergewissern, dass ihnen die Haltungen klar sind, leiten Sie sie durch die Geschichte.

An die Reisenden

Es war einmal ein Mensch mit Namen Ich (*Haltung*), der eine lange Treppe hinabstieg, die zu einem Raum mit vier Türen führte. Ich öffnete die Tür mit der Aufschrift »Zuhause«, und so fühlte ich mich angesichts der Bilder, die hinter dieser Tür verborgen waren (*Haltung*). Auf der zweiten Tür stand »Arbeit/Lebensaufgabe«. Als ich diese Tür öffnete, hatte ich folgende Empfindungen zu dem, was dort zu sehen war (*Haltung*). Auf der dritten Tür sah ich die Aufschrift

»Liebe«. Und so fühlte ich angesichts dessen, was sich hinter dieser Tür befand (*Haltung*). Und auf der vierten Tür stand »Das Selbst«, und so fühlte ich mich angesichts der Symbole für mein Selbst (*Haltung*). Als ich die vierte Tür hinter mir geschlossen hatte, entdeckte ich den Thron der Wunder und stellte mir dieses Wunder vor (*Haltung*). Ein Spiritueller Begleiter (*Haltung*) kam auf mich zu, der mich zu meinem heldenhaften Selbst führte (*Haltung*). Als ich meinen Helden entdeckte, konnte ich jedoch spüren, wie mein Körper sich verspannte. Er wurde zu einem wahren Schlachtfeld meiner eigenen Widerstände (*Haltung*), die zu diesem Dämon explodierten (*Haltung*).

Macht
Übung 1: Das Instrument der Kraft suchen

An die Reisenden

Wenn der Held sich der Schwelle des Abenteuers nähert, bekommt er ein Instrument der Kraft in die Hand. Ein solches Instrument ist ein konkreter Gegenstand, der die Macht symbolisiert, die tief in diesem Menschen verborgen liegt und mit der er an diesem Punkt nicht in Kontakt ist. Diese Macht ist ein Aspekt des heldenhaften Selbst, den der Held sich noch nicht bewusst gemacht hat. Also muss sie die Form eines konkreten Gegenstands annehmen, um ihm vor Augen geführt zu werden und Substanz zu bekommen. Die Welt des Helden ist die Welt, die dem bewussten Verstand bekannt ist. Der Gegenstand ist eine Möglichkeit, diese bislang verborgene Macht ins Bewusstsein zu bringen, so wie das Erinnerungsstück einer Geliebten diese gegenwärtig werden lässt, wenn der Geliebte einen Blick darauf wirft.

Wahrscheinlich hat jeder von euch ein solches Instrument der Kraft. Vielleicht ist es ein Amulett, das ihr um den Hals tragt, ein Ring oder etwas, das ihr geschenkt bekommen habt: ein Gegenstand, der euch wichtig ist und den ihr auf Reisen auf jeden Fall bei euch haben wollt. Der Gegenstand als solcher ist vielleicht nicht einmal besonders wertvoll. Aber ihre oder der Mensch, von dem ihr ihn geschenkt bekamt, hat ihm bestimmte Kräfte verliehen, durch die er wichtig wird. Und genau das ist ein Instrument der Kraft: ein konkreter Gegenstand, der für euch wichtig ist und magische Kräfte besitzt.

Ist der Held sehr idealistisch und utopisch, sollte sein Instrument der Kraft etwas Erdhaftes besitzen. Häufig verkörpert es die Seite der Psyche, mit der die Person nicht in Berührung ist, die sie aber am dringendsten braucht, um Held und Dämon zu vereinen. Ist der Held der Kopf und der Dämon der Körper, steht das

Instrument der Kraft im Allgemeinen für das Herz: denn das Herz ist das Tor, durch das die beiden zusammenkommen.

Bei manchen traditionellen Völkern gehen die Kinder in sehr jungen Jahren hinaus in die Natur, um einen Stein zu finden. Diesen Stein zeigt das Kind niemals einem anderen Menschen. Es fertigt einen kleinen Behälter dafür an und trägt ihn um seinen Hals. Der Stein wird zum Seelenstein des Kindes; er ist eine Verkörperung seiner Seele. Wenn es in die Pubertät kommt, geht das Kind wieder hinaus in den Wald und sucht einen Platz, an dem es den Stein vergräbt. Niemand außer ihm bekommt ihn jemals zu Gesicht. Wenn dieser Mensch später besondere innere Stärke braucht, geht er hinaus, gräbt den Seelenstein aus und trägt ihn in schwierigen Lebensphasen um den Hals. Ist die Krise vorbei, bringt er den Stein zurück und vergräbt ihn erneut – seinen besonderen, magischen Seelenstein, eine Verkörperung seines inneren Kerns.

Mein Instrument der Kraft ist meine Harfe. Die ihr innewohnenden natürlichen Fähigkeiten sind zugleich ihre magischen Kräfte. Fällt die Gruppe zum Beispiel auseinander, kann ich die Harfe zur Hand nehmen und die Teilnehmer mit einer rhythmischen Melodie wieder zusammenbringen. So kann ich die Atmosphäre verwandeln. Mein Instrument der Kraft hat den Namen Ammon-Ra. Die Magie von Ammon-Ra besteht darin, dass ich, wenn ich sie an meine Brust nehme, die Sonnenstrahlen durch die Krone meines Kopfes aufnehmen und in magnetische Schwingungen umwandeln kann, die aus meinem Herzen in die Harfe strömen. Ich spüre diese Schwingungen mit meinen Fingerspitzen auf und mache aus den Strahlen der Sonne Musik. Diese Musik kann die Umgebung verändern, kann Held und Dämon vereinen, kann heilen. Das hat mir mein Spiritueller Begleiter gesagt. Es stimmt, dass Musik Menschen vereinen kann, indem sie ihre Herzen zusammenschwingen lässt. Aber dies ist *meine* Macht zu vereinen. Ich benutze zwar die Harfe dazu, aber die Magie, die ich in die Harfe fließen lasse, entspringt aus mir. Ein Kind könnte die Harfe nehmen und den ganzen Tag lang darauf herumklimpern, ohne die Gruppe zusammenzubringen. Wahrscheinlich erreicht es sogar das Gegenteil! Es ist also nicht nur die Harfe, die etwas bewirkt, sondern die Person, die sie spielt. Die Harfe ist einfach nur das Instrument, das der Offenbarung der persönlichen Kraft dient.

Einerseits ist also der Gegenstand nur tote Materie. Aber wenn ein Mensch seine Kräfte hineingibt, wird er zu etwas Magischem. Wenn kein Mensch ihn benutzt, bleibt er ein totes Ding. Das Objekt gibt uns die Möglichkeit, unsere Macht hineinzuprojizieren. Natürlich besteht die Gefahr, sich von der eigenen Macht abzutrennen, indem sie in den Gegenstand projiziert wird und es dann heißt: »Dieses Ding da macht das«, als wollte ich sagen: »Meine Harfe vereint die Gruppe, nicht meine Seele.« Das geht aber an der Realität vorbei. Die Projektion ist eine Möglichkeit, mit unseren Kräften in Berührung zu kommen. Sie symbolisieren sich im Äußeren, und dann machen wir sie uns allmählich zu eigen.

In den mythischen Geschichten muss der Held, der aus einer weltlichen Existenz kommt, wo er sich um Geschäfte kümmern, seine Wohnung aufräumen und Rechnungen bezahlen muss, Zauberkräfte verliehen bekommen, um über diese Alltagsrealitäten hinauszugelangen. Der Held kommt aus dem Reich des Bewussten und der Dämon des Widerstandes aus dem Reich des Unterbewussten. Dem Dämon stehen nicht nur die Kräfte seines eigenen dämonischen Wesens zur Verfügung, sondern der gesamte unterbewusste Verstand. Vielleicht weiß er nicht, was das ist oder wie er ihn nutzen kann, aber er hat Zugang dazu. Damit der Held also das Gefühl bekommt, dem Potential des Dämons gewachsen zu sein, braucht er ein magisches Werkzeug, mit dessen Hilfe er ein Machtgleichgewicht herstellen kann.

Um euer Instrument der Kraft zu finden, geht ihr raus und macht einen Spaziergang. Lasst euch von eurem Spirituellen Begleiter führen. Plant nicht schon vorher, wo ihr hingehen wollt. Beim Gehen stellt ihr euch vor, dass euer Spiritueller Begleiter euch leitet. Irgendwo am Weg wird euer Instrument der Kraft auftauchen. Vielleicht ist es ein Grashalm oder ein Ast von einem bestimmten Baum; irgendein kleiner Gegenstand wird eure Aufmerksamkeit auf sich ziehen. Vielleicht führt euer Spiritueller Begleiter euch sogar in euer eigenes Zimmer zu etwas, das ihr bereits besitzt.

Wenn du dein Instrument der Kraft gefunden hast, setz dich – wenn möglich – davor und stell das Bild deines Spirituellen Begleiters (deine Tarotkarte) dahinter auf. (*Wenn Sie in der Stadt arbeiten, lassen Sie die Gruppe für diese Meditation in den Raum zurückkommen.*) Nimm dir einen Moment Zeit, um die Augen zu schließen und zu meditieren. Stell dir vor, dass deine Spirituelle Begleiterin oder dein Spiritueller Begleiter tatsächlich vor dir erscheint. Selbst wenn du diese Gestalt nicht als visuelles Bild vor dir siehst, stell dir vor, dass sie dort vor dir auftaucht. Spür ihre Gegenwart. Der Spirituelle Begleiter sieht sowohl den Helden als auch den Dämon; er kennt das Ganze. Erlaube dir, in dieser wissenden Präsenz zu verweilen.

Stell deinem Spirituellen Begleiter drei Fragen: 1. Wie lautet der Name meines Instruments der Kraft? 2. Welche magischen Kräfte besitzt es? Und 3. Wie lässt es sich praktisch einsetzen? Wenn ich diesen Gegenstand von meiner Reise in mein reales Leben mitnehme, wie kann ich ihn dann praktisch nutzen? Hör gut auf die Antworten.

Und dann stell dir vor, dass dein Spiritueller Begleiter dir das Instrument der Kraft überreicht. Und du streckst real deine Hand danach aus, nimmst es an dich und bringst es mit in diesen Raum.

Sei nicht überrascht von dem, was du findest. In einer Gruppe, mit der ich die Heldenreise durchführte, hatten wir einen Karateexperten, der den schwarzen

Gürtel besaß. Er neigte dazu, zwischen kopfbetonter Spiritualität und rein körperlicher Gymnastik hin- und herzuschwanken. Immer, wenn es emotional wurde, geriet er in Schwierigkeiten. Es war ein kalter Sonntagmorgen im Winter, und ich hatte die Gruppe angewiesen, hinauszugehen in die Stadt, um ihre Instrumente der Kraft zu suchen. Als dieser Teilnehmer zurückkam, sagte er: »Ich habe mein Instrument der Kraft nicht gefunden, aber ich muss dir eine merkwürdige Geschichte erzählen. Ich ging durch den Park und sah plötzlich mitten auf dem Weg einen weißen Vogel liegen. Ich wusste, das ist mein Instrument der Kraft! Genau das war's! Ich lief hin, um den Vogel aufzuheben, aber als ich näher kam, sah ich, dass dort nur ein Kleenextuch lag. Ich war sehr enttäuscht. Trotzdem griff ich nach dem Taschentuch, um es aufzuheben, und darunter befand sich ein Haufen Hundedreck! Hundedreck!« Er lachte. »Weißt du, mein Vater sagte immer: ›Wenn du in Hundedreck trittst, hast du den ganzen Tag lang Glück.‹« Er lachte wieder. Als er sich umdrehte, um zu gehen, sagte ich: »Und hast du dein Instrument der Kraft nicht mitgebracht?« »Was meinst du mit ›mein Instrument der Kraft‹?« fragte er. Ich erwiderte: »Schau dich an, wie dein negatives Beurteilen dich gehindert hat, mitzubringen, was dein Spiritueller Begleiter dir als echtes Instrument der Kraft vor Augen geführt hat. Ich möchte, dass du diesen Hundedreck auf deiner Reise als Instrument der Kraft benutzt. Vielleicht ist es überhaupt das Wichtigste, was du dir anschauen musst. Dieser Haufen Hundedreck, auf den du herabgeschaut hast, ist vielleicht gar nichts Minderwertiges! Du musst jetzt nicht hingehen und den Dreck holen, aber stell dir vor, dass du ihn als dein äußerst kostbares und heiliges Instrument der Kraft in der Hand trägst.«

Später, bei der Konfrontation von Held und Dämon, saß er völlig in der Klemme. Ihm fiel nur noch ein, den Hundedreck zu nehmen und ihn dem Dämon ins Gesicht zu werfen. In diesem Augenblick hatte der Dämon plötzlich eine Erleuchtung. Die beiden konnten sich voller Mitgefühl anschauen und den Konflikt zwischen sich lösen.

Diese Geschichte hat noch eine Fortsetzung. Das, was ihr in der Gruppe vermeidet, begegnet euch häufig im Alltag, sobald ihr den Workshop verlassen habt. Und genau das hat dieser Mann erlebt. Er verlieh Sportausrüstungen. Ein Geschäftspartner, mit dem er einen Vertrag über den Verleih der Ausrüstung für ein bestimmtes sportliches Ereignis geschlossen hatte, verlor plötzlich seinen Job; er war gekündigt worden. Nun, gewöhnlich blaffte Mister Schwarzgürtel in solch einer Situation seine Mitarbeiter an; er reagierte seinen Ärger mit beißenden Bemerkungen an den Menschen in seiner Umgebung ab, ohne mit seinem eigenen authentischen Ärger oder der Angst, die dahintersteckte, in Berührung zu kommen. Diesmal erinnerte er sich an die Arbeit, der er in der Gruppe völlig aus dem Weg gegangen war, nämlich auf die Kissen einzuschlagen und Emotionen herauszulassen. Statt also wie gewöhnlich seinen Ärger unnütz zu verbreiten, ging er wieder in sein Zimmer und begann auf einen Sandsack einzuschlagen, um seine Wut auf den anderen Mann und seine Angst vor finanziellen Verlusten loszuwerden. Plötzlich, mitten in seinem Wutanfall, gingen ihm – wie beim Anblick des Hundedrecks – die Augen auf, und er konnte mit tiefem Mitgefühl sehen, was sein Geschäftspartner, der gerade seine Stelle verloren hatte, durchmachen musste. Nachdem er sich ausgetobt hatte, ging er sofort ans Telefon, um den Mann anzurufen und ihm zu sagen, wie leid es ihm täte, dass er seinen Job verloren habe. Im Verlauf des Gesprächs sagte der Mann: »Oh, übrigens musst du dir keine Sorgen um dein Geld machen, dafür ist gesorgt. Der Vertrag wird eingehalten.«

Seid also nicht überrascht über das, was sich als euer Instrument der Kraft entpuppt, und rümpft nicht die Nase darüber! Wenn etwas eure Aufmerksamkeit fesselt und ihr denkt, das kann es doch nicht sein, dann ist es genau das! Akzeptiert euer Instrument der Kraft!

An den Begleiter

■ Sie werden die Gruppe jetzt auf die Suche nach dem Instrument der Kraft schicken. Geben Sie ihnen zwischen einer halben bis zu einer ganzen Stunde Zeit dafür. Leiten Sie die Suche ein, indem Sie ihnen noch einmal die Geschichte erzählen, während die Teilnehmerinnen und Teilnehmer dazu den Narrentanz tanzen, dieses Mal bis zum Auftauchen des Helden. Am Ende des Tanzes gehen alle still und allein hinaus, geführt von ihrem Spirituellen Begleiter, um ihr Instrument der Kraft zu finden.

Der Narrentanz

An die Reisenden

Es war einmal ein Mensch mit Namen Ich (*Haltung*), der eine lange Treppe hinabstieg, die zu einem Raum mit vier Türen führte. Ich öffnete die Tür mit der Aufschrift »Zuhause«, und so fühlte ich mich angesichts der Bilder, die hinter dieser Tür verborgen waren (*Haltung*). Auf der zweiten Tür stand »Arbeit/Lebensaufgabe«. Als ich diese Tür öffnete, hatte ich folgende Empfindungen zu dem, was dort zu sehen war (*Haltung*). Auf der dritten Tür sah ich die Aufschrift »Liebe«. Und so fühlte ich angesichts dessen, was sich hinter dieser Tür befand (*Haltung*). Und auf der vierten Tür stand »Das Selbst«, und so fühlte ich mich angesichts der Symbole für mein Selbst (*Haltung*). Als ich die vierte Tür hinter mir geschlossen hatte, entdeckte ich einen Thron der Wunder und stellte mir dieses Wunder vor (*Haltung*). Ein Spiritueller Begleiter (*Haltung*) kam auf mich zu, der mich zu meinem heldenhaften Selbst führte (*Haltung*). Bleib bei dem Gefühl, der Held zu sein, und geh still hinaus, um dein Instrument der Kraft zu suchen.

Macht
Übung 2: Das Ritual der Weihe

Als Einzelreisender möchtest du vielleicht den Altar für die Weihung vorbereiten, bevor du dich auf die Suche nach deinem Instrument der Kraft begibst. In einer Gruppe richtet der Leiter den Raum her, während die Teilnehmer unterwegs sind.

Den Raum herrichten

Um das Zimmer als heiligen Raum zu gestalten, errichten Sie in der Mitte den Altar, dessen Ecken für die vier Himmelsrichtungen stehen: Norden, Osten, Süden und Westen. Stellen Sie in jede der vier Ecken ein Symbol für die Elementarkräfte – Erde, Luft, Feuer und Wasser. Ich gehe nach dem kabbalistischen System vor, in dem der Norden vom Element Erde symbolisiert wird, für das ich meistens ein Duftöl benutze. Sie können auch richtige Erde nehmen oder Früchte und Gemüse, um auf die üppigen Wohltaten dieses Elementes hinzuweisen. Der Osten ist Luft, die ich mit Räucherwerk oder Salbei symbolisiere. Der Süden ist Feuer, hier stelle ich meistens eine zweite Kerze auf. Der Westen ist Wasser. Hier postiere ich eine Schale Wasser mit einer Blume oder einem Pflanzensprössling, so dass die Teilnehmer sich selbst und den Altar mit Wasser besprenkeln können. Die Gruppenkerze, das ewige Licht, steht in der Mitte. Schmücken Sie den Raum und den Altar nach Belieben mit weiteren schönen Gegenständen. Legen Sie die Kissen im Kreis um den Altar, so dass die Teilnehmer, wenn sie mit ihren Instrumenten der Kraft hereinkommen, das Gefühl haben, einen heiligen Raum zu betreten. Ich empfehle auch, Musik zu spielen, damit die Leute nicht miteinander plaudern, sondern sich auf das Ritual der Heiligung und Weihe ihrer Instrumente der Kraft einstimmen.

Die Eröffnungsfeier

Meistens begrüße ich die Gruppe mit Harfenmusik und singe dazu die Zeile »Lobet Gott«. Daraus entwickelt sich ein Lied, das in einem schallenden »Halleluja« seinen Höhepunkt findet. Die einfachen Worte »Lobet Gott« wandeln sich langsam zu: »Lobet Gott, lobet die Göttin. Lobet den Herrn, lobet die Frau. Lobet den Vater, lobet die Mutter. Lobet den Bruder, lobet die Schwester. Lobet euch, lobet mich, lobet sie, lobet uns, lobet jeden und jede, lobet das Universum, halleluja!« Dann spreche ich darüber, was ich meine, wenn ich sage: »Lobet Gott.«

An die Reisenden

Wenn ich sage, »Lobet Gott«, meine ich Gottes Anwesenheit in jedem und allem. Wenn ihr Gottes Antlitz sehen wollt, müsst ihr nur eure Augen öffnen und um euch schauen! Ihr könnt nirgendwohin sehen, ohne das Antlitz Gottes zu erblicken. Gott loben heißt auch den Aspekt Gottes loben, den jeder von uns in sich trägt. Das Höhere Selbst, den Geist oder das innere Licht, das wir alle in uns tragen, ist eine der Zellen in Gottes Körper. Wir loben nicht einfach etwas Äußeres; wir loben etwas, das tief in uns ist. Und es ist durch und durch wert, gelobt zu werden. Indem wir es feiern, öffnen wir uns für die Freude, Teil von etwas zu sein, das umfassend und wunderbar ist, schön und schrecklich, ehrfurchtgebietend und prächtig, alles auf seine Art und alles eins mit Gott.

Und wir sollen und dürfen dabei auch Spaß haben! Viele sogenannte »primitive« Gesellschaften haben erkannt, wie wichtig es ist, dass wir an unseren heiligen Stätten Spaß haben. Die westliche Spiritualität ist überwiegend ernst, zumindest ist das meine Erfahrung, und ich denke, damit nehmen wir uns etwas von dem Glanz. Wenn alles so feierlich und gedämpft ist, entsteht ein enormer Drang zu kichern. Die Hopi-Indianer, denen das nur allzu bewusst ist, ziehen häufig einen Clown hinzu, um in ihre Rituale ein humorvolles Element einzubringen, so dass die Teilnehmer sich durch Lachen entspannen können. Anschließend können sie sich auf das Ritual tiefer einlassen. Ich halte es also für sehr wichtig, bei jedem Ritual nicht nur Feierlichkeit und Ernst, sondern auch Humor, Freude und Spaß einzubringen. Wenn etwas Witziges passiert, sollten wir uns dafür öffnen. Auch das ist Gott!

Wir haben hier einen heiligen Raum geschaffen, indem wir einen Altar errichtet haben. Er ist ein symbolisches kleines Universum für sich. Die Kerze ist der Mittelpunkt, und wir bilden mit unseren Körpern den Außenrand dieses Universums. Wenn wir unsere Instrumente der Kraft in die Mitte legen, werden sie zum Zentrum dieses Universums und unsere Körper bilden seinen Rand; wie Gott stellen auch wir das gesamte Universum dar. Indem wir diesen heiligen Raum betreten und unsere Symbole mit hineinbringen, haben wir teil an der Schöpfung.

Wir werden unsere Instrumente der Kraft heiligen und weihen. Wie ich bereits bei der Salbung der Helden erklärt habe, ist die Weihe eine Möglichkeit, unsere Suche zu einer heiligen Suche werden zu lassen. Durch das Instrument der Kraft, das uns unser Spiritueller Begleiter gegeben hat, wird diese unsere Suche noch auf einer weiteren Ebene etwas Größerem geweiht, das über unseren individuellen Weg hinausführt. Wir sagen damit: »Ich weiß, dass ich Teil eines größeren Ganzen bin, und weihe mich und meine Gaben diesem größeren Ganzen.«

Die vier Ecken des Altars, Norden, Osten, Süden und Westen, sind den vier Elementarkräften geweiht – Erde, Luft, Feuer und Wasser. Wenn wir die einzelnen Kräfte selbst in ihrer rohen, wilden Form in unseren Kreis riefen, würden sie uns vernichten. Die Erde, die von Norden hereinwirbelte, würde uns unter sich begraben. Ein Hurrikan würde uns alle wegblasen. Das Feuer würde uns verbrennen, das Wasser uns ertränken. Die reinen Elementarkräfte sind zu stark. Deshalb bitten wir die geistigen Wächter, die vier Erzengel, von denen es heißt, dass sie die vier Elementarkräfte bewachen, sie zu lenken und uns ihre wohltuenden Aspekte zu schenken.

Der Erzengel an der Torschwelle zum Norden ist Ariel. Auch wenn Erzengel weder männlich noch weiblich sind, sehe ich Ariel als weibliche Gestalt. Stellt euch eine wunderschöne schwangere Frau vor, die sich in einem Garten voller Früchte und Blumen sonnt und uns die Ernte der Erde anbietet. Sie ist in erdige Farben gekleidet, in Braun- und Orangetöne. Im Osten befindet sich der Erzengel Raphael, der hoch auf einem windumtosten Berg steht, angetan mit einer gelbblauen Robe, die ihn umflattert. Er hat die Arme ausgestreckt und schenkt uns die heilenden Elemente der Luft: kühlende Brisen, Atem, das inspirierende Einatmen und das Ausatmen. Im Süden steht Michael. Er wird häufig als Gestalt dargestellt, die in einem goldenen Gewand mitten in der Sonne steht, ihr flammendes Schwert erhoben. Er vernichtet den Dämon der Unwissenheit. Mit diesem Schwert hat er Adam und Eva aus dem Garten Eden vertrieben, so dass sie in die Welt hinausgehen mussten, um ihre Menschlichkeit zu entdecken. So schenkt sein Schwert uns Licht und Wärme und erleuchtet unser Denken und unser Herz, damit wir unterscheiden und Zusammenhänge wahrnehmen können. Im Westen steht Gabriel, den ich ebenfalls als eine Frau sehe, mit langen, flatternden Haaren, in einem grün-blauen Gewand, das an ihr herabfließt wie der Wasserfall, vor dem sie steht. Ihre Finger greifen in das Wasser und bieten uns seine kühlenden, durstlöschenden, reinigenden Wohltaten an.

Die Kerze in der Mitte des Altars ist ein Symbol für die Beziehung zwischen oben und unten. Der Mensch steht genau hier und verkörpert beides, oben und unten, Geist und Materie. Die Kerze ist ein Gruppensymbol für dieses menschliche Wesen, für uns. Die amerikanischen Ureinwohner errichten in der Mitte ihres Ritualplatzes häufig ein Feuer, das den menschlichen Geist symbolisiert. Sie schicken den Rauch zum Himmel als Gebet an das große Mysterium, während die Asche nach unten auf die Erde fällt und den Prozess von Tod und Wandlung symbolisiert.

Die Instrumente der Kraft weihen

In uralten Zeiten lagen Rituale im Aufgabenbereich der Priesterinnen und Priester. Das gilt mehr oder weniger auch heute noch. Ein Aspekt der herannahenden neuen Epoche ist jedoch, dass wir alle anfangen können, die Verantwortungen zu übernehmen, die diese heilige Position mit sich bringt. Wir können unsere eigenen Rituale entwickeln, um Erde und Himmel miteinander zu verbinden. Ihr werdet euch gleich ein kurzes Ritual ausdenken, um die segensreichen Eigenschaften von Erde, Luft, Feuer und Wasser in den Kreis, unser rituelles Universum, einzuladen und eure Instrumente der Kraft zu segnen.

In einer Gruppe

Die vier Personen, die direkt hinter den vier Elementen sitzen, gehen jetzt in die Mitte und nehmen das Symbol für das jeweilige Element in die Hand. Stellt euch vor, dass ihr im Dienste des Erzengels steht, der uns die Wohltaten dieses Elementes schenkt. Das Element Erde wird zum Beispiel durch ein Duftöl symbolisiert. Nehmt das Öl zur Hand und salbt euch und euer Instrument der Kraft damit. Jeder von euch wird ein kurzes Ritual abhalten und das Symbol dann nach links weitergeben, bis es einmal ganz im Kreis herumgegangen ist. Wenn es wieder bei euch angelangt ist, stellt es zurück auf den Altar. So hat jedes Gruppenmitglied Gelegenheit, zur Priesterin oder zum Priester zu werden und durch die Fürsprache der Erzengel die vier Elementarkräfte in den Kreis einzuladen. Wenn sämtliche Elemente wieder an ihrem Platz sind, nehmt euer Instrument der Kraft, legt es in die Mitte des Kreises und sprecht dabei die Worte: »Ich begebe mich in die Mitte des Kreises.«

An Einzelreisende

Folge dem gleichen Ablauf. Nimm dir Zeit, deinen Altar zu errichten und finde deine eigene Form, die vier Elementarkräfte in deinen Kreis einzuladen und das Oben und Unten wahrzunehmen. Du kannst um deinen Altar herumgehen, um die Grenzen abzustecken, an jeder der vier Ecken stehen bleiben und dein eigenes Ritual der Segnung abhalten. Improvisiere. Vertraue deinen Eingebungen.

An den Begleiter

Ich empfehle Ihnen, die Weihe zeitlich zu strukturieren. So können Sie zum Beispiel jemanden anweisen, auf langsames Atmen zu meditieren oder das selbst tun. Am Ende jedes dritten Atemzuges läuten Sie eine Glocke und weisen die entsprechende Person damit an, das Symbol weiterzugeben. Die Menschen werden von diesem Ritual oft völlig gefangen genommen und vergessen sich dabei. Wenn Ihr Ritual zu lange dauert, werden die Teilnehmer am Ende der Reihe unruhig. Unterstützen Sie den Humor, nicht aber die Unruhe. Wenn das Ritual sich in die Länge zieht, kann es an Intensität verlieren. Finden Sie also einen Weg, einen Rahmen zu setzen und den Ablauf zeitlich zu begrenzen.

Anschließend an dieses Ritual befindet sich meistens die gesamte Gruppe in einer gehobenen Stimmung. Jetzt ist der richtige Zeitpunkt, um die nächste geleitete Phantasie anzukündigen, bei der wir das Weihen der Instrumente der Kraft mit den Vorbereitungen für die nächste Reiseetappe, die Konfrontation zwischen Held und Dämon, verbinden.

Geleitete Phantasie: »Der goldene Held«

An die Reisenden

Schließ deine Augen, atme in deinen Bauch und erinnere dich an den Augenblick, wo du dein Instrument der Kraft gefunden hast. Führe dir diesen Moment deutlich vor Augen. Stell dir vor, dass deine Spirituelle Begleiterin oder dein Spiritueller Begleiter vor dir steht. Erlaube dir, die ganze Kraft, Schönheit und Stärke dieses Wesens zu spüren – strahlend und liebevoll steht es dort vor dir. Erinnere dich an die drei Fragen. Und frag den Spirituellen Begleiter noch einmal nach dem Namen deines Instruments der Kraft (*Pause*), nach seinen magischen Eigenschaften – welche Kräfte besitzt dieses Instrument? (*Pause*) – und seinem praktischen Nutzen. Stell dir vor, dass deine Spirituelle Begleiterin oder dein Spiritueller Begleiter dir das Instrument der Kraft überreicht. Du streckst die Hände aus, um es zu empfangen, und für einen Augenblick berühren sich eure Hände. Durch diesen Kontakt wird etwas übermittelt. Du spürst, wie die ganze Fürsorge, Herzenswärme und Weisheit des Spirituellen Begleiters in deine Hände strömt. Dann nimmst du dein Instrument der Kraft entgegen und dein Spiritueller Begleiter zeigt dabei auf etwas hinter dir. Du drehst dich um, und die Umgebung verwandelt sich. Du stehst jetzt vor einem wunderschönen goldenen Berg, auf dessen Gipfel die Sonne scheint.

Du nimmst dein Instrument der Kraft in die Hand und beginnst, den Berg aus Gold zu erklimmen. Und während wir hinaufsteigen, singen wir ...

An den Begleiter

■ Das Besteigen des goldenen Berges erfolgt in Form einer Singmeditation der Arica-Schule von Oscar Ichazo, einer Abwandlung der RAMs. Statt die RAMs so zu singen, wie wir es jeden Morgen getan haben (drei aus dem Bauch, drei aus dem Herzen und drei aus dem Kopf, wobei wir für jede Ebene eine andere Tonhöhe benutzen), beginnen wir auf der untersten Ebene. Mit jedem neuen Atemzug singen wir höher und steigen in unserem Körper nach oben wie auf dem goldenen Berg, von der Basis im Bauch durch das Herz bis zum Gipfel im Kopf. Durch diese Übung vertieft sich die meditative Stimmung der Teilnehmerinnen und Teilnehmer meistens. Vielleicht erfinden sie während des Singens kleine Melodien, aber wichtig ist, dass sie weiter nach oben steigen. Jeder geht dabei auf seine Weise vor. Die Gruppenmitglieder warten nicht aufeinander. Singend steigen sie langsam immer höher, bis sie die höchste Tonlage erreicht haben. Empfehlen Sie den Sängerinnen und Sängern, nicht höher zu singen, als ihnen ohne große Anstrengung möglich ist. Manche sind vielleicht eher fertig als andere. Wenn Sie glauben, dass alle auf dem Gipfel ihres goldenen Berges angekommen sind, läuten Sie eine Glocke, damit die Teilnehmer wissen, dass jetzt Zeit ist, aufzuhören. Dann beginnen Sie mit der geleiteten Phantasie. (Wenn Sie die RAM-Meditationen nicht machen, können Sie als Ton auch ein offenes »A« benutzen.)

An die Reisenden

Stell dir jetzt vor, dass du auf dem Gipfel des goldenen Berges stehst. Die Sonne ist direkt über dir. Du schaust dich um und kannst weit ins Land sehen. Dein Pfad, dein Weg ins magische Land, windet sich durch die Landschaft. Aber jetzt schau nach oben zur Sonne. Du hebst dein Instrument der Kraft über deinen Kopf und rufst mit lauter Stimme: »Ich weihe dies, mein Instrument der Kraft, der Erfüllung meiner Suche, der Verwirklichung meines Wunders und der Erleuchtung meines Lebens!« In diesem Augenblick fällt ein Sonnenstrahl von oben auf dein Instrument der Kraft, so dass es golden aufstrahlt. Und das Licht strömt auch in deine

Hände, Arme und Schultern, dein Herz, deinen Brustkorb und Atem; es füllt deinen Bauch und deinen Unterleib, deinen ganzen Körper – und du stehst dort auf dem Gipfel des Berges, eine Säule von Licht. Du bist zum goldenen Helden geworden!

Und jetzt schau nach unten in das Land, das sich zu deinen Füßen ausbreitet. Wie sieht die Landschaft aus? Irgendwo in dieser Landschaft befindet sich ein magisches Tor, der wundersame Eingang zu einer anderen Welt, eine Schwelle. Vielleicht führt sie in einen Wald, zu einem See oder zum Meer, in eine Höhle oder ein Schloss – deine besondere Schwelle wartet dort unten auf dich. Nimm also dein Instrument der Kraft in die Hand und beginne, den Berg aus Gold hinabzusteigen. Der goldene Held macht sich auf seinen Weg! Sonne im Haar! Eine sanfte Brise bläht deine Kleider! Der goldene Held auf seinem Pfad! Vögel und andere Tiere starren dich erstaunt an, während du an ihnen vorbeigehst. Niemals zuvor haben sie ein so schönes Wesen gesehen wie dich, so kraftvoll, der goldene Held auf seinem Weg! Das Gras teilt sich vor dir, und die ganze Natur verharrt in Staunen, während du vorübergehst. Diese Schönheit, diese Herrlichkeit des goldenen Helden auf seinem Weg!

Du steigst den Berg hinab. Dein Pfad windet sich durch das Land dort unten. Schau dich um. Irgendwo dort befindet sich ein magisches Tor – die Schwelle, die du überschreiten musst, um dein Wunder zu verwirklichen und das Ziel deiner Suche zu erreichen – deine Schwelle zum Abenteuer.

Stell dir jetzt vor, dass du vor dieser Schwelle stehst. Du, der goldene Held. Du weißt jedoch, bevor du das Land der Wunder betreten kannst, musst du dich dem Wächter der Schwelle stellen – dem Dämon deines eigenen Widerstands, dem Wächter, der dort steht, um dich daran zu hindern, zu erreichen, was du erreichen willst. Statt also darauf zu warten, dass der Dämon plötzlich und unerwartet hinter dir auftaucht, nimm dein Instrument der Kraft in die Hand, ruf den Dämon laut beim Namen und fordere ihn oder sie auf, herauszukommen und sich dir vor der magischen Pforte zu stellen.

Da erscheint die Gestalt des Dämons vor dir. Vielleicht sieht er nicht genauso aus wie gestern, Dämonen nehmen viele Erscheinungsformen, viele Gesichter an. Aber dort, direkt vor dir, erhebt sich die Gestalt des Dämons deines eigenen Widerstands. Wie sieht dieser Dämon aus? Schau ihm oder ihr in die Augen. Betrachte deinen Dämon! Wie mächtig erscheint er dir? Wie fühlst du dich, wenn du in diese Augen schaust? Der Dämon erwidert deinen Blick und starrt dich an, brüstet sich vor dir mit seiner ganzen Macht.

Wechsle jetzt deinen Blickwinkel. Dein Körper macht eine Verwandlung durch. Dein Gesicht wird ein anderes, und du wirst zum Dämon, der den Helden betrachtet, welcher deine Schwelle überschreiten will – der an dir vorbei will – der sich nehmen will, was du beschützt. Werde zu diesem Dämon! Erlebe dich als dieser Dämon, der den Helden betrachtet, sein Gesicht, seinen Körper, die Schultern. Wie stark schätzt du diesen Helden ein? Glaubst du, er schafft es, an dir vorbeizukommen? Dieser Held will sich nehmen, was du beschützt. Wirst du das zulassen? Stoß einen dämonischen Laut aus!

Jetzt atme wieder ruhig. Statt jedoch wieder zum Helden zu werden, verändere deinen Blickwinkel noch einmal. Jetzt ist es, als säßest du im Kino und schautest auf eine Leinwand. Auf der einen Seite befindet sich der Held, der vor der magischen Schwelle steht, und dieser Held bist du. Diesem Helden stellt sich der Dämon entgegen, um ihn daran zu hindern, den magischen Ort zu betreten. Und du bist auch dieser Dämon. Da ist der Held. Da ist der Dämon. Da ist die Schwelle. Die Zeit ist reif für die große Konfrontation, die stattfinden muss, bevor du die Schwelle überschreitest und dein Wunder verwirklichen kannst.

Lass die Kinoleinwand vor dir jetzt zurückschrumpfen in die Dunkelheit. Sie wird kleiner und kleiner, bis sie nur noch ein Lichtpunkt in der tiefen Dunkelheit ist, ein Stern in der Nacht. Sie wird zum Hologramm, das die Szene enthält, so dass du sie jederzeit abrufen kannst, wenn du bereit bist, dich der Konfrontation zu stellen. Du musst nur deine Augen schließen, den Lichtpunkt vor dir sehen und die Szene wieder in dein Blickfeld rücken.

Um jetzt aus der Welt der Phantasie zurückzukommen, wollen wir den Namen unseres Instruments der Kraft dreimal singen. So kann es uns von jenem zu diesem Ort zurückgeleiten. Wenn du den Namen zum ersten Mal singst, bleibst du noch in der anderen Welt und hältst deine Augen geschlossen. Beim zweiten Singen des Namens heben sich deine Augenlider langsam, und du erblickst dein reales Instrument der Kraft vor dir auf dem Altar. Und wenn du den Namen zum dritten Mal singst, sind deine Augen ganz geöffnet und betrachten dein Instrument der Kraft im Hier und Jetzt.

Macht
Übung 3: Die Geschichte erzählen

An den Begleiter

■ Wenn die Teilnehmerinnen und Teilnehmer von ihrer inneren Vision zurückgekehrt sind, weisen Sie sie an, sich in kleinen Gruppen oder zu zweit zusammenzufinden und sich zu erzählen, was sie bei der Suche nach ihrem Instrument der Kraft erlebt haben. *(Als Einzelreisender schreib die Geschichte in dein Tagebuch.)*

Der nächste Schritt wird die Konfrontation sein. Da die Gruppe Zeit braucht, um sich darauf vorzubereiten, empfehle ich, dass die Teilnehmer sich während der Pause, nachdem sie sich ihre Geschichten erzählt haben, für die Konfrontation in kleinen Gruppen von drei bis fünf Personen zusammenfinden. Kündigen Sie das aber erst an, nachdem sie sich ihre Geschichten erzählen konnten. Wenn Sie die Anweisungen für die Konfrontation schon vorher geben, halten alle aufgeregt nach Partnern Ausschau, bevor sie die Informationen über das Erlebte weitervermittelt haben.

Der Narrentanz

Finde eine Körperhaltung, die die Wendung deines Instruments der Kraft ausdrückt, und bring sie am Ende deines Narrentanzes ein. Wenn die Gruppe groß ist, können die Teilnehmer dies in ihren Kleingruppen tun und dann den Narrentanz durchgehen, um die neue Haltung mit hineinzunehmen.

KAPITEL 9

Die Konfrontation

In einem seiner Vorträge hat Joseph Campbell gesagt, der Unterschied zwischen einem schizophrenen Schub und einem spirituellen Erwachen bestünde darin, dass der Schizophrene seine inneren Themen nach außen projiziert und sie auf der Bühne der Welt ausagiert, während die gleichen Themen von Menschen, die sich auf den spirituellen Weg begeben haben, auf immer tieferen Ebenen ihres inneren Wesens durchgespielt werden. Wenn die Reisenden die Augenbinde für die Konfrontation anlegen, bereiten sie sich vor, noch tiefer zu gehen. Ich betrachte die Konfrontation als Transformation vom Heldenanwärter zum Initiierten, der bereit ist, den ersten Schritt in die andere Welt zu tun. Um diesen Schritt machen zu können, müssen die Reisenden die Konfrontation mit ihren Widerständen hier an dieser Schwelle bestehen.

An Einzelreisende

Lies dir dieses Kapitel durch, und mach dann die alternative Form der Konfrontation 1 (siehe weiter unten). Wenn du möchtest, kannst du deine Konfrontation auch als Dialog in deinem Tagebuch beschreiben.

An den Begleiter

In der Nachmittagssitzung dieses vierten Tages finden die Teilnehmerinnen und Teilnehmer sich in Kleingruppen von drei bis vier Personen zusammen. Jede dieser Untergruppen wird eigenständig arbeiten, ihren eigenen Zeitplan entwickeln und die Konfrontation nach der Form durchspielen, die Sie ihr vorgeben. Meistens haben die Leute Probleme damit, sich in Kleingruppen aufzuteilen. Manchmal kann der Begleiter hilfreich eingreifen, aber ich empfehle Ihnen, die Teilnehmer ihren eigenen Weg durch diese Schwierigkeiten finden zu lassen. Ich bin fest davon überzeugt, dass die Gruppen sich nach einer bestimmten Gesetzmäßigkeit zusammenfinden.

Das heißt, die Menschen, die sich auf der gleichen Stufe befinden, ziehen sich gegenseitig an. Wer sich tief einlassen kann, wird seinesgleichen finden, und auch die Teilnehmer, die emotional nicht so tief gehen wollen, kommen als Gruppe zusammen. Die Alternative besteht jedoch darin, den Zufall entscheiden zu lassen. In jüngster Zeit gehe ich öfter so vor: Ich schreibe Zahlen auf kleine Zettel, falte diese zusammen und lege sie in einen Hut, aus dem jeder sich einen Zettel nimmt. Dann können die Teilnehmerinnen und Teilnehmer sich anschauen, was der Zufall ihnen für ein Puzzlestück gibt, das sie in ihre Geschichten einfügen können.

In einer früheren Version der Heldenreise war die Konfrontation ein ziemlich theatralisches Ereignis. Jede Kleingruppe bestand aus fünf Personen. Eine Person war die Hauptdarstellerin oder der Hauptdarsteller, eine andere spielte den Begleiter; der Stellvertreter spielte die Rolle, die der Schauspieler nicht spielte. Die anderen beiden improvisierten einen musikalischen Hintergrund und sorgten damit für das Ambiente einer chinesischen Oper. Das war sehr aufregend. Ich kann mich noch an eine besonders bewegende Heldenreise in Deutschland erinnern, bei der wir so vorgingen. Der Held, eine Frau, war ein zierliches, reizendes, seelenvolles Unschuldswesen. Sie trug ein weißes Kleid und hatte als Instrument der Kraft lediglich ein paar indische Meditationszimbeln. Der Dämon war ein riesiges Monster, das am Rande eines entsetzlichen Schlachtfelds stand und von Kriegsnarben übersät war. Schauplatz war eindeutig Deutschland nach dem Zweiten Weltkrieg. Der Dämon kreischte den Helden an, wegzugehen. Es war schrecklich rührend zu sehen, dass der Dämon die Heldin liebte und nicht wollte, dass sie mit den entsetzlichen Realitäten des Krieges konfrontiert würde. Die Frau, die die Stellvertreterin spielte, sah der Hauptdarstellerin so ähnlich, als wäre sie ihre Zwillingsschwester. Die anderen machten im Hintergrund Musik, und die Szene war wirklich filmreif. Schließlich begann die Heldin in all ihrer Unschuld und Einfachheit die Zimbeln anzuschlagen. Sie läutete sie lange – vielleicht zehn bis fünfzehn Minuten –, und während sie das tat, erinnerte die Dämonengestalt sich daran, dass sie vor dem Krieg immer Klavier gespielt hatte. So kamen die beiden mit Hilfe von Musik und Klang zusammen. Die Frau gestand später, dass sie die Tochter von Nazis war und es immer als tiefen Konflikt erlebt hatte, dass sie ihren Vater und ihre Mutter liebte und doch als Nazis hasste. Sie konnte ihr Land nicht lieben, denn sie verabscheute, was die Deutschen getan hatten.

Die Erinnerung an die wandelnde Kraft der Musik ließ die Dämonin schließlich schmelzen, so dass sie die Heldin lieben und wissen lassen konnte, dass ihre wirkliche Sorge darin bestand, sie vor dem Entsetzen und der Vernichtung in ihrem Leben zu bewahren. Aber die Heldin musste der Wahrheit ins Gesicht sehen. Und die Dämonin weinte wie Mutter Deutschland und öffnete der Heldin ihre Arme, um ihr schließlich zu erlauben, den Ort des Entsetzens zu betreten und ihn mit ihrer Einfachheit und Liebe zu heilen.

Zu der Zeit ging ich die Konfrontation also etwas theatralischer an als heute. Wenn Sie auch so vorgehen möchten und genügend Zeit haben, um in Gruppen von fünf bis sechs Leuten zu arbeiten, kann die Konfrontation zu einem außergewöhnlichen Ereignis werden. Ich rate Ihnen aber, in Gruppen von drei oder höchstens vier Personen zu arbeiten.

Es ist wichtig, sich klarzumachen, dass die anderen Mitglieder der Kleingruppe die Aufgabe haben, die Person, die gerade arbeitet, bei ihren inneren Prozessen zu unterstützen, und nicht dazu da sind, von ihr unterhalten zu werden. Diese Arbeit ist keine Darstellung für andere, sondern ein inneres Drama. Bis zu diesem Punkt bestand die Herausforderung vor allem darin, sich zu zeigen, auch wenn das mit inneren Verarbeitungsprozessen einherging. Sowohl beim Heldenbankett als auch beim Dämonentanz bestand ein Teil des Risikos darin, sich den anderen als Held oder Dämon zu präsentieren. Für die Konfrontation jedoch legen die Teilnehmerinnen und Teilnehmer Augenbinden an und die Reise geht nach innen.

Die Gruppe arbeitet bis zu Beginn der ersten Sitzung am nächsten Nachmittag mit der Konfrontation. Ich lege den Teilnehmerinnen und Teilnehmern nahe, sich für diese Phase ihren eigenen Zeitplan zu machen. Sie haben einen Nachmittag, einen Abend und eine Morgensitzung für diese Arbeit zur Verfügung. Sollten sie mehr Zeit brauchen, können sie sich absprechen. Ich empfehle, dass sie jede Sitzung beginnen und abschließen, indem sie sich einen Augenblick an den Händen halten und gemeinsam singen. Damit vermitteln sie sich das Gefühl, dass jede Sitzung in sich rund ist.

Haben die Teilnehmerinnen und Teilnehmer angefangen zu arbeiten, gehen Sie als Begleiter von Gruppe zu Gruppe und schauen nach dem Rechten. Sie sollten Ihre Vorschläge so unaufdringlich wie möglich einbringen. Wenden Sie sich an den Begleiter und nicht an die Person, die gerade arbeitet, es sei denn, der Begleiter verweist Sie an diese oder Sie haben das Gefühl, sich stärker einmischen zu müssen. Denken Sie daran, die Person, die eine Augenbinde trägt, befindet sich in einer anderen Wirklichkeit und Ihre Stimme könnte ein Schock für sie sein. Es ist also sehr wichtig, dass Sie behutsam intervenieren.

Es ist ein wunderbares und faszinierendes Erlebnis – viel besser als Fernsehen! –, von einer Szene zur anderen zu wechseln. In einem Raum treffen Sie auf ein farbenprächtiges Drama zwischen markanten archetypischen Persönlichkeiten, während sich im nächsten Zimmer Held und Dämon halbnackt mit den Fäusten bearbeiten und sich mit barbarischen Worten beschimpfen. Nebenan nippen sie bei der Konfrontation an ihren Teetassen, und noch ein Zimmer weiter schieben sie sich über einen großen Konferenztisch Geschäftsnotizen zu. Jede Konfrontation spiegelt das Wesen der Person wider, die gerade arbeitet, und gibt Aufschluss über den Ruf, den sie erhalten hat.

An die Reisenden

Ich betrachte mich gern als Safari-Leiter. Ich habe euch gesagt, welche Kleidung und welches Mückenschutzmittel empfehlenswert ist, welche Filme ihr am besten für eure Kamera und welche Munition für euer Gewehr benutzt. Wir haben uns einige Zeit für die Reisevorbereitungen genommen. Dann sind wir zusammen in den Jeep gestiegen und haben uns auf den Weg gemacht. Vielleicht haben wir unterwegs angehalten, um in der Bar am Ort etwas zu trinken, und sind dann wieder in den Jeep gestiegen. Und jetzt befinden wir uns am Rande des Dschungels. Hier beginnt die Wildnis wirklich! Jetzt ist es Zeit für mich, an meinen Hut zu tippen, mich von euch zu verabschieden und zu sagen: »Tschüs dann, bis später«, denn jetzt müsst ihr die volle Verantwortung für euch und eure Reise übernehmen. Aufgrund meiner reichen Erfahrungen als Safari-Leiter möchte ich euch jedoch vorher noch von Dämonen und Helden erzählen und euch einen Eindruck von den möglichen Ereignissen am Eingang zum Land der Wunder vermitteln.

Zunächst einmal ist es durchaus möglich, dass ihr euren Dämon tötet. Wenn ihr das tun solltet, lasst aber bitte den Körper des Dämons nicht einfach an der Schwelle zum Abenteuer liegen. Ich kann euch versichern, dass der Dämon sich dann wieder erheben und euch von hinten anfallen wird, denn er ist ebenso Teil von euch wie der Held. Beide, sowohl der Dämon als auch der Held, seid ihr, und ihr könnt euch nicht selbst töten. Ihr könnt die selbstzerstörerische Form vernichten, die die Energie angenommen hat, aber nicht die Energie selbst. Denkt daran, bei diesem Drama trägt ein Aspekt eurer Person den Namen des Dämons. Ihr habt beim Dämonentanz die Macht, Lebendigkeit und Schönheit dieser Seite von euch erfahren. Warum solltet ihr sie töten wollen? Ja, zerstört den negativen

Impuls, der gegen euch gerichtet ist, aber wandelt die Energie um. Vielleicht müsst ihr jedoch erleben, dass ihr die Macht habt, das zu töten, was sonst euch töten würde, und euer Held bringt den Dämon um. Wenn ihr euch dazu entschließen solltet, nehmt anschließend euer Instrument der Kraft und schwenkt es über dem Körper des Dämons. Dann wird dieser sich in eine Kraft verwandeln, die ihr euch einverleiben, die ihr essen, atmen oder trinken könnt. Nehmt die Macht des Dämons wieder in euch auf, aber ohne den Schmerz. Lasst den Schmerz am Eingang der Höhle zurück, nicht aber den Dämon.

Das Schlimmste wäre, die Konfrontation völlig zu vermeiden oder als rein geistige Übung zu betrachten. Je stärker ihr euch körperlich einbringt, desto besser. Und vor allem, versucht nicht die Konfrontation zu planen. Lasst sie von selbst geschehen.

Held und Dämon können jede erdenkliche Beziehung eingehen. Sie können zu einer Übereinkunft kommen oder sogar einen Vertrag schließen; sie können sich anfreunden oder eins werden. Vielleicht entdeckt ihr nach einiger Zeit, dass die beiden etwas gemeinsam haben. Vielleicht sind sie beide tapfer oder wollen etwas voneinander. Sollte das der Fall sein, habt ihr die Grundlage für einen Vertrag, für eine Übereinkunft, von der beide Parteien profitieren werden.

Die Konfrontation dauert so lange, bis beide Seiten zufrieden sind. Ist der Dämon mit dem Schluss nicht einverstanden, seid auch ihr nicht zufrieden. Es ist sehr wichtig, sich daran zu erinnern. Der Dämon ist letzten Endes kein Feind. Der Dämon ist ein Teil von euch, der bösartig geworden ist und ebenso zufrieden gestellt werden muss wie der Held. Als ich die Heldenreise einmal in Irland durchführte, kam eine Frau zu mir, die lange an ihrer Konfrontation gearbeitet hatte. Sie lächelte über das ganze Gesicht und sagte: »Nun, ich habe meine Konfrontation zum Abschluss gebracht und fühle mich wunderbar!« »Was ist mit deinem Dämon passiert?« fragte ich, und sie erwiderte: »Ich habe ihn in eine kleine grüne Flasche gesteckt, die ich bei mir trage.« Ich fragte: »Wie fühlst du dich in der Flasche?« Sie antwortete: »Oh, ziemlich schrecklich! Ich leide unter Platzangst!« Also sagte ich: »Geh zurück und mach weiter, bis beide Parteien zufrieden sind.«

Manchmal taucht mitten in der Konfrontation eine Szene aus der Kindheit oder der jüngsten Vergangenheit auf. Geht ihr nicht aus dem Weg. Begebt euch in die Szene hinein und spielt sie genauso durch wie die Konfrontation zwischen Held und Dämon. Spielt sämtliche Rollen in dieser Szene (euch selbst, Mutter, Vater, Geliebte und so weiter); äußert, was zum Ausdruck gebracht werden muss, und schaut, ob ihr zu einer Lösung gelangen könnt. Wenn das nicht möglich ist, solltet ihr die Szene zumindest aus sämtlichen Blickwinkeln erleben. Wenn ihr damit fertig seid, kehrt zur Schwelle zurück. Einmal erschien der Dämon einer Frau als riesige Spinne, die über dem Eingang zur Höhle hing. Als sie die Spinne näher betrachtete, sah sie, dass das Tier das Gesicht ihrer Mutter hatte. Da kam ihr ein Kindheitsereignis hoch, bei dem die Mutter sie zu etwas gezwungen hatte, was sie nicht wollte. Sie begab sich in diese Szene hinein und begann, sie zu erforschen. Mitten im Geschehen tauchte plötzlich ihr Collie auf, der in der Kindheit ihr bester Freund gewesen war. Sie nahm die Rolle des Hundes an und fand über ihn heraus, was sie ihrer Mutter sagen musste. Nachdem sie ihrer Mutter sowohl aus der Sicht des Kindes als auch aus der des Hundes alles mitgeteilt hatte, was zur Sprache kommen musste, wurde sie zu ihrer Mutter und erlebte, wie tief das zum Ausdruck Gebrachte sie erreichte und wie sehr sie um die Gesundheit des Kindes besorgt war. Als sie zum Eingang der Höhle zurückkehrte, sah sie die Spinne als winziges Geschöpf, das sie an seinem Faden nehmen und für den Rest der Reise als Helferin bei sich tragen konnte. Ganz gleich also, was ihr erlebt und tut, kehrt zur Schwelle zurück und nehmt es mit.

Man könnte sagen, dass der Dämon am Eingang zum Unterbewussten steht. Sämtliche magischen Kräfte und Mächte des Unbewussten stehen ihm auf den leisesten Wink hin zur Verfügung. Es ist fast, als hielte er eine Atomwaffe in den Händen, während er dort steht und auf den Helden wartet. Aus diesem Grund habe ich versucht, dem Helden so viel Hilfe wie möglich zukommen zu lassen. Er hat das Instrument der Kraft und kann den Spirituellen Begleiter zu seiner Unterstützung rufen. Ihm stehen auch sämtliche anderen Helden, die sich beim Heldenbankett versammelt haben, zur Seite. Wenn ihr als Held Unterstützung braucht, müsst ihr nur eine dieser Hilfsquellen in Anspruch nehmen. Da jedoch jede Gestalt in diesem Drama ein Aspekt von euch ist, schlüpft einfach selbst in die Rolle des jeweiligen Helfers, sei es die eures Spirituellen Begleiters oder eines anderen Helden; oder ihr nehmt euer Instrument der Kraft zur Hand. Die Konfrontation ist eine Art Gestaltprozess, und bei der Gestaltarbeit spielt ihr sämtliche Rollen eures Dramas selbst.

Manchmal ist es sehr wirkungsvoll, wenn wir dem Dämon tief in die Augen schauen und versuchen, herauszufinden, was sich hinter dieser schrecklichen Fassade verbirgt. Vielleicht seid ihr überrascht von dem, was sich euch enthüllt. Hinter jedem Dämon verbirgt sich ein verletztes kleines Kind. Manchmal leitet diese Entdeckung dramatische Veränderungen ein. Die Auflösung der Konfrontation kann bei jedem Gruppenmitglied anders aussehen. Ich höre nie auf, darüber zu staunen, wie genial unser kreatives Unbewusstes ist.

Die Konfrontation

1. Der erste Schritt besteht darin, die Rollen festzulegen. Die Person, die arbeitet, ist die Hauptdarstellerin beziehungsweise der Hauptdarsteller. Sie entscheidet auch, welche der folgenden Rollen die anderen zwei oder drei Teilnehmer der Kleingruppe spielen sollen.

Begleiter/Förderer: Die Rolle der Begleiterin oder des Begleiters besteht darin, die Konfrontation zu fördern. Als Begleiter übernimmst du weder die Führung, noch bist du verantwortlich für die Lösung. Deine Aufgabe besteht vielmehr darin, Vorschläge zu machen und zu verfolgen, wie die Konfrontation verläuft. Es ist wichtig, den Hauptdarsteller daran zu erinnern, sich so weit wie möglich körperlich einzubringen, damit sich das Drama nicht nur im Kopf abspielt. Schlag auch vor, dass er oder sie Laute von sich gibt, mit Körperhaltungen arbeitet und zwischen den Rollen von Held und Dämon wechselt. Sorge dafür, dass die beiden Gestalten kontinuierlich miteinander kommunizieren. Jedesmal, wenn eine Frage auftaucht, kannst du vorschlagen, dass Held und Dämon die Rollen wechseln, so dass der Fragende sich selbst die Antwort gibt. Schlag auch dann einen Rollentausch vor, wenn der Hauptdarsteller lange Zeit bei einer Rolle geblieben ist und du dich fragst, was die andere Gestalt denkt oder fühlt. Vielleicht musst du den Ablauf von Zeit zu Zeit mit dem Hauptdarsteller besprechen, aber lass dich nicht auf seine Seite ziehen. Wenn er zum Beispiel sagt: »Ich mag nicht, wie der Dämon mich anschaut«, schlag ihm vor: »Sag das dem Dämon.« Damit hilfst du ihm, bei seinem Prozess zu bleiben. Wenn du den Ablauf als Bühnenstück betrachtest, bist du der Regisseur. Du sorgst dafür, dass die Begegnung weitergeht und erinnerst den Helden an seine Hilfsmittel.

Ersatzdarsteller: Die dritte Rolle ist die der Ersatzdarstellerin oder des Stellvertreters. Diese Rolle finden wir im Gestaltprozess meistens nicht vor, ich habe aber auf dem Hintergrund meiner Bühnenerfahrungen festgestellt, dass sie für die Beteiligten eine große Hilfe ist, um ihre Konfrontation intensiver zu erleben. Der Ersatzdarsteller übernimmt die Rolle des Gegenspielers für den Hauptdarsteller. Er imitiert den Hauptdarsteller, wo immer es sich anbietet. Wenn der Hauptdarsteller sich als Dämon äußert und dann die Rolle wechselt, um als Held zu antworten, spielt der Ersatzdarsteller den Dämon und imitiert den Hauptdarsteller, damit dieser seinen Dämon vom Standpunkt des Helden aus hören kann. Wenn du als Hauptdarsteller hörst, wie der Ersatzdarsteller dich nachahmt, wird die Erfahrung intensiver für dich. Da du eine Augenbinde trägst, siehst du den Ersatzdarsteller nicht. Du befindest dich in der Welt von Held und Dämon. Aber vor dir steht eine konkrete Präsenz. Wenn es zwischen Held und Dämon zu einem körperlichen Kontakt kommt, kann der Ersatzdarsteller den Dämon spielen. Solltest du als Held also die Hand des Dämons ergreifen wollen, muss das kein

Vorstellungsbild bleiben, sondern du kannst eine reale Hand in die deine nehmen. Gewöhnlich schaltet der Ersatzdarsteller sich immer dann ein, wenn ein Rollenwechsel stattfindet, es sei denn, der Hauptdarsteller ist so in sein Spiel vertieft, dass er den Ersatzdarsteller gar nicht braucht. Der Ersatzdarsteller kann sämtliche Sätze wiederholen, die vor dem Rollentausch zu ihm gesagt wurden, aber er bringt keine eigenen Begriffe ein. Er ist immer nur ein Spiegel, ein Abbild.

Beschützer/Unterstützer: Besteht die Gruppe aus vier Teilnehmern, so kann auch die vierte Rolle, die des Beschützers oder Unterstützers, besetzt werden. Da der Hauptdarsteller eine Augenbinde trägt, muss er davor geschützt werden, gegen Wände oder Möbel zu laufen. Die Beschützerin oder der Beschützer sorgt dafür, dass der Hauptdarsteller sich nicht verletzt. Wenn der Hauptdarsteller auf ein Kissen einprügeln muss, holt der Beschützer eines. Möchte die Hauptdarstellerin oder der Hauptdarsteller die Konfrontation auf Kassette aufnehmen, kann sich die beschützende-unterstützende Person auch darum kümmern.

Der Hauptdarsteller: Die Entscheidung darüber, ob die Vorschläge des Begleiters angenommen werden, liegt immer bei der Hauptdarstellerin oder beim Hauptdarsteller. Mischt sich der Begleiter zu stark ein, kann der Hauptdarsteller sich dagegen verwahren. Als Hauptdarsteller übernimmst du die Verantwortung dafür, dass dein Drama so reichhaltig und umfassend wie möglich verläuft. Es ist sehr wichtig, dass du dich körperlich möglichst intensiv einbringst. Ich möchte dir empfehlen, im Stehen zu arbeiten, damit du deinen ganzen Körper einsetzen kannst. Wenn du nur Kopf und Hände benutzt, behinderst du dich selbst, und im Sitzen neigen wir dazu, uns vom Becken abwärts von unserem Körper abzuspalten. Du trägst während der Konfrontation eine Augenbinde. Du arbeitest nicht für deine Gruppe, sondern nur für dich, und alle im Team haben die Aufgabe, dir dabei zu helfen, dass dein Drama zu einer intensiven Erfahrung für dich wird. Wenn dir nicht behagt, was die anderen tun, musst du dich entsprechend äußern. Als Hauptdarsteller übernimmst du die Verantwortung dafür, dass du bekommst, was du brauchst.

2. Der zweite Schritt besteht darin, die Bilder auszuarbeiten, die du gemalt hast, und zehn bis fünfzehn Minuten darüber zu sprechen. Verbringe aber nicht die ganze Konfrontation damit.

3. Lege deine Augenbinde an, begib dich in die Nullposition und tanze deinen Narrentanz. Beziehe auch die neue Haltung für die Weihung des Instruments der Kraft mit ein. Während du tanzt, erzähle deine Geschichte. Du musst nicht viel reden, denn die anderen sehen deine Haltungen. Gehe einfach deinen Narrentanz durch und erzähle deine Geschichte bis zum jetzigen Zeitpunkt. Dann komm zurück in die Nullposition und beschreibe die Szene an der Schwelle; schildere, was mit

dem Helden geschieht, was dem Dämon widerfährt und wie die Schwelle selbst aussieht.

4. Im japanischen No-Theater wird mit einer kleinen Brücke gearbeitet, die der »Blumengang« heißt und die die Schauspielerin oder der Schauspieler überquert, um von der Garderobe auf die Bühne zu gelangen. Wenn der Schauspieler die Brücke betritt, ist er der Darsteller im Kostüm der Figur, die er spielt. Bei seinem langen, langsamen Gang über die Brücke nimmt er das Wesen, die Essenz, die Seele der Figur an, die er spielt, so dass er, wenn er seinen Fuß auf die Bühne setzt, als Schauspieler nicht mehr existiert, sondern nur noch als die zu spielende Figur. Die folgende Übung beruht auf diesem Konzept von Theaterarbeit.

Beginne in der Nullposition. Während der Begleiter bis sieben zählt und dazu auf ein rhythmisches Instrument schlägt, nimm die Position des Helden ein. Beim Zenit angekommen, bist du der Held. Dann zählt der Begleiter sieben Schläge rückwärts, und du kehrst zu Null zurück. Jetzt wiederhole diesen Ablauf von Null bis Sieben und nimm dabei die Haltung des Dämons ein. Kehr zu Null zurück. Verwandle dich noch einmal in Held und Dämon, und lass beim Zenit als jede der beiden Gestalten einen Laut entstehen, um das Herzzentrum zu erwecken. Wiederhole den Prozess ein drittes Mal und wandle den Klang des Lautes dabei in folgende Erklärung um: »Ich bin der Held (*Name*)!« »Ich bin der Dämon (*Name*)!« Mit der Verkündung deiner Identität hast du den Blumengang beendet und trittst jetzt auf die Bühne. Die Figur ist präsent, und du bist bereit für die Konfrontation.

5. Der Begleiter führt dich wieder zu Null, indem er rückwärts zählt, und fragt dich, mit welcher Rolle du beginnen möchtest.

6. Wenn du beschließt, zuerst die Rolle des Helden zu spielen, nimmt der Ersatzdarsteller die Haltung des Dämons ein, und du fängst an. Denk daran, dies ist kein Gespräch über Dämonen und Helden zwischen dir und deinem Begleiter; es geht um die Konfrontation der beiden. Du *sprichst* nicht *über* den Helden, du *bist* der Held. Der Begleiter muss sorgfältig darauf achten, dass keine Geschichten erzählt werden, sondern dass sich ein Drama abspielt, an dem alle hier versammelten Gestalten teilnehmen.

7. Spiel die Konfrontation durch, bis du zu einer Lösung gelangst, die für beide Parteien befriedigend ist.

8. Am Ende gibt der Hauptdarsteller eine Erklärung ab, in der er die Lösung zusammenfasst. Halte diese Erklärung kurz, möglichst nicht länger als zehn

Worte. (Wenn du auch nach stundenlanger Arbeit zu keinem befriedigenden Abschluss gelangen kannst, sprich einfach aus, dass du in der Sackgasse steckst und sag zum Beispiel: »Ich werde dich niemals akzeptieren, Dämon.« In der Neufassung wird daraus: »Ich werde mich niemals akzeptieren.« Es ist wichtiger, dass du deine augenblickliche Wahrheit erfährst, als dass du dir ein Happy-End à la Hollywood vorgaukelst. Wir werden noch eine weitere Übung machen, die dir vielleicht weiterhelfen kann.)

9. Formuliere die Erklärung, mit der du deine Lösung verkündest, noch einmal als Ich-Aussage und in der Gegenwartsform. Der gesamte Prozess des Workshops zielte bislang darauf ab, widerstreitende Aspekte der Persönlichkeit deutlich zu machen, um herauszufinden, wie diese letzten Endes eine neue Beziehung eingehen können. Der Held ist ebenso ein Teil von dir wie der Dämon. Wenn du diese Äußerung noch einmal als Ich-Aussage formulierst, wird deutlicher, dass du diese Aspekte neu integrierst. Hat dein Held in seiner Abschlusserklärung zum Beispiel zum Dämon gesagt: »Ich kann dich heilen und lieben«, könnte dieser Satz in der Neuformulierung lauten: »Ich kann mich heilen und lieben.« Das »kann« ist hier sehr hilfreich, denn es benennt eine reale Möglichkeit, während das Wort »werde« auf ein mögliches zukünftiges Programm verweist.

10. Das Drama zu beenden und in die Gegenwart zurückzukehren ist genauso wichtig wie das dramatische Geschehen selbst. Die Abschlusserklärung steht für deine Rückkehr in das Hier und Jetzt. Während du deine Augenbinde ablegst, öffnest du langsam die Augen und nimmst die Farben deiner Umgebung wahr, die die Farben deiner Phantasiewelt allmählich überlagern. Lass dir einen Augenblick Zeit, deine Partnerinnen und Partner nicht nur anzuschauen, sondern wirklich vor dir zu sehen. Dann gib deine Erklärung der Reihe nach jedem Mitglied deines Teams ab. So wird diese zum Mantra, zu einem Satz, den du dir in deinem Alltag immer wieder vorsagen kannst, um dich an diesen Augenblick der Wandlung zu erinnern.

11. Löse die Verträge. Für die Konfrontation hast du Verträge geschlossen, die deine Beziehung zu den anderen Mitgliedern deines Teams festlegten. Sie haben dem Hauptdarsteller als Begleiter, Ersatzdarsteller und Beschützer gedient. Es ist wichtig, diese Vereinbarungen jetzt aufzuheben, um sich wieder gleichwertig zu begegnen. Eine gute Formulierung wäre zum Beispiel: »Ich bin nicht mehr dein Begleiter, ich bin Frank.«

12. Gebt einander Feedback, und erzählt euch, wie ihr euch mit eurer Aufgabe und auch persönlich gefühlt habt. Schließt die Übung ab, indem ihr euch einen Moment an den Händen haltet und zusammen singt.

Die Konfrontation: Alternative Formen

Alternative Form 1

Diese Kurzform der Konfrontation eignet sich sowohl für Alleinreisende als auch für eine Wochenendgruppe. Hier verläuft die Konfrontation in Form eines Tanzes. Um die Tanz-Konfrontation durchführen zu können, müssen Held und Dämon ganz spezielle Haltungen einnehmen. Der Held strebt seinem Ziel entgegen und spürt diese Haltung im ganzen Körper. Der Dämon begibt sich in eine Position, mit der er das Bestreben des Helden hindert. Es empfiehlt sich, mit einem Partner zusammenzuarbeiten, der euren Raum schützt, während ihr eure Konfrontation tanzt. Wechselt zwischen den beiden Rollen hin und her und folgt dem Ablauf, der unter Punkt 4 der langen Form dieser Übung beschrieben ist, um ein Gespür für den Helden und für den Dämon zu bekommen. Dann legt Musik auf und tanzt eure Konfrontation. Benutzt dabei Wörter, Laute und alles, was ihr braucht, um die Begegnung so intensiv wie möglich zu gestalten. Der Partner hat die Aufgabe, euch Kissen zu bringen, auf die ihr einschlagen könnt, euren Raum zu schützen und euch vielleicht sogar wie ein Schamane mit einem rhythmischen Instrument zu unterstützen. Wenn die Konfrontation zu einem befriedigenden Abschluss gekommen ist, setzt euch hin. Teilt eurem Partner mit, was ihr entdeckt habt, gebt eure Abschlusserklärung ab und formuliert sie als Ich-Aussage in der Gegenwartsform.

Auch wenn die längere Form der Konfrontation natürlich subtiler und vielschichtiger ist und insgesamt tiefer geht, kann diese Tanz-Konfrontation ebenfalls eine eindringliche Erfahrung sein. Die Vereinigung von Held und Dämon kann das Werk eines Augenblicks sein und muss nicht vier Stunden dauern!

Alternative Form 2

Ihr könnt die Konfrontation auch in Form einer Folgephantasie durchführen, die entweder mit der Abschlusserklärung endet oder weitergeht bis zur Belohnung. Die Teilnehmer arbeiten in Paaren mit dem Arbeitsbuch, das den Prozess detailliert beschreibt. Der Hauptdarsteller legt eine Augenbinde an, macht es sich auf einer Matratze bequem und ruft sich das Bild der Schwelle zum Abenteuer ins Gedächtnis. Er begibt sich in das Drama und lässt zu, dass es sich vor seinem inneren Auge entfaltet. Von Zeit zu Zeit nimmt er die Rollen der verschiedenen Gestalten ein. Sein Partner unterstützt ihn dabei und macht Vorschläge, die sich auf das Arbeitsbuch stützen. Dieser Ablauf ist etwas komplizierter, denn die unterstützende Person muss den Text des Arbeitsbuches zu genauen Anleitungen umformulieren. Bei dieser Art der Konfrontation ist der Begleiter zugleich Protokollant und macht sich Notizen zum Prozess des Hauptdarstellers. Ihr könnt diesen Teil der Reise auch auf Kassette aufnehmen. Weil sich dabei so vieles ereignet, kann das eine große Hilfe sein.

Andere Formen

Vielleicht möchtet ihr die Konfrontation je nach persönlichem Hintergrund und Interesse auch ganz anders gestalten. Je spontaner sie verläuft, desto besser. Achtet darauf, dass Held und Dämon alles zum Ausdruck bringen, was sie sich mitteilen müssen, um ihre Beziehung heilen zu können. Wenn ihr zur Versöhnung übergeht, bevor die beiden Gestalten Gelegenheit hatten, alles auszusprechen, was notwendig ist, ist es, als würdet ihr ein Pflaster auf eine tiefe Wunde kleben.

Denkt auch daran, eure Hilfsquellen zu nutzen. Überlegt, wie das Instrument der Kraft euch helfen könnte, die Konfrontation aufzulösen. Der Spirituelle Begleiter betrachtet die Beziehung zwischen Held und Dämon mit mitfühlendem Abstand und gibt euch mit dem Instrument der Kraft häufig genau das Werkzeug in die Hand, das euch hilft, die beiden zu versöhnen.

Die Konfrontation gibt Menschen die Gelegenheit, tiefgreifend an sich zu arbeiten. Wir haben den Boden für dieses Ereignis sorgfältig vorbereitet. Achtet also darauf, dass ihr genügend Zeit habt, um es so weit wie möglich auszuschöpfen. In einer Gruppe sollte der Begleiter bei auftretenden Problemen immer zur Verfügung stehen.

KAPITEL 10

Das Land der Wunder

RAM-Meditation, 5. Tag

Um sich auf das Betreten des Landes der Wunder vorzubereiten, empfiehlt es sich, die Abschlusserklärung, zu der du am Ende der Konfrontation gelangt bist, noch einmal zu vereinfachen. Denk daran, bei der Formulierung dieser Grundaussage gilt: Das »Ich« steht für den Helden; das »mich« für den Dämon. Der Satz lautet also: »Ich... mich... hier und jetzt.« Deine Erklärung sollte weder lang noch kompliziert sein. Wenn du dich von der einfach formulierten Aussage emotional berührt fühlst, weißt du, dass sie den Kern trifft.

An den Begleiter

■ Nach der Meditation und dem Weiterreichen der Kerze lassen Sie jeden im Kreis seine Schlusserklärung abgeben. Sie können den Teilnehmerinnen und Teilnehmern bei der Formulierung helfen, aber drängen Sie ihnen nichts auf. Wenn jemand eine Aussage erarbeitet hat, die genau das ausdrückt, was er sagen will, belassen Sie es dabei. Diese Person hat ihren eigenen, für sie sinnvollen Ausdruck gefunden, und Ihre Formulierungen helfen ihr wahrscheinlich nicht weiter.

Manche Teilnehmer weigern sich, nach ihrer Konfrontation eine Abschlusserklärung abzugeben. Sie sind so erleichtert darüber, eine Lösung gefunden zu haben, dass sie sich nicht um eine zusammenfassende Aussage bemühen wollen. Helfen Sie den Reisenden jetzt dabei. Denn diese Aussage unterstützt sie darin, aus der Welt der Phantasie ins Hier und Jetzt zurückzukehren. Außerdem können sie die Richtigkeit ihrer Erklärung testen, indem sie ihrem Gefühl nachspüren, während sie sie vor der ganzen Gruppe abgeben.

Übung: Die Vereinigung von Held und Dämon

Wenn du im Verlauf deiner Konfrontation zu keiner befriedigenden Lösung gelangt bist und Held und Dämon nicht versöhnen konntest, empfehle ich diese Übung, die auf die Psychosynthese zurückgeht. Zeichne ein Dreieck auf ein Blatt Papier und häng es an die Wand. Leg eine sanfte, rhythmische Musik auf und beginne, dich zu bewegen, um dich aufzuwärmen.

An den Begleiter

■ Jeder kann an dieser Übung teilnehmen. Einige werden die Erfahrung machen, dass sie ihnen hilft, zu einer noch tiefgreifenderen Integration zu gelangen als durch die Konfrontation. Andere mögen sie vielleicht nicht mitmachen, weil sie zufrieden sind mit dem, was sie erreicht haben. Wenn alle Gruppenmitglieder ihre Konfrontation befriedigend abgeschlossen haben, würde ich diese Übung gar nicht machen. Sie empfiehlt sich vor allem, wenn einige das Gefühl haben, überhaupt nicht fertig zu sein. Diesen Teilnehmern hilft die Übung, das Erlebte ebenfalls zu integrieren, so dass auch sie das Land der Wunder betreten können. Geben Sie nach dem Aufwärmen folgende Anweisungen.

An die Reisenden

Stell dich vor das Dreieck und lass deinen Körper in der Nullposition zur Ruhe kommen. Schau auf eine der beiden unteren Ecken des Dreiecks und ruf dir deinen Helden in Erinnerung. Nimm die Haltung des Helden ein. Begib dich ganz in diese Haltung hinein und spüre sie. Beweg dich in der Position und erinnere dich an die Eigenschaften deines Helden. Was für ein Mensch ist der Held? Tanze ihn. Spüre ihn in deinem Körper. Erinnere dich beim Tanzen an eine Zeit in deinem Leben, als du dich so gefühlt hast. Lass eine Szene aus deinem Leben hochkommen, in der du dieses Gefühl hattest. Erleb diese Szene mit all deinen Sinnen so intensiv wie möglich, während du weiter in der Haltung des Helden tanzt. Nimm einen tiefen Atemzug und komm mit dem Ausatmen zurück zu Null.

Öffne jetzt deine Augen und schau auf die zweite untere Ecke des Dreiecks. Nach einer Weile schließe deine Augen, geh nach innen und begib dich in den Körper des Dämons. Spüre die Eigenschaften des Dämons in deinem Rücken, deinen Armen, deinem Gesicht, in deinem ganzen Körper. Beweg dich als Dämon. Erlebe die Macht und Lebendigkeit des Dämons. Und während du als Dämon tanzt, erinnere dich wieder an eine Szene aus deinem Leben, wo du dich so gefühlt hast wie dein Dämon – diese Macht, Lebendigkeit oder Wut. Erinnere und durchlebe diese Szene, während du weiter mit dem Körper des Dämons tanzt. Dann nimm einen tiefen Atemzug, löse deine Haltung auf und kehre zu Null zurück.

Während du der Musik lauschst, beweg dich tanzend zwischen der Haltung des Helden und der Haltung des Dämons hin und her und stell dir dabei vor, dass du dich an den beiden Seiten des Dreiecks nach oben auf die Spitze zubewegst. Während du tanzt und dein Körper die Eigenschaften von Held und Dämon zum Ausdruck bringt, lass dir Fragmente der vorgestellten Szenen durch den Kopf gehen. Beweg dich weiter an den beiden Seiten des Dreiecks nach oben und wechsle zwischen Held und Dämon hin und her, zwischen heldenhaften und dämonischen Szenen, bis du an der Spitze des Dreiecks angelangt bist. Erlaube deinem Körper, sich fließend zu bewegen, bis du eine Bewegung gefunden hast, in der Held und Dämon miteinander verschmelzen. Gleichzeitig lass eine neue Szene hochkommen, die zeigt, wie diese beiden Energien auf einer neuen Ebene zusammenfließen. Spüre, wie sich das in deinem Körper anfühlt. Spüre, welcher Teil bislang der Dämon und welcher Teil der Held war und wie das neue Element sich anfühlt, die neue Qualität, die neue Erfahrung. Lass einen Satz hochkommen, der mit den Worten beginnt: »Ich kann...« oder »Ich bin...« Dann nimm einen tiefen Atemzug, begib dich langsam zurück zu Null und setz dich hin.

An den Begleiter

■ Lassen Sie der Gruppe etwas Zeit, sich auszutauschen. Dann legen Sie Musik auf und beginnen mit dem Narrentanz.

Der Narrentanz

An die Reisenden

Erinnere dich an deine Konfrontation und tanze sie kurz durch. Wähle dafür drei der wichtigsten Augenblicke aus. Erfinde Haltungen dafür. Gestalte diese so einfach, dass du sie deinem Narrentanz hinzufügen kannst. Und schließlich finde noch eine vierte Haltung, die deine Lösung zum Ausdruck bringt. Das kann die Haltung sein, die du gerade bei der Dreiecks-Meditation entdeckt hast, oder die Position, mit der du deine Konfrontation beendet hast. Während du in diese

Haltung gehst, gib laut deine Abschlusserklärung ab und spüre, wie deine Körperhaltung diese Aussage in sich birgt.

Jetzt gehen wir den Narrentanz noch einmal von Anfang an durch. Null – Ich – Zuhause – Arbeit/Lebensaufgabe – Liebe – Das Selbst – Das Wunder – Der Spirituelle Begleiter – Der Held – Das Schlachtfeld – *explodiere zu* – Der Dämon – Das Instrument der Kraft – Konfrontation 1 – Konfrontation 2 – Konfrontation 3 – Die Auflösung der Konfrontation. Wiederhole diesen Ablauf mehrmals, und dann setz dich hin.

An Einzelreisende

Ich schlage vor, dass du den folgenden Text durchliest, dir eine einstündige Kassette mit einer dir nicht vertrauten Musik auflegst, die Emotionen anspricht, und dich nach dem Narrentanz hinlegst und deine Vorstellungskraft nach Belieben schweifen lässt. Vielleicht stellst du einen zweiten Kassettenrecorder bereit, um die Abenteuer aufzunehmen, die du erzählst. Ich empfehle dir, dabei eine Augenbinde zu tragen.

An den Begleiter

■ Jetzt sind Sie und die Gruppe bereit, das Land der Wunder zu betreten. Ich bereise das Land der Wunder lieber, ohne die Entscheidende Prüfung gleich mit einzubeziehen, weil diese Folgephantasie bei den einzelnen Reisenden so vielfältige Aspekte enthüllt. Ist die Zeit jedoch knapp, können die beiden Themen auch zusammen abgehandelt werden.

Wenn Sie die Entscheidende Prüfung als Atemprozess durchführen, müssen Sie sie erläutern, bevor Sie sich dem Land der Wunder zuwenden und die Vorsichtsmaßnahmen, Fragen und Vorschläge, die den Atemprozess betreffen, in Ihre Einführungsrede mit einbeziehen.

Da der Weg, den Sie beschreiten werden, von der gegenwärtigen Situation abhängt, müssen Sie sich dieses und das folgende Kapitel sehr gründlich durchlesen, bevor Sie weitermachen.

Es gibt drei Möglichkeiten, die Reise in das Land der Wunder abzuschließen:

1. Die Anima-Animus-Phantasie: Diese können Sie machen, wenn Sie nicht direkt zur Entscheidenden Prüfung übergehen wollen.

2. Die Entscheidende Prüfung als Atemprozess: Damit können Sie arbeiten, wenn Sie in Atemarbeit ausgebildet sind und Erfahrung mit diesen Prozessen haben.

3. Die Entscheidende Prüfung als geleitete Phantasie: Wählen Sie diese Form, wenn Sie in Atemarbeit keine Erfahrung haben oder sie aus anderen Gründen nicht machen wollen.

Die Teilnehmerinnen und Teilnehmer werden das Land der Wunder zu zweit erkunden, wobei eine Person sich hinlegt und die andere als Begleiterin oder Begleiter agiert. Der Begleiter macht sich Notizen und unterbreitet von Zeit zu Zeit Vorschläge, hält sich aber sonst zurück, damit der Liegende seinen Phantasien ungehindert nachgehen kann. Fordern Sie die Teilnehmer auf, sich auf sämtliche Gestalten, die ihnen in ihrem Mysterium begegnen, intensiv einzulassen und ihnen zu begegnen wie in einem Gestaltprozess. Auch wenn sie liegen, können sie sich von Zeit zu Zeit aufsetzen und zu den Figuren in ihrem Mysterium sprechen. Sie können sich auch an das Fußende der Matratze stellen und sich sanft bewegen. Manchmal stellen Reisende sich vor, auf Pferden oder Enten zu reisen, oder zu schwimmen, zu tanzen, zu fliegen. Da sie auf ihrer Matratze liegen, sind sie bei all diesen Phantasien in Sicherheit. Ermutigen Sie die Teilnehmer, sich auf die Phantasie so weit wie möglich körperlich einzulassen, ohne sich gegenseitig ins Gehege zu kommen oder sich selbst zu verletzen. Der Begleiter hat unter anderem die Aufgabe, die Reisenden zu beschützen.

Halten Sie Kassetten mit einem ganzen Spektrum unterschiedlicher, den Teilnehmern weitgehend unbekannter Musik bereit, damit diese sich nicht von vertrauten Melodien ablenken lassen. Komponieren Sie dann mit Hilfe von zwei Kassettenrecordern aus möglichst unterschiedlichen Stücken und Klängen eine Klangcollage. Improvisieren Sie und folgen Sie dabei Ihrer intuitiven Wahrnehmung des Geschehens im Raum. Überfluten Sie die Teilnehmer aber nicht mit Klängen.

Wenn Sie lieber nicht in dieser Form frei improvisieren möchten, können Sie auch eine Musik auflegen, die sich als Klangkulisse gut eignet, und die Teilnehmer selbst ihren Weg finden lassen. Sie können natürlich auch ganz ohne Musik arbeiten.

Manchmal gehe ich mit Räucherwerk oder einem tragbaren Kassettengerät durch den Raum und erzeuge Klänge und Düfte, die die Teilnehmer in ihr Land der Wunder hineinnehmen können. Auch die Geräusche der anderen Gruppenmitglieder können in die Geschichte eingehen. Ein Schrei kann Teil des inneren Erlebens werden, statt die Reisenden abzulenken – das alles gehört zum Mysterium.

Die erste Person arbeitet etwa eine Stunde. Holen Sie sie dann zurück und tauschen Sie die Rollen. Vielleicht arbeitet ein Teilnehmer nachmittags und sein Partner abends; das hängt von der Größe der Gruppe ab. Wenn Ihre Zeit knapp ist, gehen Sie vom Mysterium direkt zur Entscheidenden Prüfung über und kombinieren beide Prozesse. Ich führe sie jedoch lieber getrennt durch, denn dann können die Gruppenmitglieder sich tiefer auf die spontanen Bilder einlassen, die ihnen im Mysterium erscheinen.

Zu Beginn der Reise ins Mysterium befinden sich alle an ihren Plätzen, ihre Partner neben sich, um sie zu beschützen.

An die Reisenden

Dies ist der Ort, an dem alles möglich ist. Tief im Inneren von uns allen befindet sich ein Land der Wunder, verborgen in den tieferen Ebenen des Unterbewusstseins. Wie in unseren Träumen, ist auch hier alles möglich. Im Land der Wunder können sich die ungewöhnlichsten und wunderbarsten Visionen zeigen oder die Hölle kann los sein. Vielleicht schwebst du in göttlicher Ekstase auf Wolken oder machst die schrecklichste Erfahrung deines Lebens. Jeder von uns trägt sein ganzes Potential in sich. Es ist also schwer zu sagen, was du in diesem magischen Land erleben wirst.

Es kann sein, dass der Held im Land der Wunder immer wieder auf die Probe gestellt wird. Deshalb ist es für ihn manchmal die Hölle. Wenn plötzlich eine Dämonengestalt vor dir auftaucht, setz dich damit genauso auseinander wie am Eingang zum Mysterium, ohne jedoch aufzustehen und dich im Raum zu bewegen. Du wirst auf einer Matratze liegen, um dir vorstellen zu können, dass du schwebst. Es ist schwer, im Stehen zu fliegen. Wenn du liegst, kannst du dich in unbekannten Dimensionen bewegen.

Dein Land der Wunder sieht so aus, wie du es dir vorstellst. Ich habe einmal mit einer Frau gearbeitet, die über ihr Mysterium sagte: »Da passiert gar nichts, es ist einfach nur blau.« Ich fragte: »Was könnte denn blau sein?«, und sie entgegnete: »Der Himmel.« »Schau nach unten«, forderte ich sie auf, und sie erwiderte: »O mein Gott, ich fliege ja!« Und aus dieser Perspektive entfaltete sich ihr Land der Wunder. Sobald sie akzeptierte, was sich als ihr Land der Wunder zeigte, war es wunderbar. Sie flog durch den Himmel und schaute herab auf Städte und Flüsse. Aber solange ihrer Meinung nach im Land der Wunder nichts los war, geschah auch nichts. Dein Land der Wunder ist das, was du daraus machst, was du für möglich hältst. Wenn du akzeptierst, dass du dich in einem magischen Land befindest und anfängst, dieses zu erkunden, kannst du auf die ungewöhnlichsten Dinge stoßen.

Leg deine Augenbinde an und nimm dir einen Augenblick Zeit, um deinem Partner deine magische Schwelle zu beschreiben ... Wer das Land gleich betreten wird, steht jetzt auf, um sich mit dem Narrentanz vorzubereiten. Wir werden ihn noch einmal in Form einer Geschichte durchgehen.

Es war einmal eine Person mit Namen Ich (*Haltung*). Ich ging eine lange Treppe hinunter in einen Raum mit vier Türen und öffnete die erste Tür, auf der »Zuhause« stand. Und so fühlte ich mich mit dem, was ich hinter dieser Tür erlebte (*Haltung*). Auf der zweiten Tür stand »Arbeit/Lebensaufgabe«. Was ich hinter dieser Tür vorfand, ließ mich Folgendes empfinden (*Haltung*). Die dritte Tür führte zum Raum der Liebe. Als ich den Raum betrat, fühlte ich mich so (*Haltung*). Die vierte Tür öffnete sich zum Raum des Selbst. Dort fand ich Bilder und Gestalten meines Selbst, die mir folgendes Gefühl vermittelten (*Haltung*). Als ich in den mittleren Raum zurückkehrte, stand dort ein Thron der Wunder, und ich hatte eine Vision von folgendem Wunder (*Haltung*). Ein Spiritueller Begleiter kam auf mich zu (*Haltung*), der mich auf den Pfad führte, auf dem ich mein heldenhaftes Selbst entdeckte (*Haltung*). Als ich jedoch zum Helden wurde, fühlte ich, wie sich mein Körper vor Widerstand zusammenzog, bis er zu einem wahren Schlachtfeld wurde (*Haltung*), aus dem der Dämon meines eigenen Widerstands explodierte (*Haltung*). Glücklicherweise gab mir mein Spiritueller Begleiter ein Instrument der Kraft, das ich der Erfüllung meiner Suche weihte (*Haltung*). Es kam zu einer heftigen Konfrontation zwischen dem Helden und dem Dämon. Die erste Phase dieser Konfrontation verlief so (*Haltung 1*). Darauf folgte die zweite Phase, die sich so anfühlte (*Haltung 2*), und dann die dritte Phase, die ich so empfand (*Haltung 3*). Die Konfrontation löste sich auf diese Weise (*Haltung*). Und nun stehe ich an der Schwelle zum Land der Wunder.

Jetzt leg dich auf deine Matratze, nimm ein paar tiefe Atemzüge und bereite dich in deiner Vorstellung darauf vor, den magischen Ort zu betreten. Gibt es eine Tür? Kannst du sehen, was jenseits der Schwelle ist? Auf der anderen Seite der magischen Schwelle sind die Dinge ganz anders als hier. Niemand ist jemals zuvor dort gewesen. Du bist die erste Person. Tritt einen Schritt näher. Wenn es eine Tür gibt, öffne sie jetzt. Geh noch einen Schritt weiter, bis du direkt auf der Schwelle stehst. Spürst du, wie die Luft sich anfühlt? Lass deinen Fuß vorwärts gleiten und fühle den Boden unter dir. Mach deinen ersten Schritt in das Land der Wunder. Der Atemzug, den du jetzt nimmst, ist der erste Atemzug, den jemals ein Mensch an diesem magischen Ort genommen hat. Das Geräusch deiner Schritte in dieser verzauberten Umgebung wurde hier bislang niemals vernommen. Die Gestalten und Bilder, die vor dir auftauchen, deine Körperempfindungen und der Geschmack in deinem Mund, die Geräusche, die du hörst, die Düfte, die du riechst – das alles ist völlig neu. Es ist, als hätte die Schöpfung Geburtstag und du bist dabei. Betritt dein Land der Wunder. Folge deinem Pfad. Folge ihm, wo immer er dich hinführen mag. Dies ist ein magischer Ort. Du kannst tanzen und fliegen, laufen, schwimmen, kriechen. Du kannst ein Tier besteigen, das dich zu deinem Ziel trägt. Folge deinem Pfad. Geh, wohin er dich führt. Geh eine Weile schweigend. Nimm deine Umgebung eine Zeitlang ohne Worte in dich auf. Ohne diese Welt zu verlassen, berichte deinem Partner dann, was geschieht, damit er es für dich festhalten kann. Nimm die Herausforderungen an, vor die du gestellt wirst. Betritt dein magisches Land und entdecke es für dich.

An den Begleiter

■ Am Ende dieser Übung können Sie entweder zu der unten beschriebenen Anima-Animus-Phantasie übergehen (wenn Sie die Gruppe aus dem Land der Wunder herausführen möchten) oder mit der Entscheidenden Prüfung – entweder als Atemprozess oder als geleitete Phantasie – weitermachen, die im nächsten Kapitel beschrieben werden.

Geleitete Phantasie: Anima-Animus

An den Begleiter

■ Die geleitete Phantasie Anima-Animus steht am Ende der Phantasiereise ins Mysterium, vor der Entscheidenden Prüfung. Sie ist ein schöner Abschluss der Reise ins Mysterium, denn sie bringt die Teilnehmer zurück ins Hier und Jetzt und sorgt dafür, dass das Wunderbare sich weiter entfaltet.

Sie können die Phantasie für einzelne Teilnehmer oder für die ganze Gruppe anleiten. Wenn Sie feststellen, dass einige Gruppenmitglieder noch mit ihren Herausforderungen zu tun haben und erst noch Dinge zu Ende bringen müssen, können Sie diese Phantasie nicht mit der ganzen Gruppe machen. Ist die Gruppe klein, können Sie zu jedem Teilnehmer einzeln gehen. Aber wenn alle zum Abschluss gekommen sind, kann die ganze Gruppe teilnehmen. Der folgende Ablauf eignet sich für beide Zwecke.

An die Reisenden

Lasst alle Worte los und bringt die Szene, in der ihr euch gerade befindet, zum Abschluss (*Zeit dafür lassen*).

Die Partnerinnen beziehungsweise Partner bringen jetzt ihre Hand auf das Herz der liegenden Person und machen mit ihren Fingern langsam eine öffnende Geste. Die Liegenden spüren, wie ihr Herz sich öffnet. Während dein Partner diese Geste macht, stell dir vor, dass von deinem Herzen ein Dunst aufsteigt, ein leuchtender Nebel. Nimm ein paar tiefe Atemzüge und spüre das. Allmählich nimmt dieser leuchtende Nebel Form an und erscheint vor dir als Gestalt, die als deine göttliche Ergänzungshälfte bezeichnet werden könnte. Wenn du eine Frau bist, ist es ein Mann; bist du ein Mann, erscheint sie als Frau vor dir. Diese Gestalt ist dein inneres Wesen, deine allerbeste Freundin. Deine göttliche Ergänzungshälfte. Lass zu, dass sich aus dem Dunst das Gesicht und die Gestalt dieser göttlichen Ergänzungshälfte formen. Und sollte diese Form dir nicht gefallen, weise sie an, sich zu verändern; dies ist deine beste Freundin oder dein bester Freund. Dieses Wesen kann sich so lange ändern, bis es eine Gestalt annimmt, die dir gefällt und mit der du zufrieden bist. Lass zu, dass es diese Gestalt jetzt annimmt. Erlaube ihm, dir einen tiefen und herzlichen Blick zuzuwerfen. Dieses Wesen stammt aus deinem eigenen Inneren und nimmt jetzt eine äußere Gestalt an, die dich liebevoll betrachtet. Es kennt dich, es weiß, was du brauchst. Es weiß alles über dein Leben, über die Probleme, mit denen du dich in deinem Leben auseinandersetzt. Stell dir vor, dass dieses Wesen seinen Arm nach dir ausstreckt, um dich bei der Hand zu nehmen.

Ergreif die Hand deiner göttlichen Ergänzungshälfte. Und gleichzeitig fasst dein realer Partner dich bei der Hand und nimmt dich mit auf eine Reise. Stell dir vor, es sei deine göttliche Partnerin oder dein göttlicher Partner, die oder der deine Hand nimmt, und mit verbundenen Augen erhebst du dich langsam und gehst mit. Er wird dich nach draußen führen, dir helfen, dich hinzusetzen, und dann gehen. Halte dich dort eine Weile allein auf. Und dann, wenn du dich wirklich bereit fühlst, nimm deine Augenbinde ab und lass zu, dass das Licht dieser Wirklichkeit die Bilder vom Land der Wunder tränkt. Halte in dieser Welt nach einer Botschaft Ausschau. Dein Partner hat dich an einen Ort geführt, der eine Botschaft für dich birgt, die für dein weiteres Leben sehr wichtig ist.

KAPITEL 11

Die Entscheidende Prüfung

RAM-Meditation, 6. Tag

Der Narrentanz

An die Reisenden

Bevor ihr mit dem Narrentanz beginnt, legt eine Musik auf und geht noch einmal durch, was in eurem Mysterium für euch geschehen ist. Tanzt es, erinnert euch, was geschah, welche Bilder ihr empfangen, welche Proben ihr bestanden habt und wie ihr gereist seid. Nehmt euch Zeit, um die Erinnerungen an euer Mysterium tanzend umzusetzen, bis ihr schließlich zu drei Haltungen gelangt, die für euch die wichtigsten Momente in eurem Land der Wunder zusammenfassen (*lassen Sie den Teilnehmern Zeit dafür*).

Jetzt gehen wir noch einmal den Narrentanz durch. Null – Ich – Zuhause – Arbeit/Lebensaufgabe – Liebe – Das Selbst – Das Wunder – Der Spirituelle Begleiter – Der Held – Das Schlachtfeld – Der Dämon – Das Instrument der Kraft – Konfrontation 1 – Konfrontation 2 – Konfrontation 3 – Die Auflösung – Mysterium 1 – Mysterium 2 – Mysterium 3. Geht die Haltungen mehrmals durch, bis ihr euch wohl damit fühlt, und dann setzt euch hin.

Heute steht euch die entscheidendste Prüfung auf eurer gesamten Reise bevor. Wie ihr euch erinnert, habe ich anfangs gesagt, dass, nachdem die Person den Ruf vernommen hat, die erste Ebene von Widerstand auftaucht, die mit der Umgebung dieses Menschen zusammenhängt, das heißt mit der Familie und dem Freundeskreis sowie den Lebensbedingungen, die verhindern wollen, dass die oder der Betreffende dem Ruf folgt. Diese Situation löst sich meistens in der Form auf, dass eine Freundin oder ein Freund den Reisenden ermutigt und sagt: »Geh und nutze diese Chance für dein Leben; folge diesem Ruf.« Am Eingang zum Land der Wunder stoßen wir auf die zweite Ebene des Widerstands, die sich uns in Form der Konfrontation mit dem Dämon des Widerstands zeigt. Er ist der innere Beschützer, der uns abhält, Dinge zu tun, zu denen es uns drängt, weil er Angst hat, wir könnten unserem Ruf schaden oder uns in anderer Weise verletzen. Der Dämon hat seine Gründe dafür, verhindern zu wollen, dass wir unserem inneren Antrieb folgen.

Jetzt kommen wir zu der Entscheidenden Prüfung. Wir können diese Prüfung als Quelle sämtlicher Widerstände betrachten, als unsere grundlegendste Angst, die durch den Ruf ausgelöst wird, als Bild unseres existentiellen Entsetzens, das uns verfolgt und häufig davon abhält, die Schritte zu riskieren, die unserer Weiterentwicklung dienen. So erschienen zum Beispiel Buddha, als er sich zum Meditieren unter den Bodhi-Baum setzte und sein Eintritt ins Nirwana unmittelbar bevorstand, plötzlich ganze Heerscharen von inneren Bildern – sämtliche Abhängigkeiten, die menschliche Wesen ans Leiden fesseln, stürmten auf ihn ein und forderten ihn heraus. Das war seine Entscheidende Prüfung, die er bestand, indem er angesichts dieser Schreckenserscheinungen in seiner Buddha-Natur verweilte. Und so müsst auch ihr euch jetzt eurer Entscheidenden Prüfung stellen.

An den Begleiter

■ Wenn wir die Entscheidende Prüfung in der folgenden Form machen, nehmen wir uns einen ganzen Tag Zeit dafür, und zwar den 6. Tag. Sollten Sie jedoch mehr Zeit für die Gestaltung des Helden oder des Dämons brauchen, können Sie an diesem Tag sowohl die Entscheidende Prüfung als auch die Reise ins Mysterium machen.

Bei der Entscheidenden Prüfung begegnet der Held der tiefsten Ebene seines Widerstands gegen den Ruf. Hier trifft er auf die Quelle seiner Angst, wie immer diese für den Einzelnen aussehen mag. Häufig ist es die Angst vor dem Tod. Früher habe ich die Entscheidende Prüfung als einzelne Übung gemacht. Nachdem die Helden das Mysterium betreten hatten, erschienen ihnen Visionen von ihrem eigenen Tod. Anschließend folgte ein viertägiger Prozess, in dem sie sämtliche Aspekte von Sterben und Tod erforschten und sich dabei vorstellten, dass sie selbst am Abend des dritten Tages sterben würden. Am Morgen des vierten Tages erstanden sie im Land der Wunder wieder auf und fanden dort ihre Belohnung. Heute unterteile ich diesen Prozess jedoch in zwei Teile, die ich als »Tod« und »Auferstehung« bezeichne.

An den Begleiter und die Einzelreisenden

Im Folgenden stelle ich zwei Formen der Entscheidenden Prüfung vor, die Sie als Atemprozess oder als geleitete Phantasie machen können. Wenn Sie keine Erfahrungen mit intensiver Atemarbeit haben und nicht mit reichianischer Körperarbeit, Rebirthing oder holotropher Atemarbeit vertraut sind, empfehle ich Ihnen, die geleitete Phantasie zu machen.

Der Atemprozess

An die Reisenden

Der Ablauf, den ich entwickelt habe, besteht aus zwei Phasen. Die erste ist eine geleitete Phantasie, die dich zur Entscheidenden Prüfung führt. Anschließend folgt eine intensive Meditation auf den Atem, die zwischen anderthalb und zwei Stunden dauert und von Musik begleitet ist. Du wirst bei den Bildern bleiben, die du in deiner Phantasie zur Entscheidenden Prüfung gesehen hast. Ich werde dich jedoch zu einer sanften, entspannten Tiefenatmung anleiten, die immer intensiver wird, während du sowohl dem Rhythmus deines Atems als auch dem Rhythmus der Musik folgst. Während dieser Atemmeditation kannst du eine Menge erleben. Vielleicht hast du ungewöhnliche transzendentale Visionen oder siehst Bilder, die früheren Inkarnationen zu entstammen scheinen. Vielleicht erlebst du deine Geburt. Oder du atmest einfach nur zwei Stunden lang. Wichtig ist, die Dinge einfach geschehen zu lassen und sich nicht zu irgendetwas zu zwingen. Du meditierst auf den Rhythmus des Atems im Einklang mit der Musik. Vielleicht spürst du deutliche Anzeichen von Hyperventilation, beispielsweise ein taubes Gefühl um den Mund herum oder eine Versteifung von Armen und Händen. Sollten diese Phänomene dir Angst machen, kannst du jederzeit langsamer atmen oder den Prozess ganz abbrechen. Wenn du jedoch fortfährst, rhythmisch zu atmen, werden die Blockaden sich auflösen und dein Körper entspannt sich wieder. Wichtig ist, dass du deinen Atem dem Rhythmus der Musik anpasst und dabei bleibst.

Bei welchen beiden wichtigen Ereignissen im Leben ist das Ringen nach Luft entscheidend? Bei Geburt und Tod. Eine intensive Atemmeditation wie diese kann Erinnerungen an Zeiten, in denen dein Körper entweder dem Tod nahe war oder du geboren wurdest, wieder ins Bewusstsein bringen. Das mag beängstigend sein. Die Musik wird dir helfen, selbst bei den schrecklichsten Erlebnissen weiterzuatmen.

Vielleicht kommen heftige Emotionen hoch. Bring diese zum Ausdruck. Du hast im Verlauf des Workshops allmählich gelernt, deine Emotionen in ihrer ganzen Tiefe zu äußern. Verspannungen, die du im Körper wahrnimmst, können ein Hinweis darauf sein, dass du bestimmte emotional besetzte Themen nicht gelöst hast. Wenn du dir aber erlaubst, deine Gefühle auszudrücken, kann dein Körper wieder loslassen, so dass du völlig präsent bist. Sollten also Emotionen auftauchen, lass zu, dass diese sich auch ausdrücken. Anschließend kommst du mit deiner Aufmerksamkeit wieder zum Atem zurück. Diese Rückbesinnung auf den Atem ist von zentraler Wichtigkeit.

Die Spannung, die du aufbaust, muss sich an einem bestimmten Punkt vielleicht von selbst entladen. Das kann sich in Körperbewegungen äußern wie den eben erwähnten Versteifungen, einem Zittern deines Kinns, dem Impuls, mit den Fäusten auf den Boden zu trommeln, um sich zu schlagen und zu treten – wie auch immer. Gib dich dem hin. Lass deinen Körper tun, was er tun will. Je mehr du ihm erlaubst, sich zu befreien, desto gelöster wirst du dich am Ende des Prozesses fühlen. Wenn sich Muskelblockaden im Körper schmerzhaft bemerkbar machen, kannst du deinen Partner bitten, auf die verspannten Stellen Druck auszuüben. Atme in den Druck hinein und lass dabei Laute kommen. Im Allgemeinen löst der Block sich dann auf und der Atem wird wieder sanfter. Du kannst deinen Partner bitten, überall dort, wo du Schmerzen oder Verspannungen spürst, Druck auszuüben und atmest dann dort hinein. Sollte dein Partner zu heftig drücken, sag einfach »Stopp!« So liegt die Kontrolle immer bei dir.

Wenn du deinen Körper mit Sauerstoff auflädst, musst du manchmal eine Weile gar nicht atmen. Das ist völlig in Ordnung und kein Grund zur Sorge. Von Zeit zu Zeit wird dein Begleiter dir jedoch leicht ins Ohr atmen, um dich daran zu erinnern, dass du weiteratmest. Komm dieser Aufforderung nach, wenn du dazu bereit bist.

Es kann auch sein, dass nichts von alledem geschieht. Stell dich darauf ein, dass du einfach von Musik begleitet atmest.

Zu beachten

Solltest du Herz- oder Nierenbeschwerden haben, achte besonders darauf, dass du dich nicht antreibst. Ich empfehle in diesem Fall das »kreisförmige Atmen«: Du atmest langsamer und versuchst den Ein- und den Ausatem gleich lang zu halten. Geh nur so weit, wie es sich gut für dich anfühlt.

Auch für Schwangere empfehle ich das kreisförmige Atmen, denn man weiß nicht genau, wie sich die Hyperventilation auf die Plazenta auswirkt und ob dabei möglicherweise die Blutversorgung des Kindes unterbrochen wird.

Die Rolle der Begleitperson

Als Begleitperson hast du die Aufgabe, deinen Partner und dessen Raum zu schützen, das zu besorgen, was er braucht, ihm, falls nötig, sanft ins Ohr zu atmen, damit er weiteratmet, und im Einvernehmen mit ihm an bestimmten Körperstellen Druck auszuüben, um Schmerzen oder Verspannungen aufzulösen. Außerdem solltest du Folgendes bereithalten: Papiertaschentücher, ein Handtuch, falls dein Partner etwas zum Verdrehen braucht, Kissen, auf die er einschlagen kann, und ein Glas Wasser, um seine Lippen zu befeuchten. Vielleicht wünscht sich dein Partner am Ende des Prozesses Körperkontakt. Zwing ihm aber nichts auf. Mit anderen Worten, übernimm nicht die Führung; verhätschle deinen Partner nicht und verführe ihn auch zu nichts. Betrachte dich als Hüterin beziehungsweise Hüter des Atems, und warte ab, ob dein Partner den Impuls zum Kontakt selbst verspürt.

Es gibt eine Zen-Geschichte, die von einem Mann handelt, der erleuchtet sein wollte. Er suchte einen Meister auf und sagte: »Ich möchte gern erleuchtet sein.« Und der Meister sagte: »Gut, geh einfach nach nebenan und atme.« Er ging in das Nebenzimmer und atmete lange Zeit. Das war ziemlich langweilig. Er saß einfach da und atmete und atmete. Aber er fühlte sich immer besser, er fühlte sich gut. Das Atmen machte ihn ein wenig aufgeregt. Nach mehreren Stunden kehrte er zum Meister zurück und sagte: »Ich fühle mich gut. Bin ich schon erleuchtet?« Der Meister sagte: »Fahre fort zu atmen.«

Also ging er zurück in das Zimmer und atmete weiter. Nach einer Weile begann sein Mund zu prickeln und seine Lippen verzogen sich unwillkürlich. Seine Finger waren steif und der Daumen schien am Mittelfinger zu kleben. Seine Arme verkrampften sich und fühlten sich an wie die Stummelflügel eines Kükens. Und die ganze Zeit hatte er das Gefühl, dass Tausende von Ameisen über ihn hinwegkrabbelten. Was für ein äußerst seltsames Erlebnis! Je heftiger er atmete, desto intensiver wurde es. Dann plötzlich löste sich die ganze Spannung, und er fühlte sich wunderbar. Er fühlte sich befreit. Er sprang auf, lief zum Meister und sagte mit einem breiten Lächeln: »Meister, ich habe etwas Ungewöhnliches erlebt. Mein ganzer Körper hat sich zusammengezogen. Ich war wie gelähmt, aber jetzt fühle ich mich wunderbar! Bin ich erleuchtet?« Der Meister sagte: »Geh nach nebenan und atme einfach weiter.«

Also ging er zurück in das Zimmer und fuhr fort zu atmen. Kindheitserinnerungen überfluteten ihn. Ihm fiel ein, wie seine Mutter einmal versucht hatte, ihm Rizinusöl einzuflößen. Er wollte es nicht nehmen, und sie zwang ihn, den Mund zu öffnen und schüttete das Öl hinein. Er wurde wütend auf seine Mutter und schrie. Er schlug auf Kissen ein und stellte sich vor, das sei sein Vater. Er weinte um seine Schwester, seinen Bruder und seine Freunde. Sämtliche Gefühle seiner Kindheit durchlebte er noch einmal, und anschließend fühlte er sich absolut wunderbar, gereinigt, befreit und wohlig erschöpft. Er war in Schweiß gebadet und hatte mehrere Pfund Gewicht verloren. Er dachte: »Jetzt bin ich aber bestimmt erleuchtet!« Er rannte zum Meister und sagte: »Meister, ich habe geschrien und gebrüllt, ich habe geweint und gelacht und hatte Angst, und jetzt fühle ich mich wunderbar. Bin ich erleuchtet?« Der Meister sagte: »Fahr einfach fort zu atmen.«

Und wieder fuhr der Mann fort zu atmen. Nach langer, langer Zeit erinnerte er sich an die Zeit im Mutterleib, an den weichen, warmen und glatten Schoß. Er spürte sich schweben, bis er plötzlich an die Wände seines Universums stieß. Er war zu groß geworden und im Schoß seiner Mutter eingesperrt. Die Wehen waren ein schrecklicher Schock, er wurde zusammengedrückt, bis er schließlich seinen Weg hinaus in die Freiheit fand. Plötzlich erwachte er in einer Welt voller Licht und Luft, voller Geräusche und Erdenschwere und nahm alles wahr, was der Augenblick der Geburt mit sich bringt. Er fühlte sich wie neu geboren. »Jetzt bin ich aber bestimmt erleuchtet!« dachte er. »Ich bin noch einmal geboren worden!« Sobald er auf seinen Beinen stehen konnte, sprang er auf und rannte zu seinem Meister. »Meister, ich bin neu geboren worden! Ich bin jetzt bestimmt erleuchtet!« Der Meister sagte: »Geh nach nebenan und fahr einfach fort zu atmen.«

Und wieder kehrte er in sein Zimmer zurück, um zu atmen. Dieses Mal packte ihn die Wut, und er langweilte sich. Je länger er atmete, desto langweiliger wurde ihm. Nach einer Zeit, die ihm wie eine Ewigkeit vorkam, sah er sich im Amerikanischen Bürgerkrieg als Soldat der Föderativen auf einem Pferd reiten. Er erinnerte sich, wie er gestorben war, und wanderte noch weiter zurück in der Zeit. Er sah sich als Sklave im alten Ägypten an der Pyramide von Gizeh mitbauen. Er verfolgte seine Evolution immer weiter zurück und erinnerte sich daran, ein Wolf, eine Krabbe, ein Krustentier, ja, selbst eine Amöbe gewesen zu sein! Diesen ganzen Evolutionsprozess durchlebt zu haben versetzte ihn so in Aufregung, dass er dachte: »Jetzt weiß ich, was es heißt, sich auf dem Planeten Erde zu inkarnieren.« Er sprang auf, flog zum Meister, landete vor ihm und sagte: »Meister, ich muss jetzt erleuchtet sein! Ich habe die gesamte Evolution sämtlicher Lebewesen auf dieser Erde am eigenen Leibe erlebt!« Der Meister schaute ihm in die Augen und sagte: »Fahr einfach fort zu atmen.«

Und so kehrte er noch einmal in sein Zimmer zurück. Er atmete drei Tage und drei Nächte lang. Er fühlte sich völlig entmutigt, und gerade als er aufgeben wollte (und vielleicht hat er sogar aufgegeben), öffneten sich die Tore des Himmels, die Wolken teilten sich und ein Halleluja-Sonnenstrahl fiel ins Zimmer. Er sah Jesus und Maria, er sah Vishnu und Hanuman, Quetzalcoatl und Buddha, die Götter und Göttinnen des alten Griechenland, Ägyptens und der Watussi. Er sah alle göttlichen Gestalten, die man sich nur vorstellen kann. Sie winkten ihm, warfen ihm Blumen zu und sangen, Hosianna! Hosianna! Hosianna! Er war vollkommen verzückt! Mitten in diesem Erlebnis sprang er auf, rannte zum Meister und sagte:

»Meister, Götter und Göttinnen winken mir zu, heißen mich willkommen mit Hosianna und Halleluja! Ich bin absolut sicher, dass ich jetzt erleuchtet bin!« Der Meister sah ihn lange lächelnd an und sagte schließlich: »Fahr einfach fort zu atmen. Auch das geht vorbei.«

Die Pointe bei dieser Geschichte ist: Halte dich nicht an den Erscheinungsformen fest, sondern fahr einfach fort zu atmen! Atme einfach immer weiter, nur darum geht es. Vielleicht tauchen diese Bilder und Gestalten auf, körperliche Phänomene, Geburtserinnerungen, Erinnerungen an vergangene Leben und selbst an die Existenz als Amöbe oder Hummer. Alles mögliche kann sich zeigen. Fahr einfach fort zu atmen und folge dem Prozess. Es geht bei dieser Atemübung nur darum, dich zu reinigen, indem du alles loslässt, was dich daran hindert, das zu erfahren, was wir als Zustand der Gnade bezeichnen könnten. Und um diesen Zustand zu erreichen, musst du sämtliche Ebenen des Widerstands durchwandern, körperliche, emotionale und geistige. Halte dich also nicht bei den Bildern auf und auch nicht bei den Gefühlen und Empfindungen, fahr einfach fort zu atmen.

An den Begleiter

■ Dr. Stanislav Grof hat eine Reihe von Musikkassetten herausgebracht, die sein holotrophes Atmen, das dem hier beschriebenen Atemprozess gleicht, strukturieren. Sie können diese Kassetten benutzen oder, wie ich es gern tue, zwei oder noch mehr Recorder über ein Mischpult betätigen, so dass Sie verschiedene Musikstücke einblenden und Ihr eigenes musikalisches Raster entwickeln können. Der musikalische Ablauf ist folgender: Beginnen Sie mit einem langsamen Stück, um die Teilnehmer sanft in die Tiefenatmung zu begleiten, und bringen Sie dann allmählich Rhythmus hinein. Der Rhythmus sollte sich ganz langsam steigern, bis er ziemlich intensiv ist und sich so mindestens eine dreiviertel Stunde fortsetzt. Anschließend legen Sie ein viertel- bis halbstündiges dramatisches Stück auf, das sich bis zu einem Höhepunkt steigert, wie zum Beispiel »Tod und Verklärung« von Richard Strauss oder Smetanas »Die Moldau«. Dann spielen Sie eine spirituelle Musik, die eine Atmosphäre des Seelenfriedens vermittelt, etwa eines der berührenden Stücke von Vangelis aus seiner Suite »Heaven and Hell«, die sanften Hintergrundchöre von Peter Gabriel in »The Passion« oder »The Lark Ascending« von Ralph Vaughan Williams. Nach einer weiteren halben Stunde spielen Sie dann etwas Vertrautes wie Pachelbels »Kanon in D«, um die Teilnehmerinnen und Teilnehmer in den Raum zurückzubringen.

Bei der Zusammenstellung der Musik gehe ich von den vier Phasen des Geburtsprozesses aus. Am Anfang steht die kosmische Einheit mit der Mutter. Die zweite Phase, intensiv und rhythmisch, besteht aus den Kontraktionen der Geburtswehen. Die dritte, die dramatische Phase, stellt die Geburt selbst dar und die vierte die Zeit unmittelbar nach der Geburt, in der das Kind in der Welt angekommen ist.

Der Narrentanz

An die Reisenden

Wie beim Betreten des Landes der Wunder leite ich euch auch jetzt wieder zu der Meditation auf den Narrentanz an. Ein Partner legt die Augenbinde an, während der andere die Rolle des Beschützers übernimmt.

Es war einmal ein Mensch namens Ich (*Haltung*). Ich ging eine lange Treppe hinunter in einen Raum mit vier Türen. Auf der ersten Tür stand »Zuhause«, und so fühlte ich mich, als ich entdeckte, was sich hinter dieser Tür verbarg (*Haltung*). Die zweite Tür war mit »Arbeit/Lebensaufgabe« (*Haltung*) beschriftet; die dritte mit »Liebe« (*Haltung*) und die vierte war die Tür zum »Selbst« (*Haltung*). Als ich die Tür zum Selbst wieder hinter mir schloss, fand ich in der Mitte des Raumes einen Thron der Wunder vor. Ich setzte mich darauf und wünschte mir folgendes Wunder (*Haltung*). Ein Spiritueller Begleiter (*Haltung*) kam auf mich zu, der mich auf den Pfad führte, auf dem ich mein heldenhaftes Selbst (*Haltung*) entdecken sollte. Während ich zum Helden wurde, spürte ich, wie mein Körper sich immer mehr verspannte und sich in ein wahres Schlachtfeld (*Haltung*) verwandelte, aus dem mein Dämon des Widerstands (*Haltung*) explodierte. Mein Spiritueller Begleiter gab mir jedoch ein Instrument der Kraft, das ich der Erfüllung meiner Suche weihte (*Haltung*). Es kam zu einer Konfrontation zwischen meinem heldenhaften Selbst und meinem dämonischen Selbst: die erste Phase dieser Konfrontation fühlte sich so an (*Haltung*), die zweite so (*Haltung*) und die dritte folgendermaßen (*Haltung*). Die Konfrontation löste sich auf folgende Weise auf (*Haltung*). Ich betrat das Land der Wunder und machte auf meinem Pfad verschiedene Erfahrungen. Die erste sah so aus (*Haltung*), die zweite nahm diese Form an (*Haltung*) und die dritte diese (*Haltung*).

Geleitete Phantasie: Die Entscheidende Prüfung des Atems

Legt euch jetzt auf eure Matratze und nehmt euch einen Augenblick Zeit, um euch auf euer Land der Wunder einzustimmen. Erinnert euch an das Land der Wunder, an die Gestalten, die Bilder.

An den Begleiter

■ Wenn Sie vom Land der Wunder direkt zu dieser Phantasie übergehen, sollten Sie die Entscheidende Prüfung mit folgenden Worten einleiten: »Lass jetzt sämtliche Worte los und komm mit den Bildern und Gestalten, mit denen du dich gerade auseinandersetzt, zum Abschluss.« Geben Sie den Gruppenmitgliedern etwa fünf Minuten Zeit, um mit diesen Bildern abzuschließen. Dann fahren Sie fort wie folgt.

Stell dir vor, dass du dich jetzt auf dem richtigen Pfad befindest. Der Pfad windet sich nach unten in die Dunkelheit, bis du zum Eingang einer Höhle gelangst. Über der Höhle siehst du die Worte geschrieben: »Die Höhle der Entscheidenden Prüfung«. Du gehst in die Dunkelheit. Die Luft wird kühl, aber du bist in Sicherheit. Irgendwo in der Höhle entdeckst du eine Liege, die mit schwarzem Samt bezogen ist. Leg dich auf die Liege. Es ist dunkel, aber du bist hier sicher. Du stehst unmittelbar vor der Entscheidenden Prüfung des Atems.

(*Die Begleitpersonen legen ihrer Partnerin oder ihrem Partner jetzt die Hand unmittelbar unter dem Hals auf den Brustkorb.*)

Nimm dir einen Augenblick Zeit, um ganz sanft zu atmen. Wenn du mit einem Partner arbeitest, ruht dessen Hand jetzt leicht auf deinem Brustkorb, direkt unterhalb deines Halses. Atme in diese Hand hinein. Während du dort liegst und atmest, taucht über dir eine Szene auf. Sie zeigt ein höchst beängstigendes Geschehen, das Ereignis, das dir am meisten Angst und Schrecken einjagt. Dort über dir zeigt es sich. Atme weiter und beobachte diese Szene. Nimm dir einen Augenblick Zeit, um sie deiner Partnerin oder deinem Partner zu schildern (*Pause*). Während du ganz langsam atmest, stell dir jetzt vor, wie du diese Szene betrittst, Schritt für Schritt, und jedes der Bilder betrachtest, die dir so schreckliche Angst machen. Hör aber dabei nicht auf zu atmen. Bleib in dieser Szene. Und während du die beängstigenden Bilder betrachtest, erinnerst du dich daran, wie du an der Schwelle mit deinem Dämon des Widerstands klargekommen bist. Denk auch daran, dass du dein Instrument der Kraft hast und dein Spiritueller Begleiter dich unterstützt. Du hast alles, was du brauchst, um diese Entscheidende Prüfung erfolgreich zu bestehen. Behalte das im Kopf, während du fortfährst, die beängstigenden Bilder, die dich umgeben, so gründlich wie möglich zu erforschen.

(*An die Begleitpersonen: Lasst eure Hand bei jedem Atemzug langsam weiter auf dem Körper des Liegenden hinuntergleiten, Richtung Magen, zum Nabel und weiter bis zum Schambein. Führt eure Hand bei jedem Atemzug ganz allmählich nach unten.*)

Während du die Hand deines Partners nach unten gleiten fühlst, lass auch deinen Atem nach unten fließen, so dass dein Atem tiefer und tiefer geht, bis du schließlich ganz nach unten in deinen Bauch atmest.

(*Begleitpersonen: Wenn eure Hand den Unterleib erreicht hat, legt die andere Hand ganz oben auf den Brustkorb.*)

Als Prüfling erlaube deinem Atem, den ganzen Raum zwischen den beiden Händen, die auf deinem Körper liegen, zu füllen. Gleichzeitig achte darauf, dass sich dein Kiefergelenk so weit entspannt, dass dein Mund sich leicht öffnet. Wenn deine Kehle geöffnet ist, entspanne auch diese, so dass du mit einem Minimum an Anstrengung ein Maximum an Luft aufnehmen und den Raum zwischen den beiden Händen, die deinen Körper wärmen, füllen kannst. (*Lassen Sie den Teilnehmern fünf bis zehn Minuten Zeit, um sich mit diesem Ablauf vertraut zu machen, und legen Sie dann eine rhythmische Musik auf.*)

Achte allmählich auf das Pulsieren der Musik. Stimm deinen Atem langsam auf diesen Rhythmus ein. Zuerst überschneidet sich dein Atem vielleicht mit dem Rhythmus, aber allmählich passt er sich ihm an. Und während du die angsterregenden Bilder vor dir beobachtest, beginnst du mit der Entscheidenden Prüfung des Atems. Lass gefährliche Situationen zu, aber dräng sie dir nicht auf. Und fahr fort zu atmen, ganz gleich, was geschieht. Gib dich deinem Körper hin, gib dich deinem Atem hin. Lass ruhig Laute entstehen, aber bleib immer bei deinem Atem. Überlass dich den Bildern, den Gefühlen, gib dich den Empfindungen hin und der Musik, und fahre fort zu atmen...

Abschluss des Prozesses in einer Gruppe

Wenn ihr euch immer noch mitten im Prozess befindet, fahrt fort zu atmen, bis ihr spürt, dass euer Körper weich wird und sich entspannt. Habt ihr den Prozess abgeschlossen, atmet normal und bleibt bei den Bildern, beobachtet sie. Ihr habt jetzt eure Entscheidende Prüfung abgeschlossen. Ihr seid durch, ihr habt bestanden. Jetzt könnt ihr euch erlauben, die Bilder zu genießen... Und wenn ihr euch dann bereit fühlt, könnt ihr mit eurer Partnerin oder eurem Partner Kontakt aufnehmen. Ganz allmählich kehrt ihr in den Raum zurück und teilt eurer Begleitperson mit, was euch im Verlauf dieses Prozesses passiert ist.

An den Begleiter

■ Die Gruppe kann sich zunächst über das Erlebte austauschen und dann die Rollen wechseln. Da dieser Tag ganz der Entscheidenden Prüfung gewidmet ist, empfehle ich für den Abend eine ruhige Sitzung. Lassen Sie die Teilnehmer ein Bild von ihrer Entscheidenden Prüfung malen oder geben Sie ihnen frei, damit sie malen oder ihre Erlebnisse austauschen können. Tragen Sie ihnen auf, vor der Sitzung am nächsten Morgen eine Körperhaltung für die Entscheidende Prüfung zu entwickeln.

Alternative: Die Entscheidende Prüfung als geleitete Phantasie

An den Begleiter

■ Wenn Sie die Entscheidende Prüfung als einzelne Übung machen wollen, weisen Sie die Teilnehmer jetzt an, sich eine Partnerin oder einen Partner zu suchen. Die Person, die beginnt, tanzt ihren Narrentanz mit einer Augenbinde (wie oben) und legt sich dann auf eine Matratze.

An die Reisenden

Jetzt befindest du dich auf dem Pfad, der dich in dein Land der Wunder führt. Folge diesem Pfad und entdecke, wohin er dich bringt. Lass zu, dass dein Körper diesen Pfad entlangwandert. Unmittelbar vor dir siehst du einen kleinen Berg. Während du dich ihm näherst, verspürst du Beklommenheit, denn du weißt, dass du dich dem Berg der Entscheidenden Prüfung näherst. Auf der anderen Seite des Berges spielt sich die beängstigendste Szene ab, die du dir nur vorstellen kannst. Bevor du auf dem Gipfel des Berges ankommst, nimm dir etwas Zeit, um tief zu atmen, ganz bis hinunter in deinen Bauch. Und was auch geschehen mag, was du auch siehst, fahre fort zu atmen. Denk auch an deine Hilfsmittel: dein Instrument der Kraft, den Dämon, den du integriert hast, und deinen Spirituellen Begleiter.

Jetzt erreichst du den Gipfel der Anhöhe. Was erblickst du? Betrachte diese Szene. Atme. Achte auf deine Gefühle. Und wenn du dich bereit fühlst, teil deinem

Partner mit, was du siehst (*Pause*). Lass alle Worte gehen, denn jetzt ist es Zeit, die Szene zu betreten. Schritt für Schritt näherst du dich der Szene. Finde heraus, wie du mit diesen Bildern umgehen kannst. Stell dich allem, was du siehst, und fahre fort zu atmen. Widme dich einige Zeit dieser Entscheidenden Prüfung. Spüre, was dabei in deinem Körper geschieht. Lass Laute entstehen. Stell dich dem, was dir Angst macht, was es auch sei. Nimm dir so viel Zeit, wie du für diese Entscheidende Prüfung brauchst, und dann, Schritt für Schritt, zieh dich zurück... Lass dir Zeit, um zu atmen und zu erleben, wie es ist, diese Aufgabe bewältigt zu haben. Wenn du bereit bist, komm zurück in den Raum, teil deine Erfahrungen deinem Partner mit und entwickle eine Körperhaltung für den Narrentanz, die die Entscheidende Prüfung zum Ausdruck bringt.

An den Begleiter

■ Pennel Rock, der Heldenreisen für Gruppen anleitet, machte mir folgenden Vorschlag, wie die Teilnehmer sich noch tiefer auf die Entscheidende Prüfung einlassen können. Pennel teilt die Gruppe in Kleingruppen ein, die die Entscheidende Prüfung jedes Beteiligten darstellen, so dass der Einzelne sämtliche verschiedenen Rollen spielen kann.

Abschlussritual

KAPITEL 12

Belohnung und Rückkehr

An den Begleiter

■ Nach der Entscheidenden Prüfung haben die Teilnehmerinnen und Teilnehmer oft das Gefühl, dass die Reise nun zu Ende ist. Vor allem, wenn die Prüfung in Form von Atemarbeit verlaufen ist, können sie mit tiefgreifenden emotionalen Prozessen in Berührung gekommen sein, was sehr wohltuende Auswirkungen hat. Außerdem haben sie bereits im Mysterium eine Reihe von Geschenken erhalten. Wenn Sie also sagen: »Jetzt kommen wir zur Belohnung«, könnten die Gruppenmitglieder erwidern: »Was meinst du damit? Ich habe meine Belohnung bereits bekommen. Ich bin völlig zufrieden.« Aber selbst wenn die Gruppenteilnehmer schon verschiedene Botschaften und Geschenke empfangen haben – erst die Belohnung verleiht der ganzen Reise einen Sinn und weist außerdem den Weg zurück in das Alltagsleben. So wie das Instrument der Kraft Held und Dämon verbindet, schlägt die Belohnung eine Brücke zwischen innerer und äußerer Welt. Sie ermöglicht den Reisenden, das, was sie auf der inneren Bühne gelernt und erfahren haben, auch in ihrem Alltagsleben anzuwenden. Die letzte Phase der Reise, von der Belohnung zur Rückkehr in den Alltag, bereitet diesen Weg vor. Weisen Sie die Gruppenmitglieder also darauf hin, dass sie sich, ganz gleich was geschieht, bis zum Ende der Reise immer noch im Mysterium befinden.

An diesem Punkt des Prozesses müssen Sie darauf achten, dass die Fülle der Bilder und Gestalten nicht zum Problem wird. Die geleitete Phantasie zur Belohnung handelt vom Finden der Belohnung, der Abreise des Spirituellen Begleiters, der Rückkehr in den Raum mit den vier Türen und dem Entschluss der Reisenden, konkrete Schritte zu unternehmen, wenn sie wieder zu Hause angelangt sind. Anschließend meditieren wir, um unser Herz zu öffnen, bringen die Belohnung in unser Herz und lassen es ganz weit werden. Besonders bei dieser Meditation müssen Sie die Aufnahmefähigkeit der Gruppe im Auge behalten. Nach diesen sieben Tagen sind die Teilnehmer wahrscheinlich offener als nach zwei Tagen. Sie sollten sich bei den Anweisungen für die Herz-Meditation davon leiten lassen, was sich als Widerspiegelung ihres inneren Erlebens auf den Gesichtern der Gruppenmitglieder abzeichnet.

Wenn sich das Herz für die Welt öffnet, bekommt die Meditation einen spirituell-politischen Charakter. Ich konzentriere mich hierbei auf die Brennpunkte der Welt. Sie sollten also wissen, wo diese Krisenherde liegen, damit die Meditation deren Heilung gewidmet werden kann. Wenn wir uns anschließend in den Kosmos ausdehnen, wird die Meditation zu einem rein spirituellen Erlebnis, bei dem sich das Bewusstsein so weit wie möglich öffnet. Wie weit Sie hier gehen, überlasse ich Ihrem Ermessen und Ihrer Einschätzung der Gruppe.

Im Allgemeinen endet dieser Tag mit einer Feedback-Sitzung am frühen Nachmittag, mit der der Workshop dann abschließt. Der Prozess von Belohnung und Rückkehr erfolgt in Form einer angeleiteten Bewegungsmeditation, die das mythische Drama beendet. Anschließend folgt noch einmal der vollständige Narrentanz. Für diese Abschlussmeditation können Sie entweder eine Musik benutzen, die die ganze Zeit läuft, oder eine Reihe einzelner Stücke, die zur Untermalung bestimmter Themen dienen. Sorgen Sie auch für Musik zum Feiern und Tanzen, falls die Stimmung der Gruppe am Ende entsprechend ist. Manche Gruppen enden auch in Stille.

RAM-Meditation, 7. Tag

An die Reisenden

Die Belohnung ist die Zusammenfassung, die Lektion der ganzen Reise. Sie ist ein symbolischer Hinweis auf die Bedeutung eurer Reise. Auf diesem Weg teilt die Psyche euch mit: »Genau darum ging es die ganze Zeit.« Dr. William Arendson-Hein machte die Heldenreise mit mir, als er schon über siebzig war. Er gehörte zu den ersten Menschen, die LSD therapeutisch einsetzten, und beschäftigte sich intensiv mit Spiritualität. Seine Belohnung war ein Stein. Zuerst war er sehr enttäuscht. Aber das Innere seines Steines war ein Kristall. Er sagte, dieser im Stein verborgene Kristall teile ihm mit, dass er herausfinden müsse, worin der

Schatz dieser Erde bestünde. Das war seine Belohnung! Jahrelang hatte er sich auf das Reich des Geistigen konzentriert, und jetzt war es für ihn an der Zeit, nach den Kostbarkeiten des Irdischen Ausschau zu halten. Er ist ein unglaublich weiser und liebevoller Mann, und ich war von seiner Ausdeutung sehr berührt.

Vielleicht seid auch ihr eher schockiert von eurer Belohnung. Vielleicht findet ihr nicht den Stein der Weisen, sondern ein Blütenblatt oder einen Wassertropfen. Eure Belohnung kann etwas ganz Winziges sein. Nehmt an, was die Psyche euch schenkt. Was ihr auch empfangt, ganz gleich, wie klein es sein mag – ein Grashalm oder ein Blütenblatt –, empfangt es als den Gral dieser eurer Reise. In der Parzival-Sage von Wolfram von Eschenbach steht der Gral für die Nahrung, die wir alle brauchen. Eure Belohnung ist die Nahrung, die eure Seele braucht, um sich in dieser Phase ganz zu entfalten. Nehmt sie ehrfürchtig in Empfang. Wenn ihr in eurem Geschenk den Gral seht, dann ist es auch der Gral. Weist ihr jedoch die Gabe zurück, die euch überreicht wird, dann verschließt ihr euch vor der Botschaft, die euer innerstes Selbst euch in aller Reinheit übermittelt. Die zweite Wahl ist niemals so klar und rein wie die erste. Schätzt also das, was ihr als Geschenk bekommt. Ich kann euch versichern, dass es euch die besten Dienste erweisen wird, wenn ihr seinen Wert anerkennt.

Als ihr die Reise antratet und euch auf den Thron der Wunder setztet, hätte ich, wie ich es früher immer tat, sagen können: »Denkt an das ungewöhnlichste Wunder, das ihr euch nur vorstellen könnt.« Inzwischen bin ich davon überzeugt, dass euer Unterbewusstes viel besser weiß, was ihr braucht, als euer bewusster Verstand. Es fällt uns Menschen jedoch schwer, bereits in der ersten Sitzung zuzulassen, dass die Botschaften des Unterbewusstseins ins Bewusstsein vordringen, ohne daran herumzukritisieren. Inzwischen aber, nachdem ihr euch weit vorgewagt habt und die beiden Ebenen sich immer wieder durchdrungen haben, kann die Psyche frei sprechen. Vielleicht enthüllt sie euch eine Sehnsucht, die eurem bewussten Denken völlig unbekannt ist. Häufig zeigt die Belohnung uns nicht nur, wie unsere tiefste Sehnsucht aussieht, sondern weist uns auch den Weg zu ihrer Erfüllung. Der Abschluss dieser Reise und der Ruf zu eurer nächsten Abenteuerfahrt zeigt euch, wie ihr diese Belohnung in eurem Alltagsleben manifestieren könnt.

Eure letzte, abschließende Aufgabe besteht darin, herauszufinden, wie ihr das, was ihr auf eurer Reise gelernt habt, in eurem Alltag umsetzen könnt. Wenn ihr die Belohnung erst einmal gefunden habt, nehmt sie mit in eure Lebensumgebung, tragt sie in jeden der vier Räume und findet heraus, wie sie diese vier Lebensbereiche heilen kann.

Dann werde ich euch bitten, euch vorzustellen, welchen konkreten, einfachen und realen Schritt ihr in jedem dieser vier Bereiche unternehmen könnt, um eure Belohnung manifest werden zu lassen. Sagen wir, ihr erhaltet eine magische

Palette, mit der ihr eure Vision der Welt entwerfen und diese nach eigenen Wünschen malen könnt. Wenn ihr eure magische Palette in das Zimmer mit der Bezeichnung »Zuhause« mitnehmt, fällt euch auf, dass Wände und Stoffe plötzlich andere Farben haben und alles viel strahlender aussieht als vorher. Nun, ein konkreter Schritt könnte sein, dass ihr euch eine Farbskala von Wandfarben besorgt und eine Farbe aussucht, mit der ihr eure Wände neu streicht. Oder ihr ruft einen Maler an und bittet ihn um einen Kostenvoranschlag. Oder überlegt, in welcher Farbe ihr die Stoffe neu färben möchtet. Ihr müsst nicht nach Spanien fahren und euch dort ein Schloss mieten, wenn ihr eure Wohnung neu gestalten wollt! Unternehmt ganz simple Schritte. Besorgt euch neue Vorhänge für die Küchenfenster. Das ist ein einfaches, konkretes Unternehmen. Als zweites könnt ihr euch vornehmen, die Wandvorhänge über dem Spülstein zu erneuern. Der erste einfache, konkrete Schritt kann euch von Augenblick zu Augenblick auf dem Weg zur Verwirklichung eurer Vision Stück für Stück weiter bringen. Aber das ist nur möglich, wenn der Schritt simpel ist. Wenn ihr dagegen beschließt, euch in Spanien ein Schloss zu kaufen, werdet ihr euch schon bald fragen: »Wie bin ich bloß auf diese Idee gekommen?« Dann geht ihr eine Pizza essen, und schon bald sind alle Pläne vergessen. Wenn der erste Schritt aber einfach ist, wächst die Wahrscheinlichkeit, dass weitere Schritte folgen werden.

Am Ende des Arbeitsbuches findet ihr einen Vertrag, in dem ihr mit euch vereinbaren könnt, diese konkreten Schritte zu unternehmen. Es empfiehlt sich, diesen Vertrag mit jemandem zu besprechen, an den ihr euch wenden könnt, wenn es euch schwer fällt, ihn einzuhalten. Denkt daran, bei jeder Reise ist die erste Ebene des Widerstands in eurem unmittelbaren Umfeld angesiedelt, und um diesen Widerstand zu überwinden, braucht ihr jemanden, der auf euch zukommt und sagt: »Mach weiter, du kannst das.« Wenn ihr in einer Gruppe gearbeitet habt, steht euch jetzt ein Netzwerk von Helden, Freundinnen, Freunden und Weggenossen zur Seite, die sich gegenseitig bei der Verwirklichung ihrer Seelenaufgabe helfen können.

Jetzt werdet ihr noch einmal den gesamten Narrentanz tanzen und dabei die Körperhaltung mit einbeziehen, die ihr für die Entscheidende Prüfung entwickelt habt. Der Tanz geht in eine Meditation über, in der ihr eure Belohnung findet. An einem bestimmten Punkt werdet ihr euch setzen, sorgt also dafür, dass ihr ein Kissen griffbereit habt, damit ihr bequem sitzt. Beginnt also jetzt mit der Nullposition, und ich werde euch die Geschichte noch einmal erzählen. Und statt die Haltungen einfach nur einzunehmen, erlaubt euch diesmal, sie völlig frei zu tanzen.

Die Rückkehr
Übung 1: Bewegungsmeditation zu Belohnung und Rückkehr

Es war einmal ein Mensch mit Namen Ich. Ich ging eine lange Treppe hinunter in einen Raum mit vier Türen. Auf der ersten Tür stand »Zuhause«. Ich schaute in dieses Zimmer, und so fühlte ich mich angesichts der Bilder vom Zuhause. Die zweite Tür war beschriftet mit dem Wort »Arbeit/Lebensaufgabe«. Und so fühlte ich mich, als ich die Bilder dieser Aufgabe betrachtete. Die nächste Tür führte zum Raum der »Liebe«, und so fühlte ich mich mit der Liebe in meinem Leben. Die vierte Tür öffnete sich zum »Selbst«, und so fühlte ich mich angesichts der Symbole für das Selbst, die ich hier vorfand. Als ich die Tür mit der Aufschrift »Selbst« wieder hinter mir schloss, kam ich zurück in den Raum mit den vier Türen, und in der Mitte des Raumes entdeckte ich einen Thron der Wunder. Ich stellte mir dieses Wunder vor. Ein Spiritueller Begleiter kam auf mich zu, der führte mich auf den Weg zu meinem heldenhaften Selbst. Während ich zu meinem Helden wurde, konnte ich sämtliche Spannungen in meinem Körper spüren, all die Behinderungen, die ich mir selbst auferlegt hatte. Mein Körper wurde zu einem wahren Schlachtfeld, und aus diesem Schlachtfeld explodierte der Dämon meines eigenen Widerstands. Glücklicherweise gab mir mein Spiritueller Begleiter ein Instrument der Kraft, das ich der Erfüllung meiner Aufgabe widmete. Es kam zu einer heftigen Konfrontation zwischen dem Helden und dem Dämon: Die erste Phase sah so aus, die zweite so und die dritte so. Nach einer Weile löste sich der Kampf wie folgt auf. Ich konnte die Schwelle zum Land der Wunder überschreiten. In diesem magischen Land machte ich viele Erfahrungen. – Tanze jetzt dein Land der Wunder. Lass die drei Haltungen für dein Land der Wunder in einem Tanz zusammenfließen (*Pause*). Schließlich stand ich vor der Entscheidenden Prüfung, und so sahen meine Erfahrungen aus.

Jetzt hast du deine Entscheidende Prüfung abgeschlossen. Du befindest dich immer noch in deinem Land der Wunder und folgst deinem Pfad. Lass deine Umgebung in Ruhe auf dich wirken (*Pause*). Unmittelbar vor dir taucht jetzt ein Tempel auf, in strahlendes Sonnenlicht getaucht. Das ist der Ort der Belohnung. Geh auf den Tempel zu. Betritt ihn. Drinnen steht ein goldener Altar. Ein Sonnenstrahl hüllt ihn in Licht. Auf dem Altar befindet sich deine Belohnung. Halte Ausschau danach. Sie ist da. Nimm dir Zeit dafür (*Pause*). Wenn du bereit bist, nimm deine Belohnung an dich. Erlebe sie, lass zu, dass sie dein ganzes Wesen erfüllt. Atme sie. Schmecke sie mit deinem ganzen Körper und deiner ganzen Seele. Die Belohnung für deine Reise. Nimm diese Belohnung mit allen Sinnen auf. Tanz damit (*Pause*).

Und während du deine Belohnung auskostest, stell dir vor, dass aus dem Lichtstrahl deine Spirituelle Begleiterin oder dein Spiritueller Begleiter auftaucht, zum letzten Mal auf deiner Reise. Dieser Wächtergeist hat dich auf dieser Reise geführt. Er hat dich die ganze Zeit geleitet und dich schließlich bis hierher zum Tempel der Belohnung gebracht. Die Belohnung in deinen Händen haltend, schaust du deinem Spirituellen Begleiter jetzt in die Augen und fragst: »Was bedeutet diese Belohnung?« Und der Wächtergeist wird es dir sagen. Frag deinen Spirituellen Begleiter: »Wie kann diese Belohnung mein Leben erleuchten?« Und dein Spiritueller Begleiter wird dir eine Zukunftsszene vor Augen führen, die zeigt, wie diese Belohnung sich in deinem Leben manifestiert hat. Nimm dir Zeit, um diese Szene auf dich wirken zu lassen (*Pause*).

Jetzt ist es Zeit, dich von deinem Spirituellen Begleiter zu verabschieden. Schaut euch gegenseitig tief in die Augen und spürt, was ihr füreinander empfindet. Und schließlich sagt euer Spiritueller Begleiter: »Ich verabschiede mich für jetzt. Aber immer wenn du mich brauchst, musst du mich nur rufen, denn ich bin ein Teil von dir.« Und mit diesen Worten umarmt er dich und geht davon.

Und siehe da! Dort, wo gerade noch dein Spiritueller Begleiter stand, siehst du jetzt eine Tür. Geh durch diese Tür. Du wirst feststellen, dass sie zurück in den Raum mit den vier Türen führt, in dem du deine Reise begonnen hast. Betritt diesen Raum. Und noch einmal findest du in der Mitte des Raumes den Thron der Wunder vor. Setz dich auf diesen Thron, deine Belohnung in den Händen haltend. Frage dich: »Was hat diese Belohnung mit dem Wunder zu tun, das ich mir damals vorgestellt habe?« Stellt sie dieses Wunder dar, oder ist sie ein Mittel, um es wahr werden zu lassen? Nimm dir etwas Zeit, um herauszufinden, wie deine Belohnung und deine erste Vision zusammenhängen (*Pause*).

Wenn du vom Thron hochschaust, fällt dir auf, dass du vor der Tür mit der Bezeichnung »Zuhause« sitzt. Langsam öffnet sich diese Tür. Wie von Zauberkraft bewegt, steigt die Belohnung aus deinen Händen auf und schwebt durch diese Tür. Schau zu, was mit den Bildern deines Zuhauses geschieht, wenn deine Belohnung hinzukommt.

Verändern sich die Farben, werden sie kräftiger oder erstrahlen sie in einem neuen Licht? Während du diese Veränderungen beobachtest, frage dich: »Welchen einfachen, konkreten Schritt kann ich zu Hause unternehmen, um die Belohnung dort zu manifestieren?« Ein einfacher, konkreter Schritt in der Alltagswelt – ein Anruf? Ein Gespräch mit deiner Familie? Neue Vorhänge? »Was kann ich tun, um meine Belohnung zu Hause manifest werden zu lassen?« Stell dir vor, wie du diesen Schritt unternimmst. Nimm im Sitzen eine Haltung ein, die zum Ausdruck bringt, dass du diesen einfachen, konkreten Schritt in deinem Alltagsleben tust, um deine Belohnung zu manifestieren. Bist du dazu bereit? Spüre nach, ob du körperlich bereit bist, diesen Schritt zu unternehmen.

Und jetzt lass die Belohnung aus dem Raum mit der Bezeichnung »Zuhause« wieder zurückkehren in deine Hände. Stell dir vor, dass der Thron sich dreht, so dass du jetzt vor der Tür mit der Aufschrift »Arbeit/Lebensaufgabe« sitzt. Die Tür öffnet sich. Die Belohnung steigt auf und schwebt durch die Tür in das Zimmer, um die Bilder der Lebensaufgabe zu beeinflussen. Schau dir an, was mit diesen Bildern geschieht, wenn die Belohnung sich manifestiert (*Pause*). Welchen einfachen, realen Schritt könntest du in Bezug auf deine Arbeit unternehmen, damit sich die Belohnung in diesem Bereich deines Lebens manifestiert? Einfach, konkret; nichts Überzogenes, etwas Mögliches. Nimm eine Haltung ein, die diesen konkreten Schritt zum Ausdruck bringt. Spüre, wie dein Körper darauf reagiert. Ist dein Körper bereit, diesen Schritt zu tun? (*Pause*)

Und wieder kehrt die Belohnung zu dir zurück. Die Tür schließt sich, der Thron dreht sich und kommt vor dem Raum der Liebe zum Stehen. Die Tür vor dir öffnet sich, die Belohnung steigt aus deinen Händen auf und schwebt in diesen Raum. Schau dir an, was mit den Bildern der Liebe geschieht (*Pause*). Stell dir wieder vor, welchen simplen, konkreten Schritt du unternehmen kannst, damit sich die Belohnung in deinem Liebesleben manifestiert. Visualisiere diesen Schritt. Lass zu, dass dein Körper eine Haltung einnimmt, die diesen Schritt zum Ausdruck bringt, und spüre, ob du körperlich bereit bist, diese Belohnung in deinem Liebesleben zu manifestieren (*Pause*).

Und lass deinen Körper jetzt wieder zur Ruhe kommen. Während die Belohnung in deine Hände zurückkehrt, schließt sich die Tür und der Thron dreht sich zu der vierten und letzten Tür, die zum Raum des Selbst führt. Die Tür öffnet sich. Und noch einmal steigt die Belohnung auf und bewegt sich in den Raum des Selbst. Schau dir an, ob sich die Symbole für das Selbst verändern, wenn die Belohnung hinzukommt. Und frag dich noch einmal: »Welchen einfachen, konkreten Schritt kann ich unternehmen, damit die Belohnung sich in diesem wichtigsten Bereich meines Lebens, in mir selbst, manifestiert? Ein Schritt, den ich nur für mich tue.« Und erlaube deinem Körper eine Haltung einzunehmen, die diesen Schritt deutlich macht. Spür nach, wie dein Körper sich anfühlt, wenn du etwas für dich tust. Wie atmest du, wenn du dich selbst belohnst? Bist du dazu bereit? (*Pause*)

Noch einmal kehrt die Belohnung in deine Hände zurück, während du dort auf dem Thron der Wunder sitzt. Bald wirst du diesen magischen Ort verlassen und in das Alltagsleben zurückkehren. Die Schwelle zum Abenteuer ist zur Schwelle der Rückkehr geworden, und wenn du sie überschreitest, musst du die magischen Kräfte zurücklassen. Das Geschenk deines Selbst und deine Erfahrungen jedoch wirst du mitnehmen können.

Bevor du gehst, nimm dir einen Augenblick Zeit, um auf deinen eigenen Herzschlag zu meditieren. Stell dir vor, dass sich dein Herz mit jedem Atemzug, mit jedem Pulsschlag öffnet wie die Blütenblätter einer Rose. Lass zu, dass die Rose sich öffnet, Blatt für Blatt, bis sie schließlich ihre goldene Mitte enthüllt (*Pause*). Und gleichzeitig wird die Belohnung in deinen Händen kleiner und kleiner, wird durchsichtig und füllt sich mit Licht. Sie wird zu einem funkelnden Tropfen Licht. Leg diesen Tropfen wie einen Diamanten in die goldene Mitte der Blüte deines Herzens (*Pause*). Lass zu, dass die Bütenblätter deines Herzens sich sanft um die Belohnung schließen und die Belohnung dein Herz mit ihrem Licht erfüllt und alte Wunden reinigt und heilt. Und das Licht dehnt sich über dein Herz hinaus aus und strömt in deinen ganzen Brustkorb, nur für dich, reinigend, segnend, heilend. Lass zu, dass es deinen ganzen Körper erfüllt, aus der Quelle in der Mitte deines Herzens den einzigartigen Segen verströmend, der du bist.

Und du kannst dieses Licht über deine Haut nach außen strahlen lassen, so dass es die anderen Menschen im Raum erreicht und sie mit der Belohnung in deinem Herzen segnet. Lass das Licht nach unten in die Erde und nach oben zum Himmel scheinen, in alle Himmelsrichtungen, so dass es sämtliche Geschöpfe, die auf dem dunklen und herrlichen Körper der großen Mutter Erde laufen, kriechen, schwimmen oder fliegen, einhüllt.

Und lass zu, dass das Licht sich noch weiter verströmt, so dass es die Gegend segnet, in der du zu Hause bist. Lass zu, dass es sich über das Land ergießt, es segnet und heilt mit der Belohnung in deinem Herzen. Und noch weiter dehnt es sich aus auf die angrenzenden Länder, den ganzen Kontinent, nach Norden, Süden, Osten und Westen, auf die gesamte Halbkugel, auf der du dich befindest, segnend und heilend, besonders die Krisenzentren und auch Orte, die dir vertraut sind. Lass zu, dass das Licht den gesamten Planeten Erde einhüllt und sämtliche Geschöpfe, die hier leben, segnet und heilt. Erinnere dich immer wieder daran, dass all der Segen und alle Heilung in der Belohnung in deinem Herzen ihren Ursprung haben.

Warum hier Halt machen? Lass das Licht weiterströmen, bis es den Mond erreicht, Venus und Mars, die Planeten des Sonnensystems bis hoch zur Sonne, und noch weiter, so dass du dich ausdehnst mit deiner Gabe, mit deinem ganz eigenen Wesen, um sämtliche Galaxien zu berühren, das ganze Universum und sämtliche Universen im Kosmos, so dass die Belohnung, die du bist, sich bis in die Unendlichkeit erstreckt. Du bist die Quelle – du. Die Quelle dieses Segens, der sich auf den gesamten Kosmos und jedes Geschöpf ergießt, das existiert. Verschenke dich, verschenke dich an die gesamte Schöpfung (*Pause*).

Und so, wie du dich bis über die Grenzen des Kosmos hinaus ausdehnen kannst, bist du auch imstande, zurückzukehren. Aus der Unendlichkeit kommst du zurück in den Kosmos, durch das Universum, die Galaxien, die Planeten, dieses Sonnensystem zurück zum Planeten Erde, in diese Hemisphäre, diesen Teil der Erde, diesen Ort, diesen Raum, diese Gruppe von Menschen, diesen Körper. Komm den ganzen Weg zurück bis zu diesem winzigen Lichtpunkt, der in der goldenen Mitte deines Herzens nistet. Und dort bleibt er, damit du ihn mitnehmen kannst, wenn du gehst, denn das bist du. Du bist deine eigene einzigartige Gabe. Im gesamten Universum gibt es niemanden wie dich.

Deine Heldenreise ist zu Ende. Deine neue Reise steht unmittelbar bevor.

Du bist frei zu fliegen!
Frei zu leben, frei zu sterben!
Du bist frei zu sein, wer du bist.
Freiheit ist dein wahres Wesen!

Die Rückkehr
Übung 2: Ein Bild zum Abschluss malen

Fertige ein Bild an und geh dabei ähnlich vor wie beim Malen deiner Lebensumgebung. Jetzt aber enthält der Kreis in der Mitte deine Belohnung, und die Bilder in den vier Räumen zeigen die Wandlung, die hier stattgefunden hat, sowie die konkreten Schritte, die du unternehmen wirst, um die Belohnung zu manifestieren.

Die Rückkehr
Übung 3: Der Vertrag

Setzt euch mit einer Partnerin oder einem Partner zusammen (*Einzelreisende sollten sich mit einer guten Freundin oder einem guten Freund zusammensetzen*), und sprecht darüber, was ihr als eure Belohnung entdeckt habt. Benutzt das Formular am Ende des Arbeitsbuches zur Heldenreise (siehe Anhang III) und arbeitet einen Vertrag miteinander aus, der festlegt, welche simplen Schritte ihr in sämtlichen vier Bereichen eures Lebens unternehmen werdet, um eure Belohnung manifest werden zu lassen. Euer Partner ist der Vertragszeuge. Besprecht mit ihm, wie ihr euch gegenseitig helfen könnt, diese simplen Schritte einzuhalten.

Die Rückkehr
Übung 4: Den Narrentanz vervollständigen

An den Begleiter

■ Zu Beginn der Nachmittagssitzung, in der sie sich über das Erlebte austauschen werden, weisen Sie die Gruppenmitglieder an, ihren Narrentanz mit den fünf letzten Haltungen zu vervollständigen: Belohnung, Rückkehr nach Hause, Rückkehr zu Arbeit und Lebensaufgabe, Rückkehr zur Liebe, Rückkehr zum Selbst und das gewandelte Ich. Die vier Haltungen der Rückkehr können die konkreten Schritte darstellen, die die Teilnehmer zu unternehmen beschlossen haben, oder die Wandlung, die sie in jedem der vier Räume erfahren haben. Überlassen Sie das ihnen. Sie können die Gruppe auch teilen und die Geschichte vom Narren erzählen, während die eine Hälfte der Teilnehmer für die andere tanzt und dann umgekehrt.

An die Reisenden

Es war einmal ein Mensch mit Namen Ich (*Haltung*). Ich ging eine lange Treppe hinunter in einen Raum mit vier Türen. Auf der ersten Tür stand »Zuhause«. Ich schaute in das Zimmer, und so fühlte ich mich mit den Bildern vom Zuhause (*Haltung*). Die zweite Tür trug die Aufschrift »Arbeit/Lebensaufgabe«. Und so fühlte ich mich mit den Bildern der Arbeit/Lebensaufgabe (*Haltung*). Die nächste Tür führte zum Raum der Liebe, und so fühlte ich mich mit der Liebe in meinem Leben (*Haltung*). Auf der nächsten Tür stand geschrieben »Das Selbst«, und so fühlte ich mich angesichts der Symbole für das Selbst, die ich dort vorfand (*Haltung*).

Als ich die Tür mit der Aufschrift »Das Selbst« hinter mir schloss, gelangte ich wieder in den Raum mit den vier Türen und entdeckte in der Mitte des Raumes einen Thron der Wunder. So stellte ich mir dieses Wunder vor (*Haltung*). Ein Spiritueller Begleiter (*Haltung*) kam auf mich zu, der führte mich auf den Weg zu meinem eigenen heldenhaften Selbst (*Haltung*). Während ich zu meinem Helden wurde, konnte ich sämtliche Spannungen in meinem Körper spüren, die Behinderungen, die ich mir selbst auferlegt hatte. Mein Körper wurde zu einem wahren Schlachtfeld (*Haltung*), und aus diesem Schlachtfeld explodierte der Dämon meines Widerstands (*Haltung*). Glücklicherweise gab mir mein Spiritueller Begleiter ein Instrument der Kraft, das ich der Erfüllung meiner Suche weihte

(*Haltung*). Es kam zu einer heftigen Konfrontation zwischen dem Helden und dem Dämon: Die erste Phase sah so aus (*Haltung*), die zweite so (*Haltung*) und die dritte so (*Haltung*). Nach einer Weile löste sich der Kampf folgendermaßen auf (*Haltung*). Ich konnte die Schwelle zum Land der Wunder überschreiten. In diesem magischen Land machte ich viele unterschiedliche Erfahrungen: Mysterium 1 (*Haltung*), Mysterium 2 (*Haltung*), Mysterium 3 (*Haltung*). Schließlich stand ich vor der Entscheidenden Prüfung des Atems, und so sah dieses Erlebnis aus (*Haltung*). Anschließend fand ich eine Belohnung (*Haltung*). Ich nahm die Belohnung und kehrte damit zurück in den Raum mit den vier Türen. Und das erlebte ich mit der Belohnung im Raum mit der Bezeichnung »Zuhause« (*Haltung*). In Bezug auf Arbeit/Lebensaufgabe erfuhr ich Folgendes (*Haltung*). Meine Erfahrung mit der Liebe sah so aus (*Haltung*). Und meine Beziehung zum Selbst so (*Haltung*). Ich habe meine Reise nun abgeschlossen, und so fühle ich mich jetzt mit mir (*Haltung*). Rückkehr in die Nullposition.

Die Rückkehr
Übung 5: Austausch in der Gruppe

An den Begleiter

■ Erlauben Sie den Teilnehmerinnen und Teilnehmern jetzt, über die wichtigsten Punkte ihrer Erfahrungen zu sprechen. Vielleicht müssen sie sich mit Trennungsängsten oder anderen Gefühlen auseinandersetzen, die sich einstellen, wenn so ein Prozess beendet ist. Verärgerung oder persönliche Wertschätzung können ebenfalls zum Ausdruck gebracht werden.

An Einzelreisende

Schreib in dein Tagebuch eine abschließende Zusammenfassung deiner Erlebnisse und Erfahrungen. Welche Bedeutung haben sie für dich und dein Leben? Wie schätzt du sie ein?

An die Reisenden

Nach einer Erfahrung wie dieser sind viele Menschen in Hochstimmung. Wie wir im Verlauf der Reise entdeckt haben, neigen wir dazu, uns jedesmal, wenn wir uns erlauben, uns gut mit uns zu fühlen, sofort wieder zu sabotieren. Das kann auch jetzt passieren. Depression ist ein Versuch des Organismus, etwas abzuschließen und wieder auf den Boden zu kommen. Oft denken wir irrtümlicherweise, wir müssten, um wieder auf dem Boden zu landen, noch tiefer absinken und depressiv werden, um schließlich die Mitte zwischen den beiden Polaritäten zu finden. Wenn ihr ein paar Tage nach der Reise feststellt, dass ihr zu depressiven Stimmungen neigt, solltet ihr etwas Karma Yoga machen – das heißt körperlich aktiven, einfachen Tätigkeiten nachgehen, die ihr zu einem Abschluss bringen und wertschätzen könnt. Tut etwas, was ihr gern macht – abwaschen, Hausputz, euer Schlafzimmer neu einrichten. Wichtig ist, dass ihr Spaß daran habt. Gartenarbeit ist am besten, denn dabei habt ihr direkten Kontakt zur Erde.

Der depressive Zustand muss nicht negativ sein. In dieser Stimmung könnt ihr ausruhen und verarbeiten, was ihr getan und erlebt habt. Nutzt diese Zeit, statt euch mit Selbstkritik und selbstzerstörerischem Verhalten zu bestrafen.

Im nächsten halben Jahr und noch bis zu zwei Jahre später können immer wieder Bilder aus dem Prozess auftauchen. Manchmal verschwindet ein Bild, um dann plötzlich in einem unerwarteten Moment wieder hochzukommen. Ich rate euch, euch dann auf dieses Bild einzulassen, um herauszufinden, welche Informationen euch aus tieferen Schichten zukommen und was ihr in diesem Augenblick integrieren müsst. Tut die Bilder nicht als dumm, überholt oder sentimental ab. Respektiert das Symbol und lasst es zu euch sprechen. Was immer die Psyche tut, es dient einem bestimmten Zweck; vertraut diesem Prozess.

Das positivste Ergebnis der Reise ist für mich, wenn Teilnehmer sagen: »Ich bin ganz aufgeregt bei dem Gedanken, in mein Leben zurückzukehren und zu entdecken, wie ich praktisch umsetzen kann, was ich erfahren habe.« Dann weiß ich, dass sie diese Reise mit ganzem Herzen erlebt haben und zufrieden sind. Ihr wisst jetzt, was eine Reise ist, und könnt die Rückkehr in euren Alltag als nächste Reiseetappe erleben.

Geht, und möge der Friede, der größer ist als das Verstehen, euch auf eurem Weg einholen!

Abschlussritual

An den Begleiter

■ Wenn sämtliche Gespräche abgeschlossen wurden, die Teilnehmerinnen und Teilnehmer Gelegenheit hatten, sich mitzuteilen und damit zu Ende gekommen sind, stellen Sie für das Abschlussritual die Kerze in die Mitte. Setzt euch zusammen und haltet euch bei den Händen. Schaut in die Kerze, schließt eure Augen und singt zum Abschied noch einmal zusammen als Gruppe. (Einen anderen Vorschlag für den Abschluss finden Sie nach der letzten RAM-Meditation.)

An die Reisenden

Um unser Auseinandergehen bewusst zu erleben, halten wir uns fest bei den Händen und lassen uns dann ganz langsam und auf meditative Art los. Während wir das tun, meditieren wir darauf, unsere Erlebnisse, die anderen Gruppenmitglieder, diesen Augenblick und sämtliche Kontakte loszulassen. Wenn die Hände sich schließlich voneinander gelöst haben, legt eure Handflächen zusammen und kommt wieder in Kontakt mit euch selbst. Nehmt euch einen Augenblick Zeit, um diesen Kontakt mit euch zu spüren, und dann öffnet eure Augen. Alle kommen jetzt in die Mitte, um gemeinsam die Kerze auszublasen, und damit ist das Ritual zu Ende.

EPILOG

Die Rückkehr

In diesem letzten Kapitel möchte ich euch daran erinnern, dass die Heldenreise niemals wirklich zu Ende ist. Sie verläuft in Zyklen und endet mit dem Ruf zum nächsten Zyklus... und so geht es immer weiter. Jüngste Ereignisse in meinem eigenen Leben haben mich eindringlich an den zyklischen Verlauf der Reise erinnert, auf der wir uns alle befinden, und ich möchte diese Einsichten jetzt an euch weitergeben.

Im Verlauf der Arbeit an diesem Buch habe ich zwei der Menschen verloren, die ich am meisten schätze: meinen Partner, Stanford Eugene Cates, dem dieses Buch gewidmet ist, und meine beste Freundin, Janet Zuckerman; beide sind gestorben, der eine an Aids und die andere an Krebs. Im gleichen Zeitabschnitt fiel die Berliner Mauer, veränderte sich die Beziehung zwischen Rußland und den Vereinigten Staaten einschneidend, gingen heftige Wirbelstürme und Flutwellen über Bangladesh hinweg und die Vereinigten Staaten führten Krieg am Persischen Golf. Die ökologische Katastrophe der brennenden Ölfelder in Kuwait hält sogar bis heute an. Und während dieser ganzen Ereignisse habe ich kontinuierlich an diesem Buch gearbeitet.

Nach Stanfords Tod jedoch schien mein Leben an Sinn zu verlieren, was häufig geschieht, wenn ein Partner stirbt. Ich begann meine heldenhafte Suche in Workshops mit den Worten vorzustellen: »Zehn Jahre bin ich jetzt mit einem Ritterfreund gereist. Überall auf der Welt haben wir andere über die Schwelle geleitet. Eines Tages dann hat mein Freund sich die Seuche zugezogen, und jetzt ist er gegangen und in meinem Herzen ist Leere. Meine Suche gilt jetzt Lacrima Christi, dem heilenden Kristall, der die Leere in meinem Herzen füllen kann.«

Während ich weiter an diesem Buch arbeitete, begann ich wieder an den Sinn des Lebens zu glauben und machte die Erfahrung, dass der Abschluss dieses Buches mein Lacrima Christi war. Wie die deutsche Frau, deren Heldin ein kleines Mädchen war, das seine Zimbeln an der Schwelle zur zerrissenen Welt des Krieges läutete, trage ich den heilenden Kristall der Heldenreise in das verwüstete Land.

Dieses Buch ist ein Versuch, den Kristall weiterzugeben, damit andere ihn betrachten und vielleicht eine Ahnung davon bekommen, was es in Zukunft heißen wird, ein Mensch zu sein.

Ich bin in einer Augustnacht 1930 in Detroit empfangen worden, unmittelbar nach dem finanziellen Zusammenbruch der amerikanischen Wirtschaft, der den Beginn der Großen Depression einleitete. Es war eine Zeit der Verzweiflung, und dass meine Eltern mich in dieser heißen Sommernacht empfangen haben, hat mich immer als ein Akt der Hoffnung in einer dunklen Zeit beeindruckt. Ob bewusst oder unbewusst, ich bin der verkörperte Ausdruck der Hoffnung und Liebe, die meine Eltern sich und der Welt entgegenbrachten. Ich hatte immer das Gefühl, dass mein Dasein eine Bürgschaft für eine mögliche Zukunft war, die meine Mutter und mein Vater in meiner Empfängnis sahen.

Dieses Buch ist Ausdruck dieser Hoffnung, vor allem jetzt, wo wir uns dem dritten Jahrtausend nähern. In jeder Jahrtausendwende hatten Menschen apokalyptische Visionen vom Ende der Welt, von Wirbelstürmen, Erdbeben und Vulkanausbrüchen, von Seuchen, Kriegen und massiver Zerstörung. Diese Ereignisse finden überall um uns herum statt wie seit Anbeginn der Zeit. Mit diesem Buch möchte ich die Kontinuität unseres Seins in das 21. Jahrhundert hinein bezeugen.

1941 betrachtete Joseph Campbell das Bild eines Tempelwächters, einer löwenähnlichen Kreatur mit einem fratzenhaften Gesicht, die die Schwelle zum Göttlichen bewachte, und in einer plötzlichen Eingebung erkannte er, dass sämtliche Heldenmythen, sowohl westliche als auch östliche, sich gleichen. Fünf Jahre lang arbeitete er an der Ausführung dieser Idee in seinem Buch *Der Heros in tausend Gestalten*. Der kreative Prozess, in dem das vorliegende Buch geboren wurde, begann damals. Als ich Ende der sechziger Jahre am Theater arbeitete, engagierte ich mich in der Kampagne gegen den Vietnamkrieg. Ich beschloss, den Kriegshelden gründlich zu erforschen, um herauszufinden, welche Motive diesen Mann der Tat bewegen. Ich beschäftigte mich mit den Sagen von Cuchulain, dem großen Kriegshelden aus Irland, die William Butler Yeats nacherzählt hat. Durch diese Studien kam ich in Berührung mit Campbells Arbeit, und von dem Augenblick an begleitete *Der Heros in tausend Gestalten* mich ständig. Ich habe das Buch wieder und wieder gelesen, und es hat meine Arbeit kontinuierlich beeinflusst. 1972 lernte ich Joseph Campbell schließlich in Esalen kennen. Während ich anfing, meine Ideen vom Prozess der Heldenreise zu entwickeln, sprach ich häufig mit ihm darüber, wie der Stoff zu formulieren sei.

Eines Tages, nachdem ich seit mehreren Jahren mit der Heldenreise gearbeitet hatte, sagte Stanford zu mir: »Viele Leute kopieren deine Arbeit und manche verweisen dabei überhaupt nicht auf dich. Du solltest ein Buch schreiben.« Das schien jedoch unmöglich, da ich ständig auf Reisen war. Als Stanford Aids bekam, konnten wir nicht mehr reisen. Wir hatten das große Glück, dass Laurance Rockefeller uns einen Kredit gewährte. So konnten wir lange genug an einem Ort bleiben, um mit der Arbeit an diesem Buch zu beginnen.

Während ich schrieb, dachte ich ständig: »Dieses Buch wird allen beweisen, dass ich der Begründer der Heldenreise bin.« Als ich das Buch abschloss, wurde mir jedoch klar, dass diese Sichtweise zu statisch ist. Der wahre Grund für das Schreiben dieses Buches entzieht sich meiner Kenntnis. Er hat damit zu tun, dass ich möglichst vielen Menschen die Werkzeuge der inneren Vision, der Selbsterkenntnis und des Findens ihres eigenen Weges in Zusammenhang mit der Evolution der Menschheit in die Hand geben möchte. Ich bin nicht der Einzige, der diese Werkzeuge weiterreicht, aber ich kann meinen Beitrag dazu leisten. Statt also auf meiner Urheberschaft für den Prozess der Heldenreise zu beharren, biete ich diese Form meiner eigenen Erfahrung als Möglichkeit an, anderen zu helfen.

Im Verlauf meiner Reise musste ich meine eigene innere Hölle durchwandern. Um andere durch ihre Hölle leiten zu können, musste ich meine eigene erleben. Aber nachdem ich meine Erfahrungen damit gemacht habe, kann ich sagen: »Es ist möglich, durch diese Hölle zu gehen.« Dieses Buch beschreibt einen möglichen Weg.

Ich habe im Laufe der Jahre vor vielen Schwellen der Konfrontation gestanden und viele Versionen der Hölle gesehen. Ich bin zu der Erkenntnis gelangt, dass in der Psyche tatsächlich Monster existieren – Schreckgestalten der menschlichen Gattung, der Nationen, der Regionen und – am bösartigsten von allen – unserer eigenen Persönlichkeit. Es gibt sie wirklich. Mir ist jedoch auch bewusst, dass der Umgang mit ihnen nicht so aussehen kann, dass wir vor ihnen weglaufen, uns vor ihnen verstecken, sie ignorieren oder sie töten. Vielmehr müssen wir ihnen direkt in die Augen schauen. Dieser Blick bringt eine Veränderung in Gang. Es ist, als ob ein Schleier fällt und eine tiefere Wahrheit enthüllt wird. Und vielleicht liegt der Schatz sogar im Kern dieser Wahrheit. Zumindest schien das bei den vielen verschiedenen Schreckgestalten der Fall zu sein, denen ich begegnet bin. Oft ist das, was uns als apokalyptischer Krieg zur Beendigung sämtlicher Kriege erscheint, in Wirklichkeit nichts anderes als das Hadern eines Liebenden. Mit Sicherheit gilt das meiner Erfahrung nach für die inneren Monster der Persönlichkeit. Aber ist nicht das regionale Monster, das nationale Monster und sogar das Monster der Gattung Mensch lediglich eine Ausprägung des individuellen Monsters? Und deshalb glaube ich, dass der Weg, das große Monster zu heilen, das uns, unseren Planeten und unsere Artgenossen verschlingt, darin besteht, die individuellen Monster eines nach dem anderen zu heilen. In meiner heldenhaften Vision müssen meine Partnerin vom Planeten Pluto und ich zusammenkommen und die Schlüssel bringen, die das menschliche Bewusstsein gestalten helfen.

Diese Schlüssel bestehen in einer Reihe von individuellen Selbstbegegnungen, bei denen Menschen durch den Kontakt mit einem archetypischen Bild wie bei der Heldenreise herausfinden, dass sie nicht allein sind: dass sie zwar Individuen sind, aber nicht allein, und dass ihre Getrenntheit auf einem Willensakt beruht, einer Entscheidung, die aufgehoben werden kann.

Die epischen Mythen der Griechen wurden zu einer Zeit verfasst, als die westliche Welt sich vom Matriarchat zum Patriarchat bewegte. Sämtliche Götter und Göttinnen, Helden und Heldinnen dieser Zeit hatten mit dieser Transformation zu tun. Das Matriarchat hatte sich selbst untergraben, war hohl und dekadent geworden und forderte Menschenopfer, um sich ausbreiten und am Leben erhalten zu können. Heute, im letzten Jahrhundert des zweiten Jahrtausends, werden wir meiner Meinung nach zu Zeugen des Zerfalls des Patriarchats. Und wir fragen uns verzweifelt, wie unsere Gattung überleben kann, wenn all unsere Systeme auf Sand gebaut sind. Unsere finanziellen, politischen und sozialen Strukturen sind hierarchisch angeordnet, mit einer Führungsperson an der Spitze. Aber das Fundament, das das größte Gewicht zu tragen hat, beginnt im Sand der Umweltverschmutzung, der atomaren Vernichtung, der Entpersönlichung und Isolierung wegzurutschen.

Das Ende dieses Jahrtausends bedeutet also auch das Ende des Patriarchats. Wir können nicht zurück zum Matriarchat; wir sind darüber hinausgewachsen, es funktioniert nicht mehr. Wir können das Patriarchat aber auch nicht mit einer Art magischer Bürste aufpolieren, denn es ist deutlich geworden, dass es ebenfalls nicht funktioniert. Wir können die Welt nicht mehr in die Hände von Mutter und Vater legen. Wir müssen selbst die Verantwortung übernehmen. Und das ist für mich die Zeit des Kindes, des Sohnes und der Tochter, die ihr Spielzeug kaputtgemacht haben und, während sie im Dreck herumgekrabbelt sind, entdeckten, was es heißt, ein Mensch zu sein. Es wird Zeit, dass wir auf unseren eigenen Füßen stehen, uns umschauen und sagen: »Diese Welt, wie wir sie kennen, geht zu Ende! Was werden wir dagegen unternehmen?« Die Frage heißt nicht »Was werden Mutter und Vater unternehmen?«, sondern »Was werden wir, Bruder und Schwester, dagegen tun?«

Ich denke, so lautet der Ruf der Menschheit heute. Das steht hinter der Bewegung für die Bürgerrechte, der Frauenbewegung, der Bewegung der Schwulen. All diese Bewegungen zielen auf Gleichheit ab und lehren uns, sagen zu können: »Wir sitzen alle im selben Boot! Du und ich, Bruder, Schwester.« Als Kinder des neuen Jahrtausends sind wir aufgerufen, Verantwortung für unser Zuhause zu übernehmen.

Die Belohnung für die Heldenreise ist das *Neue*, die funkelnde neue Ebene des Bewusstseins, an deren Schwelle der Mensch steht. Es ist, als hätten wir ein Loch durch die Wand zu einer anderen Dimension gebohrt und könnten plötzlich das erste Schimmern der ganzen nächsten Lebensphase sehen. Ich glaube, dass wir als Gattung Mensch jetzt anfangen, diesen Glanz zu sehen, der das nächste Jahrtausend unserer Existenz ankündigt. Und das ist nicht leicht, denn wir sind aufgerufen, für uns selbst dazustehen, wie der Held, der »Ja!« und »Nein!« sagen kann. Wenn uns die Galle hochkommt bei dem, was in der Welt vor sich geht, müssen wir den Mut haben, es in Frage zu stellen. Und wenn wir auf Schätze stoßen, müssen wir sie vergrößern. Der Schatz, der im Augenblick aus dem Unterbewusstsein der menschlichen Gattung strömt, ist der Schatz der Bruderschaft und Schwesternschaft, der Schatz des Kindes.

Dieses Buch ist also sowohl ein Akt der Hoffnung auf die Zukunft als auch ein Akt des Glaubens an die Menschheit in einer Zeit apokalyptischer Verzweiflung. Es ist aber auch ein Gebet, nicht zu Gott, sondern zu unserem eigenen inneren Kern: dass wir aufwachen und unsere Augen öffnen mögen, um zu erkennen, wer wir sind.

ANHANG

ANHANG I

Die RAM-Meditationen

RAM ist ein Wort aus dem Sanskrit, das die erste Silbe des Namens Rama bildet, eines Avatars von Vishnu aus der Götterwelt der Hindus. RAM, so heißt es, sei der Frieden, der sich nach dem Verbrennen von Unreinheiten durch die Wurzelsilbe *Rang* einstellt. Es heißt auch, dass dieser Laut Mut macht. Mahatma Gandhi hat im Augenblick seiner Ermordung die Silbe RAM als letztes sterbliches Wort gesprochen. Man sagt, wer im Augenblick seines Todes den Namen RAM ausspricht, gehe direkt über ins Licht und entkomme dem Rad des Karma und damit dem Zyklus von Geburt und Tod. Der Klang als solcher gilt als machtvoll. Laut Baba Hari Dass müssen wir aber die Bedeutung dieses Klangs nicht kennen, damit seine Macht wirkt: »Die Trommel sagt nichts, und doch tanzen die Menschen.«

Das Singen der Silbe RAM in den drei Körperzentren stammt aus dem Tantra. Ich lernte es kennen, als ich mit Oscar Ichazos Arica-System arbeitete. Die Meditation dient mehreren Zwecken: Sie hilft den Gruppenmitgliedern, ihre Aufmerksamkeit nach innen zu richten; sie balanciert den Körper aus; sie beruhigt den Verstand; und sie ist auch ein Lehrmittel.

Das Singen bringt die Menschen in einen empfänglichen, friedlichen Zustand, was den Zugang zum kreativen Prozess fördert. Die Ablenkungen durch das Alltagsleben fallen allmählich weg, so dass sich die Landschaft der inneren Reise entfalten kann.

Vielleicht seid ihr nach einer Weile so vertieft in das Singen der RAMs, dass ihr nicht mehr wisst, wie oft ihr die Silbe gesungen habt. Um auf dem Laufenden zu bleiben, könnt ihr eure RAMs mit dem Daumen an den Knöcheln eures Zeigefingers abzählen.

Ich benutze ein Paar indische Meditationszimbeln, die stark und gefühlvoll nachschwingen. Sie werden aus zahlreichen verschiedenen Metalllegierungen hergestellt, die einen besonders vibrierenden Klang erzeugen. Es heißt, dass dieser Klang die Gedanken vertreibt, so dass ihr die Stimme Gottes durch euch sprechen hören könnt. Mit diesen Zimbeln stimme ich die Teilnehmerinnen und Teilnehmer auf die geleitete Meditation ein.

RAM-Meditation, 1. Tag

An die Reisenden

Sorg dafür, dass du bequem auf deinem Kissen sitzt. Finde eine Haltung, in der du eine Weile sitzen bleiben kannst, dabei sollte dein Rücken gerade sein. Wenn das schwierig ist, schieb dir ein Kissen als Stütze in den Rücken. Richte deinen Blick auf die Kerze.

Denk einen Augenblick darüber nach, was beim Brennen der Kerze geschieht: Die Umwandlung von fester Materie, dem Wachs, in Flüssigkeit und Gas passiert mit derartiger Geschwindigkeit, dass Hitze und Licht oder Feuer die Folge dieser Metamorphose sind. Die Flamme ist sowohl Ursache als auch Ergebnis dieser Metamorphose. Deshalb wird die brennende Kerze zum Symbol für die Gruppe und für Transformation. Sie ist die ewige Flamme, die während des Workshops Tag und Nacht brennt. Sie steht auch für die Integrität und die Ganzheit der Gruppe.

Richte deinen Blick weiter auf die Flamme, aber nimm jetzt deine periphere Sichtweise hinzu, wobei die Flamme weiter dein Brennpunkt bleibt, du aber zugleich den Menschen links von dir sehen kannst. Für diesen Wahrnehmungstrick musst du deinen Blick weich werden lassen. Jetzt wandere mit deiner peripheren Wahrnehmung zur nächsten Person links von dir und fahre so im Kreis fort, während dein Blick auf die Kerze gerichtet bleibt. Nimm den Menschen wahr, der dir gegenübersitzt, und lass deine periphere Sicht weiter im Kreis herumwandern. Jetzt nimm den Menschen wahr, der rechts von dir sitzt, und dann dich selbst als Teil dieses Kreises von Menschen. Lass deine periphere Sicht weiter so kreisen, dich selbst immer als Teil dieses Kreises einbeziehend. Vielleicht stellst du fest, dass dir dabei die Augenlider schwer werden und Farben und Formen im Raum sich verändern. Und dann schließen sich deine Augen. Geh nach innen. Ohne deinen Atem zu verändern, nimm ihn wahr und prüfe, wie tief, schnell, leicht oder schwer du atmest.

Jetzt zentriere deine Aufmerksamkeit im Bauch. Stell dir in deiner Beckenschale eine goldene Lichtkugel vor von der gleichen Farbe und Intensität wie die Kerzenflamme. Lass deinen Atem tiefer gehen, wie um diese Lichtkugel zu füllen. Mit dem Einatmen wird die Kugel größer und heller, mit dem Ausatmen kleiner und schwächer. Meditiere auf dieses Bild. (*Pause*)

Wir werden jetzt gleich den Ton RAM für diese Lichtkugel im Bauch singen. Unser Singen soll dieses Zentrum erwecken, so dass es mit dem Klang vibriert. Das Bauchzentrum ist das Zentrum des Körpers, das Zentrum des Gleichgewichts, der Bewegung und der Stille. Das RAM birgt in sich die Silbe Aum. Wir singen sanft und tief und spüren, wie der Ton bis ganz hinunter in den Bauch vibriert.

Atme die Luft in deinen Lungen ganz aus. Atme durch die Nase ein. Und singe: RAM. (*Dreimal wiederholen.*) Und dann atme ganz natürlich und lausche auf den Klang der Zimbeln. (*Schlagen Sie dreimal an.*)

Jetzt stell dir im Zentrum deines Brustkorbs, im Herzbereich, eine zweite Lichtkugel vor, kleiner als die erste, aber strahlender, die sowohl auf den Atemrhythmus als auch auf deinen Herzschlag reagiert. Atme in dieses Zentrum und nimm beide Rhythmen wahr, den des Atems und den des Herzschlags. Und wieder singen wir das RAM dreimal für dieses Zentrum. Dieses RAM ist höher und kräftiger; manchmal wird es als »Brüllen des Löwen« bezeichnet, des Löwen im Herzen.

Atme aus. Atme durch die Nase ein. RAM. (*Dreimal wiederholen.*) Und jetzt atme wieder natürlich und lausch auf den Klang der Zimbeln. (*Dreimal anschlagen.*)

Jetzt komm mit deiner Aufmerksamkeit zum Stirnzentrum, dem Dritten Auge. Stell dir zwischen den Brauen etwa fünf Zentimeter tief im Kopf einen winzigen Lichtpunkt vor. Er ist strahlend und stetig wie das Leitlicht auf dem Gipfel eines Berges. Dies ist das Kopfzentrum, das Zentrum des Denkens, der Vorstellung und der Erinnerung. Der Ton RAM ist hier ganz hoch, vielleicht sogar nasal. Sing einen hohen Kopfton, aber nur so hoch, dass du dich noch wohl dabei fühlst. Erzwinge den Ton nicht. Vielleicht hörst du ein Summen, als schwirrten in deinem Kopf plötzlich lauter Bienen. Möglicherweise spürst du auch ein Vibrieren in den Nebenhöhlen, um den Mund herum und in der Nasenhöhle. Der Ton erweckt dieses ganze Zentrum, den oberen Bereich des Verstandes, des Kopfes und des Dritten Auges.

Atme aus. Atme durch die Nase ein. RAM. (*Dreimal wiederholen.*) Lausch dem Klang der Zimbeln. (*Dreimal anschlagen.*)

Nimm diese drei Kugeln bewusst wahr. Sie befinden sich übereinander – die kleinste ganz oben, die größte ganz unten – und verleihen dem Körper Substanz und Gleichgewicht wie eine Lichtpyramide. Stell dir vor, dass aus dem Lichtpunkt in deinem Kopf ein Strahl nach unten fällt, der durch dein Gesicht und den Hals, deine Kehle und den oberen Brustkorb wandert und eintaucht in die Lichtkugel in deinem Herzen. So vereint er Kopf und Herz und bringt sie ins Gleichgewicht. Wenn du deine Haltung ändern musst, damit die Lichtlinie gerade verläuft, tu das. Lass zu, dass das Licht durch deinen Brustkorb und deinen Magen weiter nach unten fällt und schließlich in die Lichtkugel in deinem Bauch mündet. So kommen alle drei Kugeln ins Gleichgewicht und werden vereint. Sitz einen Augenblick da und meditiere auf die drei Lichtkugeln, die ausbalanciert und vereint sind. Dein Rücken ist mühelos gerade, so dass die drei Kugeln eine Lichtpyramide bilden (*Pause*). Komm mit deiner Aufmerksamkeit noch einmal zu der Lichtkugel in deinem Bauch und sing ein abschließendes RAM, um dich zu erden und die Meditation zu beenden.

Atme aus. Atme durch die Nase ein. RAM. (*Schlagen Sie die Zimbeln einmal an.)*

Komm allmählich zurück in den Raum. Gähne und strecke dich, um Verspannungen durch das lange Stillsitzen zu lösen.

An den Begleiter

■ Wenn die Anfangssitzung abends stattgefunden hat, kann die Zeit zu knapp sein, um alle drei Lichtkugeln durchzugehen. In diesem Fall arbeiten Sie nur mit der Kugel im Bauch, so dass die Gruppe Gelegenheit hat, zusammenzukommen und sich auf die Alpha-Ebene zu begeben, bevor sie mit der Meditation auf die Lebensumgebung beginnt. (Wenn Sie abends nur auf eine Lichtkugel meditieren, dann machen Sie die gerade vorgestellte Meditation als zweite und schließen Sie sie ab wie die nächste Meditation, beginnend mit dem Satz: »Lass den Lichtstrahl bis ganz hinunter in die Erde scheinen.«)

Ritual der Ablösung der Vestalin

RAM-Meditation, 2. Tag

An die Reisenden

Richte deine Aufmerksamkeit auf die Kerze. Erlaube deinem Körper, sich zu entspannen, und halte deine Wirbelsäule gerade. Nimm mit deiner peripheren Sicht wieder die Gruppe als Ganze wahr, dich selbst mit einbeziehend. Wandere mit deiner peripheren Sicht links im Kreis herum bis zu der Person, die dir gegenübersitzt, und weiter bis zu dem Menschen rechts von dir, zurück zu dir und wieder von neuem im Kreis. Dabei lass deine Augenlider mit jedem Ausatmen schwerer werden, und erlaube ihnen dann, sich allmählich zu schließen. Achte auf deinen Atem in diesem Augenblick, ohne ihn zu verändern: Wie atmest du? Tief? Flach? Schnell? Langsam? (*Pause*) Komm mit deiner Aufmerksamkeit wieder zu deinem Bauch. Lass deinen Atem hinabsteigen zu der Lichtkugel in deinem Bauch, so dass sie mit dem Einatmen anschwillt und mit dem Ausatmen schrumpft. Wir werden das RAM dreimal im Bauch singen.

Atme aus. Atme durch die Nase ein. RAM. (*Dreimal wiederholen.*) Atme natürlich und lausch auf den Klang der Zimbeln. (*Schlagen Sie sie dreimal an.)*

Richte deine Aufmerksamkeit auf das rhythmische Zentrum im Brustkorb. Stell dir dort eine Lichtkugel vor, die auf den Rhythmus deines Atems und deinen Herzschlag reagiert. (*Pause*) Denk daran, das RAM im Herzen ist höher, voller.

Atme aus. Atme durch die Nase ein. RAM. (*Dreimal wiederholen.*) Dann atme natürlich. (*Schlagen Sie die Zimbeln dreimal an.*)

Komm mit deiner Aufmerksamkeit zu dem Lichtpunkt, der sich in der Höhe deines Stirnzentrums etwa fünf Zentimeter tief im Kopf befindet, und singe das ganz hohe RAM.

Atme aus. Atme ein. RAM. (*Dreimal*) (*Schlagen Sie die Zimbeln dreimal an.*)

Wie bereits gestern lass auch jetzt zu, dass die Linie oder der Strahl des Lichtes vom Lichtpunkt in deinem Kopf durch Gesicht und Hals bis nach unten in die Lichtkugel in deinem Brustkorb scheint und weiter bis hinunter zu der Lichtkugel im Zentrum deines Bauches. Bring sämtliche drei übereinanderstehenden Kugeln, die durch den Lichtstrahl vereint sind, ins Gleichgewicht.

Heute erlaube dem Lichtstrahl bis hinunter in die Erde zu scheinen, über die Grenzen deines Körpers hinaus, durch das Kissen in den Boden, gezogen von der Schwerkraft tief im Zentrum der Erde. Lass zu, dass dieses Licht sich durch die Erdkruste schiebt, durch verborgene Seen und Ströme nach unten, durch Stein und Granit, durch Schichten von fossilem Brennstoff, durch den Sand und Schlamm, aus dem die Kruste und die inneren Schichten unseres Planeten bestehen, gezogen zu dem Punkt, der das Zentrum der Erde darstellt. Lass zu, dass das Licht durch alle diese Ebenen nach unten dringt, bis es schließlich diesen geschmolzenen Kern erreicht. Dort siedelt es sich in dem Punkt an, der das Zentrum der Erde bildet. Stell es dir vor wie einen langen Blumenstiel, der ganz bis nach unten in die Mitte der Erde reicht, gekrönt von den drei Lichtkugeln: der Blüte der menschlichen Evolution in diesem Augenblick. Und du kannst auch noch einen anderen Blickwinkel einnehmen und erkennen, dass alle, die wir hier in diesem Raum im Kreis zusammensitzen, uns in diesem Punkt im Zentrum der Erde berühren wie ein Strauß Blumen, einzeln und doch in Kontakt miteinander und mit der Erde. Meditiere eine Weile auf dieses Bild. (*Pause*)

Und durch diesen Lichtstrahl verbunden mit dem Zentrum der Erde wird die Erde selbst zur vierten Lichtkugel. Statt zu singen, lauschen wir jetzt den Geräuschen um uns herum als Gesang dieser vierten Lichtkugel, des Planeten Erde, unseres Zuhauses. Lausch dem Gesang der Erde (*Pause*). Während du zulässt, dass der Lichtstrahl an der Wurzel fest im Zentrum der Erde verankert bleibt, kommst du mit deiner Aufmerksamkeit zu der Lichtkugel in deinem Bauch, und wir singen noch ein RAM, um die Meditation abzuschließen.

Atme aus. Atme ein. RAM. (*Schlagen Sie die Zimbeln einmal an.*) Und mit dem Einatmen lass deine Augenlider wieder leichter werden, bis sie sich schließlich öffnen und du das Licht des Raumes und der Kerze und die ganze Gruppe wahrnimmst. Dann dehne und strecke dich und produziere spontane Laute.

Ritual der Ablösung der Vestalin

RAM-Meditation, 3. Tag

An die Reisenden

Setzt euch wieder im Kreis zusammen, den Rücken gerade aufgerichtet, und kommt mit eurer Aufmerksamkeit zur Kerzenflamme. Konzentriere dich auf die Flamme und erfasse mit deiner peripheren Sicht die ganze Gruppe. Beginne links und geh einmal ganz im Kreis herum, bis du bei der Person rechts neben dir ankommst und weiterwanderst, dich selbst als Teil des Kreises mit einbeziehend. Fahr fort, deine periphere Sicht kreisen zu lassen. Dabei werden deine Augenlider mit jedem Ausatmen immer schwerer, bis sie sich schließen. Achte auf deinen Atem. Beobachte einfach, wie dein Atem in den Körper strömt, ohne daran etwas zu verändern, ohne ihn als gut oder schlecht, richtig oder falsch zu beurteilen. Bleib einfach mit deiner Aufmerksamkeit bei dem, was mit deinem Atem in diesem Augenblick geschieht.

Jetzt lass deine Aufmerksamkeit nach unten in deinen Bauch wandern. Erinnere dich noch einmal an die Lichtkugel in diesem Körperbereich. Der Bauch ist das Körperzentrum, das für Bewegung, räumliche Zuordnung und Gleichgewicht steht. Während du in deinen Bauch atmest, wirst du dir deiner ganzen körperlichen Gestalt bewusst. Deine Aufmerksamkeit auf die Lichtkugel in deinem Bauch richtend, erfasst du mit deiner inneren peripheren Wahrnehmung deinen ganzen restlichen Körper. Achte auf sämtliche Empfindungen und darauf, ob du irgendwo Druck wahrnimmst. Achte auf dein Gleichgewicht. Atme in die Lichtkugel in deinem Bauch. Sing das RAM dreimal im Bauch.

Atme aus. Atme durch die Nase ein. RAM. (*Dreimal wiederholen.*) (*Schlagen Sie die Zimbeln dreimal an.*) Sitz still und beobachte deine Emotionen in diesem Augenblick. (*Pause*)

Komm mit deiner Aufmerksamkeit zu dem Lichtpunkt in deinem Kopf. Achte auf sämtliche Gedanken oder Bilder, die dir in diesem Augenblick im Kopf herumgehen.

Atme aus. Atme ein. RAM. (*Dreimal wiederholen.*) (*Schlagen Sie die Zimbeln dreimal an.*) Sitz still im Zentrum deines Denkens. Stell dir vor, dass du dich in dem winzigen Lichtpunkt sammeln kannst, während der See deiner Gedanken dich umwogt. Gedanken und Bilder steigen an die Wasseroberfläche und sinken wieder nach unten wie Fische. Sitz als Zeuge im Zentrum deines Kopfes und beobachte, wie Gedanken und Bilder aufsteigen und zu dir zurückkehren. (*Pause*)

Und nun lass wieder zu, dass der Strahl oder die Linie des Lichtes nach unten in die Lichtkugel in deinem Brustkorb scheint und noch weiter abwärts, Bauch, Kopf, Herz und damit Gedanken, Gefühle und Empfindungen vereinend und ins Gleichgewicht bringend. Lass den Lichtstrahl bis hinunter in die Erde scheinen, bis zum innersten Zentrum der Erde vordringen und dich mit der vierten Lichtkugel verbinden. Lausche den Geräuschen um dich herum, dem Gesang der Erde. (*Pause*)

Jetzt lenke deine Aufmerksamkeit zu dem Lichtstrahl, der aus dem Lichtpunkt im Zentrum deines Kopfes ganz bis nach unten in das Zentrum der Erde fällt. Erlaube, dass er sich allmählich in eine Art Kanal verwandelt, einen durchsichtigen Kanal, gefüllt mit Licht, der nach unten in das Zentrum der Erde vordringt. Durch diesen Kanal wird das Licht deines Bauches, deines Herzens und deines Kopfes mit dem Licht der Erde aufgefüllt. Mit jedem Einatmen füllt sich dein Körper, dein Herz und dein Kopf mit frischem, reinem Erdenlicht, das dich nährt und heilt. Und während du ausatmest, stell dir vor, etwas von dem Licht aus deinem Herzen, deinem Bauch und deinem Kopf durch diesen Kanal nach unten an die Erde abzugeben, um auch die Erde mit Licht aufzufüllen und zu heilen. Mit dem Einatmen nimmst du Nahrung aus der Erde auf; und mit dem Ausatmen nährst du die Erde mit deinem eigenen inneren Licht. Meditiere auf dieses Bild. (*Pause*)

Komm mit deiner Aufmerksamkeit noch einmal zu der Lichtkugel in deinem Bauch. Wir singen noch ein weiteres RAM, um die Meditation abzuschließen. Atme aus. Atme ein. RAM. (*Schlagen Sie die Zimbeln einmal an.*) Lass deine Augenlider mit jedem Einatmen leichter werden. Und schließlich öffnen deine Augen sich, schauen in die Flamme und nehmen den Kreis von Menschen wahr. Komm zurück in den Raum, dehne und strecke dich.

Ritual der Ablösung der Vestalin

RAM-Meditation, 4. Tag

An die Reisenden

Richte deine Aufmerksamkeit wieder auf die Kerze. Lass deine periphere Sicht im Kreis der Gruppe herumwandern, dich selbst als Teil des Kreises mit einbeziehend. Dabei werden deine Augenlider immer schwerer und möchten sich mit jedem Ausatmen schließen, bis sie es dann tatsächlich tun. Richte deine Aufmerksamkeit auf deinen Atem und nach innen. Nimm allmählich die Lichtkugel in deinem Bauch wahr. Spüre deren Wärme und Leuchten, während du ein- und ausatmest und die Lichtkugel sich ausdehnt und zusammenzieht.

Atme aus. Atme ein. RAM. (*Dreimal*) (*Schlagen Sie die Zimbeln dreimal an.*) Atme natürlich und spüre deinen ganzen Körper von der Hautoberfläche bis zum Zentrum der Lichtkugel in deinem Bauch als Einheit, den ganzen Körper. (*Pause*)

Komm mit deiner Aufmerksamkeit zum Bereich des Herzens in der Mitte deines Brustkorbs. Atme aus. Atme ein. RAM. (*Dreimal*) (*Schlagen Sie die Zimbeln dreimal an.*) Mach dir deine augenblickliche Stimmung bewusst, deine Seelenlage, wie subtil sie auch sein mag. Wie bist du zum heutigen Tag eingestellt, zur Arbeit und zu den Menschen um dich herum? Nimm einen tiefen Atemzug und lass einen Laut entstehen, der ausdrückt, wie du dich fühlst. Bleib mit deiner Aufmerksamkeit bei diesem Gefühl. (*Pause*)

Dann wandere mit deiner Aufmerksamkeit vom Herzzentrum weiter zu dem Lichtpunkt in deinem Kopf. Die Augenlider geschlossen haltend, lässt du deine Augen nach oben rollen, wie um in dieses Licht zu schauen.

Atme aus. Atme ein. RAM. (*Dreimal*) (*Schlagen Sie die Zimbeln dreimal an.*) Und wieder sitzt du in der Mitte dieses Lichtes und beobachtest die Gedanken oder Bilder, die um dich herum aufsteigen wie Fische, die an die Wasseroberfläche schwimmen. Sie identifizieren sich mit nichts und nehmen doch alles wahr. (*Pause*)

Lass zu, dass der Strahl aus dem Lichtpunkt in deinem Kopf durch die Lichtkugel in deinem Brustkorb und die Lichtkugel in deinem Bauch bis nach unten in die Erde fällt. Lass ihn in die Erde vordringen wie eine Wurzel, die sich schließlich mit dem Punkt verbindet, der das Zentrum der Erde darstellt. So wird die Erde zur vierten Lichtkugel. Lausch den Geräuschen um dich herum als dem Gesang der Erde. (*Pause*)

Erlaube dem Lichtstrahl, sich in einen Kanal zu verwandeln, durch den du die Nahrung der Erde aufnimmst und sämtliche drei Kugeln auffüllst. Konzentriere dich heute auf die Lichtkugel in deinem Bauch. Während du die Nahrung der Großen Mutter, der Erde, aufnimmst, lass zu, dass die Lichtkugel in deinem Bauch sich in die Knospe einer großen gelben Blume verwandelt. Und mit jedem Atemzug öffnet die gelbe Blüte sich ein Stück weiter. Erlaube ihr, sich zu öffnen, dort in deinem Bauch, eine goldgelbe Blüte. Während die Blüte sich öffnet, füllt sie deinen Körper mit goldenem Licht, deinen ganzen Körper, Oberkörper, Arme, Kopf, Beine und besonders die Bereiche, die Heilung brauchen. Und während das goldene Licht deinen Körper bis zur Hautoberfläche füllt, kristallisiert es sich hier zu einer Art Schutzmantel, so dass deine Energie nicht ausfließt und auch nichts Fremdes eindringen kann. Sitz eine Weile und meditiere auf die geöffnete Blüte, deinen lichtgefüllten Körper und die versiegelte Haut. Erlaube der Blüte, in deinem Körper geöffnet zu bleiben, so dass das Licht dich weiter heilen und für den Rest des Tages schützen kann. Wir singen noch ein RAM im Bauch, um die Meditation abzuschließen.

Atme aus. Atme ein. RAM. (*Zimbeln*) Erlaube deinen Augen, sich allmählich zu öffnen. Komm in den Raum zurück und dehne und strecke dich.

Ritual der Ablösung der Vestalin

RAM-Meditation, 5. Tag

An die Reisenden

Um als Gruppe erneut zusammenzufinden, werden wir die RAM-Meditation heute etwas anders machen. Statt in der Reihenfolge vorzugehen wie bislang – drei RAMs im Bauch, im Herzen und im Kopf, nach denen jeweils die Zimbeln erklingen –, werden wir uns erst einmal »stimmen«. Wir beginnen, indem wir summen, um den gleichen Grundton zu finden. Dann singst du auf deine Weise und in deinem eigenen Rhythmus drei RAMs im Bauch, drei im Herzen und drei im Kopf. Mach zwischendrin keine Pause. Warte nicht auf mich oder die restliche Gruppe. Anschließend werde ich eine Meditation anleiten, die wir mit einem RAM im Bauch abschließen.

Beginne, indem du in die Kerzenflamme schaust. Erfasse mit deiner peripheren Sicht die Gruppe als Ganze und erlebe dich als Teil dieses Ganzen. Statt mit deiner peripheren Sicht im Kreis herumzuwandern, nimm die Gruppe als Ganze wahr, während du dich weiterhin auf die Flamme konzentrierst. Dann erlaube deinen Augenlidern, sich ganz allmählich zu schließen; mit jedem Ausatmen werden deine Augenlider schwerer, bis sie sich schließen.

Wir beginnen zu summen. Stimme auf deine Weise alle drei Zentren. Atme aus. Atme ein. Mmmmmmmh. RAMs in allen drei Zentren. (*Wenn die Teilnehmer damit zu Ende gekommen sind, schlagen Sie siebenmal die Zimbeln an.*)

Und wieder erlaube dem Lichtstrahl, als gerade Linie durch deinen Brustkorb nach unten in deinen Bauch zu fallen, Kopf, Herz und Körper vereinend und ausgleichend. Lass den Lichtstrahl bis nach unten in die Erde vordringen, gezogen von der Schwerkraft bis zum flüssigen, geschmolzenen Zentrum. Lausche den Geräuschen um dich herum als dem Gesang der vierten Lichtkugel, der Erde.

An den Begleiter

■ Nehmen Sie selbst drei tiefe Atemzüge, während Sie den Geräuschen lauschen.

Und wieder erlaube dem Lichtstrahl, sich in einen Kanal zu verwandeln, durch den die Nahrung der Erde in die drei Kugeln gelangt. Erinnere dich an die goldene Blüte, die sich in deinem Bauch öffnet, deinen Körper mit heilendem Licht füllt und seine Hülle versiegelt. (*Pause*)

Heute richtest du deine Aufmerksamkeit auf den Lichtpunkt in deinem Kopf. Allmählich verwandelt dieses Licht sich in eine Lotusknospe. Mit jedem Einatmen wird die Knospe größer. Während sie wächst, wird sie von Licht durchströmt, das allmählich deinen ganzen Kopf füllt. Fahre fort zu atmen, während die Blätter der Lotusblüte sich langsam entfalten. Blütenblatt für Blütenblatt öffnet sich der Lotus. Stell dir vor, dass die Krone deines Kopfes sich öffnet, Blütenblatt für Blütenblatt. Die zarten Blütenblätter sind wie Arme, die nach der Sonne greifen. Und gleichzeitig füllt sich der Raum mit einem wunderschönen Duft, dem Duft deines Wesenskerns. Mit dem Einatmen nimmst du die Nahrung aus der Erde auf; und mit dem Ausatmen füllst du den Raum mit dem Duft deiner Seelenessenz, der der Lotusblüte entströmt. Hülle alle im Raum in diesen Duft ein, sie heilend und segnend. Und spüre, wie du selbst von den Düften des inneren Selbst der anderen geheilt und gesegnet wirst. Und schließlich hat die Lotusblüte sich ganz geöffnet. Dort, im Zentrum der Blüte, befindet sich dieser winzige Lichtpunkt, ein Diamant, der in der goldenen Mitte der Lotusblüte funkelt. Bleib bei diesem Bild. (*Pause*)

Das Licht aus dem Diamanten im Zentrum des Lotus strahlt nach außen in den Kosmos, und die Blütenblätter greifen wie Arme um sich und holen das göttliche Licht in deinen Körper und auch das Erdenlicht von unten... Während du da sitzt, mit dem geöffneten Lotus auf der Krone deines Kopfes, in dessen Blüte das Licht funkelt, ruf dir die letzten Augenblicke deiner Konfrontation von Held und Dämon ins Gedächtnis. Tauch diese Bilder in die heilenden Schwingungen des Lichtes und des Duftes deiner Essenz. Lass zu, dass alles, was Heilung braucht, weiter in diesem Licht badet und in es hineingezogen wird.

An den Begleiter

■ Wenn jemand in der Gruppe krank gewesen ist oder in anderer Form leidet, können Sie an diesem Punkt Raum für eine Heilungsmeditation lassen, sich diese Person in der Mitte des Kreises vorstellen und ihren Namen laut sagen. Vielleicht möchten die Gruppenteilnehmer auch die Namen von kranken Freunden und Familienmitgliedern einbringen.

Erlaube den Blütenblättern des Lotus, sich wieder zusammenzufalten, um deine Krone und dein inneres Licht zu schützen. Die Knospe schließt sich und versiegelt sich. Die Wurzeln bleiben in der Erde, damit du weiter geerdet bist. Auch die goldene Blüte in deinem Bauch bleibt geöffnet und heilt mit ihrem Licht deinen Körper. Wir singen zum Abschluss noch ein RAM. Atme aus. Atme ein. RAM. (*Zimbeln*)

Und jetzt werden deine Augenlider mit jedem Einatmen leichter, bis sie sich öffnen und du in den Kreis und zum Licht zurückkehrst. Dann dehne und strecke dich.

Ritual der Ablösung der Vestalin

RAM-Meditation, 6. Tag

An den Begleiter

■ Machen Sie die gleiche Meditation zur Einstimmung wie am 5. Tag. Lassen Sie den Teilnehmerinnen und Teilnehmern am Ende etwas mehr Zeit. Schlagen Sie ihnen vor, nach dem Einstimmen mit Harmonien und Melodien zu experimentieren. Wenn die Gruppe fertig ist, schlagen Sie die Zimbeln siebenmal an.

An die Reisenden

Erinnere dich an die drei Lichtkugeln und den Lichtstrahl, der dich mit der Erde verbindet. Lausche dem Gesang der Erde. (*Pause*)

Und erlaube dem Lichtstrahl wieder, sich in einen Kanal zu verwandeln, durch den die Nahrung aus der Erde die gelbe Blüte in deinem Bauch speist, die dich mit goldenem Licht erfüllt. Und mit jedem Atemzug öffnet sich der Lotus in deinem Kopf weiter, enthüllt den Diamanten in seiner Mitte und füllt den Raum mit dem Duft deiner Essenz. Erlaube dem Lotus, sich ganz zu öffnen, so dass die Blütenblätter nach dem Himmel über dir greifen wie Arme, die etwas zu sich holen wollen. (*Pause*)

Komm mit deiner Aufmerksamkeit jetzt von diesem Lichtpunkt zum Zentrum der Erde. Erlaube dem Licht, über das Zentrum der Erde hinauszuscheinen und durch die Erdoberfläche unter dir zu dringen, so dass es am anderen Ende der Erde wieder herauskommt, wo immer das sein mag. Es scheint in den Nachthimmel über der anderen Hälfte der Erde unter dir. Lass diesen Lichtstrahl noch weiter in den Nachthimmel vordringen, so dass er über den Mond und die anderen Planeten in das Sonnensystem hineinscheint und ganz, ganz tief in den Raum unter dir vordringt. Lass ihn über das Sonnensystem hinaus in andere Sonnensysteme und über die anderen Sonnensysteme hinaus bis an den Rand des Universums scheinen. Dort folgt das Licht dem Rand des Universums in einem großen Bogen, steigt hinter dir auf und hoch und fällt von dort in einem Bogen nach unten, um zu seiner Quelle in der Mitte deines Kopfes zurückzukehren. Erlaube ihm, diesen Weg noch einmal zu beschreiben, durch deinen Körper nach unten in die Erde, durch die Erde und das Universum zurück zum Ursprung. Die vier Lichtkugeln sind wie ein Juwel an einem riesigen Ring aus Licht, der das Universum umgibt. Folge mit deiner Vorstellungskraft diesem Ring durch das Universum und wieder zurück. Erlebe die Unendlichkeit des Raumes.

Und jetzt löst sich der Lichtstrahl wieder vom Diamanten im Herzen des Lotus, kehrt nach oben zum Himmel zurück, schlägt nach hinten und unten einen Bogen, kehrt durch das Universum, die anderen Sonnensysteme und die am weitesten entfernten Planeten in dieses Sonnensystem zurück, streift den Mond und scheint in den Nachthimmel über der anderen Hälfte der Erde, dringt durch die Erdkruste wieder in das Zentrum der Erde vor, wo es für den Rest des Tages verwurzelt bleibt. Komm mit deiner Aufmerksamkeit zurück zu deinem Bauch, und wir singen zum Abschluss noch ein RAM.

Atme aus. Atme ein. RAM. (*Zimbeln*) Mit jedem Einatmen werden deine Augenlider allmählich immer leichter, bis sie sich schließlich öffnen – für die Kerzenflamme, für die Gruppe, für den Raum.

Ritual der Ablösung der Vestalin

RAM-Meditation, 7. Tag

An die Reisenden

Weil die Phantasiereise zur Belohnung so viele Bilder enthielt, machen wir heute Morgen eine ganz einfache Meditation. Sie heißt »Das freie RAM«. Wir beginnen, indem wir summen und diesen Klang in RAM umwandeln. Dann singst du die RAMs, wie sie dir kommen. Denk daran, sämtliche drei Zentren zu stimmen, wobei die Reihenfolge dir überlassen bleibt. Vielleicht möchtest du im Herzen beginnen, dann zum Kopf hochwandern und von dort hinunter in den Bauch. Du kannst jede beliebige Richtung einschlagen, aber eine bestimmte Harmonie wird erhalten bleiben, da wir alle zusammen singen. All die verschiedenen Tonhöhen gleichzeitig klingen vielleicht wie die Musik in dem Film *2001*. Nachdem du sämtliche drei Zentren gestimmt hast, kannst du mit den RAMs beliebig improvisieren und kleine Melodien, Harmonien oder sogar Rhythmen erfinden. Sing ein Morgenlied ohne Worte. So fahren wir fort, bis alle zu Ende gekommen sind, und dann schlage ich die Zimbeln an. RAM. (*Siebenmal die Zimbeln anschlagen. Dann folgt eine fünf bis zehn Minuten lange stille Meditation.*)

Komm mit deiner Aufmerksamkeit zurück zu deinem Bauch, und wir singen zum Abschluss noch ein RAM.

Atme aus. Atme ein. RAM. (*Zimbeln*)

Und jetzt werden deine Augenlider mit jedem Einatmen immer leichter, bis sie sich schließlich öffnen – für die Flamme, für die Gruppe, für den Raum. Dehne und strecke dich.

Ritual der Ablösung der Vestalin

Alternative zur RAM-Meditation für den 7. Tag

An den Begleiter

■ Singen Sie die RAMs wie oben. Dann fahren Sie mit der folgenden Meditation fort.

An die Reisenden

Erlaube dem Lichtstrahl wieder, von dem Lichtpunkt in deinem Kopf durch dein Herz und deinen Bauch nach unten zu fallen, die drei Lichtkugeln, die deinen individuellen Körper ausmachen, auszubalancieren, auszurichten und zu vereinen und dann vorzudringen bis zum Zentrum der Erde, der vierten Lichtkugel.(*Pause*) Erlaube dem Lichtstrahl, sich in einen Kanal zu verwandeln, durch den du Nahrung aufnimmst. Erinnere dich an die goldene Blüte in deinem Bauch, die deinen Körper mit heilendem Licht füllt. Und lass den Lotus sich wieder entfalten und den Diamanten in seiner goldenen Mitte enthüllen: Mit dem Einatmen nimmst du Nahrung auf, mit dem Ausatmen füllst du die Luft mit dem Duft deiner eigenen Essenz. Und wieder dringt der Lichtstrahl durch das Zentrum der Erde nach unten vor, bis er die Erde auf der anderen Seite verlässt, nach unten in den Nachthimmel scheint, durch den Mond, die Planeten des Sonnensystems und die anderen Sonnensysteme bis zum Rand des Universums, wo er unter und hinter dir einen Bogen schlägt und dem Rand des Universums folgt. Von oben fällt er wieder auf dich herab und vereinigt sich mit dem Lichtpunkt in deinem Kopf. So sind alle drei Lichtkugeln miteinander, mit der Erde und mit dem Universum vereint.

Halte deine rechte Hand jetzt mit der Handfläche nach oben der Person entgegen, die rechts neben dir sitzt. Leg deine linke Hand in die geöffnete Hand der Person links von dir, so dass du mit den beiden Menschen, zwischen denen du sitzt, Kontakt hast. Nimm diesen Kontakt eine Weile bewusst wahr. (*Pause*)

Stell dir vor, dass du mit deiner rechten Hand die Energie der Person rechts von dir empfängst, und erlaube dieser Energie, durch deinen Arm, deinen Körper und den linken Arm zu der Person links von dir zu fließen. Nimm von rechts Energie auf und lass sie durch dich nach links weiterfließen. Entspanne deine Arme. Lass sämtliche Spannungen im Körper los, so dass dein Körper wie ein offenes Fenster wird, durch das die Energie der Gruppe hindurchwehen kann. Niemand ist da, nur Energie in Bewegung, all diese großen Lichtringe, die wie ein Lichterkarussell kreisen. Die Energie weht durch dich hindurch, reinigt und heilt dich. Lass zu, dass diese Energie sich schneller und schneller bewegt, so dass die Ringe aus Licht sich bis zum Rand des Universums ausdehnen, sich drehend, schneller als mit Lichtgeschwindigkeit. Du hast gar keine Zeit, dich dagegen zu sperren. Du lässt einfach zu, dass die Lichtringe durch dich hindurchwirbeln, bis sie schließlich alle zu einem riesigen Lichtstrom verschmelzen, der sich bis zu den vier Ecken des Universums ergießt. Und die Quelle dieses Lichtes befindet sich hier, in diesem Raum. Vom Lichtpunkt der Kerzenflamme bis an den Rand des Universums ergießt sich ein einziger großer Lichtstrom. Auf diese Weise seid ihr vereint mit euren eigenen drei Zentren, mit der Erde, dem Universum, miteinander, badend in Licht. Das Licht bewegt sich so schnell, dass es fast aussieht, als würde es stillstehen. Löse dich auf in dieser einen großen Lichtflut. (*Pause*)

Jetzt beginnt der Lichtstrahl allmählich langsamer zu kreisen. Die einzelnen Lichtringe beginnen sich deutlich abzuzeichnen und bewegen sich immer langsamer. Und schließlich findet dein eigener Lichtkreis wieder zu deinem Körper zurück. Drücke die Hände der beiden Menschen rechts und links von dir, als wolltest du dich für jetzt verabschieden. Und dann lass zu, dass deine Hände sich allmählich entspannen. Langsam trennst du dich von den Menschen neben dir und ihr löst eure Hände voneinander. Schließlich bringst du deine beiden Hände zusammen, um mit dir selbst in Kontakt zu treten. Lass zu, dass der Lichtring sich von der Krone deines Kopfes löst, nach oben steigt und zurück nach unten durch das Universum, durch die Sonnensysteme, durch die Planeten, von unten erneut durch die Erdkruste in die Erde vordringt, bis er deren Zentrum erreicht. Und gleichzeitig erlaubst du der Lotusblüte, sich langsam zu schließen, um den Diamanten in ihrer Mitte zu schützen. Die goldene Blüte in deinem Bauch bleibt geöffnet. Nimm einen tiefen Atemzug. Wir singen noch ein RAM, um die Meditation abzuschließen. RAM. (*Zimbeln*)

ANHANG II

Tagesablauf

I. Ablauf eines siebentägigen Workshops

Erster Tag

- Die Lebensumgebung und der Ruf
- Beginnen Sie mit dem Mittagessen, und treffen Sie sich um 15 Uhr zur ersten Sitzung

Vorbereitungen
  Musik zusammenstellen, die die Gruppe zusammenbringt, einschließlich des Liedes »Warum nicht?«
  Einführung
    Die Entwicklung des Prozesses
    Die Handlung der Geschichte
    Praktische Details des Prozesses
      Wie er abläuft
      Vereinbarungen
Meditation zur Einführung von Ritualen (RAMs)
Die Lebensumgebung
  Geleitete Phantasie
  Malen der Lebensumgebung
  Erste Eintragungen ins Arbeitsbuch
Übung: Die Kunstausstellung
Den Spirituellen Begleiter wählen
Austausch (in der ganzen Gruppe oder in Kleingruppen)
Abschlussmeditation

Zweiter Tag: Der Held

Eröffnungsritual (siehe Anhang I, RAM-Meditation, 2. Tag)
Rede über den Helden
Den Narrentanz beginnen
Heldengestalten
  Der Kindheitsheld
  Der Filmstar
  Das Tier
  Der Abenteurer
  Der wichtige Mensch
  Der Geliebte
  Der Gott
Sich zu seinen Fähigkeiten bekennen: Zu dritt mit Spiegeln
Unterstützungsprozess
Heldenphantasie
Das Wappen
Kostüme
Das Heldenbankett
Die Präsentation der Helden
Die Salbung
Die Überreichung des Pokals
Partytanz
Abschlussritual

Dritter Tag: Der Dämon

Eröffnungsritual
Rede über den Dämon und den Körperpanzer
Der Narrentanz
Meditation auf den bewusst verstärkten Körperpanzer
Das Schlachtfeld zeichnen
Der Standpunkt
Drehbücher für den Kontrolleur und das Spontane Kind schreiben
Die Inszenierung des Spontanen Kindes
Übung: Das Irrenhaus
Den Dämon malen
Der Machttanz des Dämons
Abschlussritual

Vierter Tag: Das Instrument der Kraft

Eröffnungsritual
Der Narrentanz
Das Instrument der Kraft suchen
  Erklärung
  Spaziergang mit dem Spirituellen Begleiter
Die Weihung des Instruments der Kraft
  Das Ritual
  Geleitete Phantasie: »Die Schwelle zum Abenteuer«
Die Konfrontation
  Gespräch
  Einteilung in Teams. Die Teams arbeiten selbständig bis zum Nachmittag des fünften Tages. Jede Gruppe macht an diesem Tag ihr eigenes Abschlussritual.

Fünfter Tag

Die Teams arbeiten weiter bis zur Nachmittagssitzung
Eröffnungsritual
Austausch
Der Narrentanz
Die Schwelle überschreiten
  Gespräch
  Geleitete Phantasie zum Überschreiten der Schwelle
  Folgephantasie
  Geleitete Phantasie: »Die Göttliche Ergänzungshälfte«
Austausch in der Gruppe
Abschlussritual

Sechster Tag: Die Entscheidende Prüfung

Eröffnungsritual
Der Narrentanz

Die Entscheidende Prüfung (des Atems)
- Gespräch
- Zu beachtende Hinweise
- Atemarbeit (oder geleitete Phantasie)

Austausch
Abschlussritual

Der siebte Tag: Rückkehr und Belohnung

Eröffnungsritual
Gespräch über Rückkehr und Belohnung
Phantasie »Die Belohnung«
Belohnung und Rückkehr malen
Den Narrentanz abschließen
Austausch
Letztes Abschlussritual

II. Ablauf eines Wochenendes

Freitagabend

Musik
Einführung
- Die Entwicklung des Prozesses
- Die Handlung der Geschichte
- Praktische Details des Prozesses
  - Wie er abläuft
  - Absprachen

Die Lebensumgebung
- Geleitete Phantasie
- Malen
- Erste Eintragungen ins Arbeitsbuch
- Den Spirituellen Begleiter wählen
- Zeiten für den Austausch ausmachen

Abschlussmeditation

Samstag: 10 – 22 Uhr

Eröffnungsritual
Der Narrentanz
Heldengestalten
- Der Kindheitsheld
- Der Filmstar
- Das Tier
- Der wichtige Mensch
- Der Gott

Sich zu seinen Fähigkeiten bekennen (in Dreiergruppen)
Unterstützungsprozess (Kurzform)
Heldenphantasie
Das Wappen
Das Heldenbankett
Die Präsentation der Helden
Die Salbung und der Pokal
Party/Tanz
Abschlussritual

Sonntag: 10 – 22 Uhr

Eröffnungsritual
Der Narrentanz
Der Dämon (Kurzform)
- Gespräch über den Körperpanzer
- Meditation auf den Körperpanzer
- Umkehrung der Retroflexion
- Der Dämonentanz
- Den Dämon malen

Der Konfrontationstanz
Geleitete Phantasie zum Mysterium und zu Belohnung und Rückkehr
Austausch
Abschlussritual

ANHANG III

Das Arbeitsbuch des Helden

Dieses Bild fasst die Erfahrungen mit der Lebensumgebung zusammen:

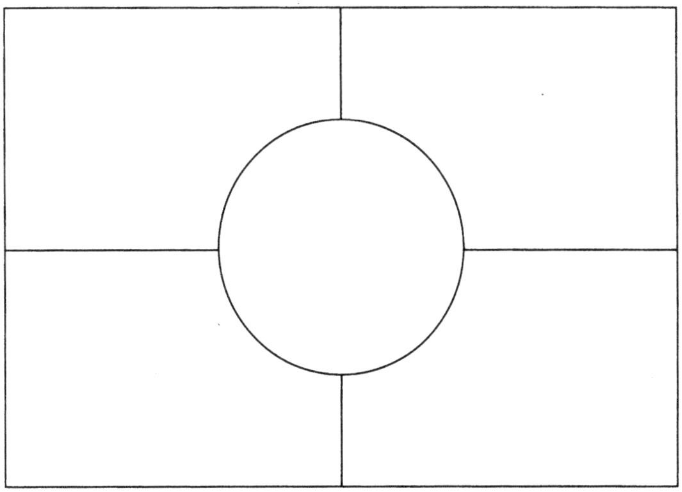

Die Lebensumgebung

Es war einmal ein Mensch mit Namen (dein Name), ____________________

____

der schlief ein und hatte einen seltsamen Traum.

(dein Name) ____

sah sich eine Treppe hinuntersteigen, die tief bis in die Mitte der Erde führte. Am unteren Ende dieser Treppe befand sich ein Raum mit vier großen Türen, und auf jeder Tür stand ein Wort geschrieben. Sie/er ging durch den Raum auf die Tür zu, auf der das Wort »Zuhause« stand, und fand dort

____

____

____

____

____

Als sie/er das alles sah, hatte sie/er dazu folgende Gefühle ______________

____

Die nächste Tür war beschriftet mit dem Wort »Arbeit/Lebensaufgabe«. Hinter dieser Tür traf sie/er auf

____

____

____

____

____

____

und das löste folgende Gefühle in ihr/ihm aus ____________________

____

____

Auf der dritten Tür stand geschrieben »Liebe«, und hinter dieser Tür war

____

Als (dein Name) ______________________________

aus dieser Tür kam, bemerkte sie/er, dass sie/er sich sehr ______________

fühlte. ______________________________

Und schließlich kam (dein Name) ______________________

zu der Tür mit der Bezeichnung »Das Selbst«. Sie/er öffnete sie, ging hinein

und fand dort ______________________________ ,

und das alles weckte folgende Gefühle in ihm/ihr ______________

Der Ruf

Als (dein Name) ______________________________
in den mittleren Raum zurückkehrte, erkannte sie/er, dass sie/er gerade ein Bild ihres/seines eigenen Lebens gesehen hatte. Sie/er wurde nachdenklich und fragte sich, wie sie/er sich mit all dem Gesehenen fühlte und wie, sollte sie/er Gelegenheit dazu haben, sie/ er es ändern würde.
Genau in diesem Augenblick tauchte vor (dein Name) ______________
zu ihrer/seiner großen Überraschung ein prächtiger goldener Thron auf, auf dessen Rückenlehne mit großen goldenen Buchstaben geschrieben stand

»Thron der Wunder«. (dein Name) ______________________
wusste, wenn sie/er sich auf diesen Thron setzte, würde jedes Wunder, dass sie/er sich vorstellte, für sie/ihn wahr werden. Während (dein Name)

____

sich auf dem Thron niederließ, wurde ihr/ihm bewusst, dass sie/er sich den Bildern und Gestalten hinter den vier Türen vollkommen aufrichtig stellen musste. Zeigten sie die Wahrheit oder waren sie Ausdruck von Idealvorstellungen?

Sie/er kam zu dem Schluss, dass sie ______________________

____

waren. (Die Wahrheit lautete ___________________________

____

____

____

____

____).

Jetzt war (dein Name) ____________________________

bereit, sich etwas zu wünschen. Sie er/stellte sich vor ihrem/seinem inneren

Auge Folgendes vor: ______________________________

____

____

____

____

____

____

____

____,

das alles würde ihr/sein Leben verändern, indem es ____________________

____

____

____

____

____

____

Als sie/er sich von dem Thron erhob und begann, die Treppen wieder nach oben zu steigen, wurde ihr/ihm bewusst: »Meine Reise hat angefangen.«

Als (dein Name) ______________________________
erwachte, konnte sie/er nicht glauben, dass solch ein Wunder möglich war.

»Das werde ich niemals erleben, ich bin zu ____________________

____

____

____

Und außerdem muss ich bedenken, dass ________________________

____,

____

____

____

____

______________________________ und ich weiß auch nicht,

ob ich diesen ganzen KRAM überhaupt glaube.«

Der Held (Name des Helden) ______________________

Als (dein Name) ______________________________
sich jedoch am nächsten Abend schlafen gelegt hatte, übertönte der Ruf zum Wundersamen den Ruf ins Weltliche. Sie/er wurde aufgesucht von Heldengestalten, von Göttern und Göttinnen, Tieren, Freundinnen und Freunden – Gestalten, die heldenhafte Eigenschaften wachriefen, von denen sie/er völlig vergessen hatte, dass sie existierten.
Sie/er sah das Tier ______________________________

________________, das folgende Eigenschaften in ihr/ihm weckte:

____

Der Kindheitsheld löste ______________________________

____

______________________________________in ihr/ihm aus.

____

Der Gott/die Göttin erinnerte sie/ihn an ihre/seine ________________

____

____

____

Sie/er stellte fest, dass sie/er sagen konnte: »Ich bin ____________________

____

____

____

____

____

____

____«,

aber es fiel ihr/ihm schwer, zu sagen: »Ich bin________________________

____

____

____

____

____.«

Plötzlich tauchte vor ihr/ihm ein Trupp Helferinnen und Freunde auf, die ihre Unterstützung anboten. (dein Name) ________________________________

bat die Gruppe, sie bei ihren/seinen Gefühlen von ______________________

____

zu unterstützen und reagierte auf ihre Hilfe, indem sie/er ________________

____

____

____

____

Das gab ihr/ihm das Gefühl, dass sie/er ______________________________

____

____

____

____

____

Auch wenn (dein Name) ____

zu Hause in ihrem/seinem Bett eingeschlafen war, erwachte sie/er plötzlich

auf einer sonnigen Wildwiese. Als sie/er um sich schaute, war die Wiese _____

____

____

____

____

____

Sie/er konnte die Geräusche von _______________________________

____

____

____

hören, und ____

____

____

____

____ riechen.

Der Boden unter ihren/seinen Füßen war ______________________________

____

____

____

____

(dein Name) ____

fand einen Pfad, der sich durch das Wiesenland wand. Auf dem Pfad befand sich ein Wegweiser, auf dem stand:

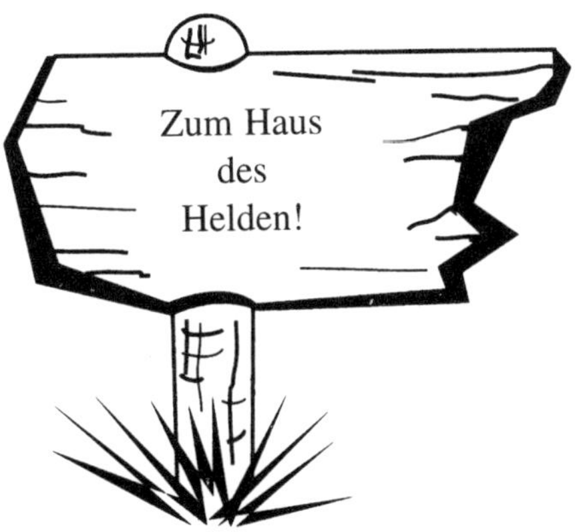

(Beschreibe diesen Pfad:)______________________________________

____

____

____

____

____

____

____

Schließlich fand sie/er das Haus. Das Haus war ____________________

____

____

____

____

______________________________, und die Umgebung sah aus wie

____

____

____

____

Sie/er ging auf die Tür zu, klopfte an und wartete. Nach einer Weile hörte sie/er von innen Schritte näher kommen. Die Schritte klangen __________

____

____________________________________, und sie/er fühlte sich

____

____

____

Langsam öffnete sich die Tür, und dort vor ihr/ihm im Türrahmen stand ihr/sein eigenes heldenhaftes Selbst. (Beschreibe es:)__________________

____

____

____

____

Sie schauten sich lange in die Augen und gingen dann zusammen durch das Haus. Das Innere des Hauses war ____________________

Schließlich kamen sie zum Lieblingsraum des Helden. Es war das __________ ____________________ Zimmer und sah aus wie

____________ Die beiden setzten sich hin, um miteinander zu plaudern.

»Wie lautet dein heimlicher Name?« fragte (dein Name) ____________________

____ .

» ____

____ «, antwortete der Held.

»Wonach bist du auf der Suche?«

Der Held entgegnete: »____

____

____

____

____

____

____ .«

»Was willst du von mir?« fragte (dein Name) ______________________________

____

Der Held schaute (dein Name)____

tief in die Augen und sagte: » ____

____

____

____

____

____

____

____ .«

Sie sprachen noch eine Weile über ______________________________

____

____

____

____

____

____

____

(dein Name) ____

stellte fest, dass sie/er sich __________________________________

____

____

____

____ fühlte.

Schon war die Zeit gekommen, Abschied zu nehmen, also gingen sie zusammen zur Tür.
Als der Held (Name des Helden)______________________________
die Tür öffnete, flutete Sonnenlicht in den Raum. Die beiden schauten sich noch einmal tief in die Augen und breiteten die Arme aus, um sich zum Ab[illegible] umarmen.
Plötzlich geschah etwas Wundersames. Während die beiden, das heldenhafte und das weltliche Selbst, Herz an Herz dastanden, wurde ihr Atem zu einem Atem, ihre Herzen schlugen in einem einzigen Rhythmus, die Poren ihrer Körper öffneten sich und sie verschmolzen zu einem einzigen Wesen.

So wurde die Person (dein Name)______________________________

zum Helden (Name des Helden) ______________________________

____

______________________________ und stand in

ihrer/seiner Eingangstür und folgte mit ihrem/seinem Blick dem Pfad der Abenteuer, den sie/er gleich beschreiten würde.

Gefühle von ______________________________

____

____

und ______________________________

____

______________________________ wogten durch das

neu vereinte Selbst, als sie/er in das strahlende Sonnenlicht hinaustrat.
Einen Augenblick später hörte sie/er von links klappernde Hufe näher kommen und sah einen Reiter auf einem weißen Pferd auf sich zugaloppieren. Der Reiter überbrachte eine Botschaft, die lautete: »Du bist herzlich eingeladen zur ersten

Jahresversammlung der Helden, die am ______________________________

in ______________________________ stattfindet.«

Um an dieser Versammlung teilnehmen zu können, fertigte der Held (Name

des Helden) ______________________________

folgendes Wappen an:

Die Versammlung der Helden war ein außergewöhnliches Ereignis.

(Name des Helden)____
stellte fest, dass sie/er mit ihrer/seiner Suche nach dem Wunderbaren nicht allein dastand. Es gab noch andere wie sie/ihn auf der Welt, andere Helden, die bereit waren, sie/ihn bei der Erfüllung ihrer/seiner heldenhaften Suche zu unterstützen.

Unter den Anwesenden befanden sich auch die Helden ____________________

____

____

____

____

____

____

____

Am meisten beeindruckt war sie/er von ______________________________

____

____

____

____

____; und sie/er fand,

dass ____

____

____

____

____ihr/ihm am wenigsten glich.

Sie/er erschien auf der Versammlung gekleidet in ______________________

____

____

und verkündete: »Ich bin (Name des Helden) ____________________________

____.«

»Ich besitze folgende Kräfte: ____

____

____

____

____.«

»Meine Suche gilt ____

____

____

____.«

Und sie/er machte sich die Unterstützung der Versammelten zunutze, indem sie/er sie bat ____

____

____

____

____

Anschließend fühlte sie/er sich ___________________________________

____

____

Sie/er erkannte, dass sie/er in ihrem/seinem weltlichen Leben mit ähnlichen

Menschen in Verbindung stand, insofern als

Und trotzdem gab es einen großen Unterschied:

Die Vorahnung

In dieser Nacht hatte (dein Name) ______________________,
als sie/er sich schlafen legte, einen seltsamen Traum. Sie/er träumte, dass es zu einer Schlacht kam, und diese Schlacht fand in ihrem/seinem eigenen Körper statt. Die schmerzenden Muskeln und Verspannungen zeigten an, auf welche Weise der Held in seinem Ausdruck blockiert war. Sie/er konnte sich die inneren Anstrengungen und Mühen des Kampfes ganz genau vorstellen. Das Bild, das sich abzeichnete, sah aus wie folgt:

Das Schlachtfeld

Eine seltsame und beängstigende Gestalt begann sich als Täter/in vorzustellen, die/der seine Opfer quälte, indem sie/er ____________________________

____

____

____

____

____

Irgendwie wusste der Held (Name des Helden) ________________________

____, dass dies jemand war, mit dem sie/er sich würde auseinandersetzen müssen. Es war der vage Schatten des Dämons (Name des Dämons) ______________________________

Der Dämon

Dies ist die Geschichte des Dämons (Name des Dämons) __________________

____

Der Dämon war (beschreibe es): ______________________________

____

____

____

____

____

____

____

(Name des Dämons) ____________________________________

________________________ verfährt mit Helden folgendermaßen:

____

____

____

____

____

(Name des Dämons) ____________________________________

____ verteidigt sich,

indem sie/er ______________________________________

____

____

____

____

Ihr/sein Versteck befindet sich ______________________________

____

____

____

____

Sie/er wurde geboren von ______________________________

____

____

____

____

Sie/er beschützt ______________________________

____

____

____

____

Der Dämon (Name des Dämons) ______________________________

Das Instrument der Kraft

Auf folgende Weise gelangte der Held (Name des Helden) ________________

____ an das Instrument der Kraft:

____

____

____

____

____

____

____

____

Der Held (Name des Helden) ______________________________________

nahm ihr/sein magisches Instrument mit in den Versammlungsraum und legte es, wie die anderen Helden auch, auf den Altar. Sie versanken in eine tiefe Meditation, und wieder fand sich (Name des Helden) ______________________

in ____

____

____

____

wieder, wo sie/er das Instrument der Kraft gefunden hatte. Sich an die Szene erinnernd, sah sie/er ____

____

____

____

____

Die Szene wechselte auf magische Weise, und (Name des Helden) __________

______________________________ sah ihren/seinen Spirituellen Begleiter.

(Beschreibe den Begleiter:) ______________________________

____

____

____

____

____

____

____

____

(Name des Helden)______________________________________

______________________________________ fragte ihren/seinen Begleiter:

»Wie lautet der Name meines Instruments der Kraft?«

» ____

______________________________________ «, antwortete der Begleiter.

»Welche Kräfte besitzt es?«

» ____

____

____

____

____

____.«

»Wie kann ich es in meinem täglichen Leben nutzen?«

» ____

____

____

____

____

____.«

(Name des Helden)______________________________

_______________________ war erfüllt von einem Gefühl des/der

____

____,

____

_______als er (Name des Instruments der Kraft) den anderen Helden vorstellte.

Sie/er war beeindruckt von den anderen Kraftgegenständen, besonders

von/vom ______________________________________

____

__________________________ des Helden (Name des Helden)

____

(Beschreibe:)__________________________________

____

____

Die Konfrontation

Viele Geschichten ließen sich von den Abenteuern des Helden (Name des Helden) ______________________ erzählen.

So manche Sängerin könnte ihre Laute anschlagen, um von diesen außerordentlichen Begebenheiten zu berichten. Aber das seltsamste Ereignis von allen ist die legendäre Konfrontation mit dem beängstigenden Dämonenwächter

(Name des Dämons) ______________________

____

an der magischen Schwelle.

Am Morgen nach dem Traum voller Vorahnungen schüttelte der Held (Name des Helden) ______________________

das lauernde Gefühl der Fremdheit ab und begann sich auf den Pfad der großen Abenteuer zu begeben. Der Himmel war ______________________

______________________ , die Straße war

______________________ ,

und überall, wo der Held hinschaute, war ______________________

____

____

____

____

____

____

____

____

____

Schließlich gelangte sie/er auf dem Gipfel eines Hügels an. Das Land erstreckte sich unter ihr/ihm, und dort, direkt vor ihr/ihm, befand sich die magische Schwelle, die sie/er zu überschreiten hatte.

Sie sah aus wie ______________________________

____

____

____

____

____

____

____

Und so, mit seinem treuen Instrument der Kraft ________________

in der Hand, ein Lied in ihrem/seinem Herzen, begab sich der Held ________

____

______________________________________ zum Eingang.

Plötzlich (beschreib den gesamten Ablauf der Konfrontation:) ____________

____

____

Das Mysterium

Die große Konfrontation war vorbei. Als der Held (Name des Helden) _______

____ sich umschaute, sah sie/er

Dort vor ihr/ihm befand sich der Eingang in das Land der Wunder.

(Beschreibe:)____

____

____

____

____

____

____

____

____

____

____

Sie/er tat einen Schritt ________________________________

____

________________________________ und trat ein. Sie/er empfand

____________________________, als sie/er erkannte, dass zum ersten Mal jemand diese Schwelle überschritt; dass jeder Atemzug neu war; dass jede Form und jede Gestalt, die sie/ihn begrüßte, »das erste Mal« war und dass jeder neue Geschmack, Geruch, jede neue Berührung auf wunderbare Weise ganz und gar ihr/ihm gehörte.
(Beschreibe genauer:) ________________________________

____

____

____

____

____

____

____

Ausgerüstet mit der magischen Macht des/der (Name des Instruments) _______

____ ,

beschützt von dem Spirituellen Begleiter (Name des Begleiters)_____________

____

und voller Vertrauen in ihre/seine neu gewonnenen Kräfte, drang der Held

(Name des Helden)____

weiter in ihr/sein Mysterium vor und musste sich folgenden Herausforderungen

stellen:____

Die Entscheidende Prüfung

Schließlich stand dem Helden (Name des Helden) ______________________

__________________________ die Entscheidende Prüfung unmittelbar bevor.

Und so verlief diese: ____

Die Belohnung

Und dann war das große Ziel ganz nahe. Der Held (Name des Helden) _______ näherte sich dem Ort der Belohnung. Sie/er sah ______________________

Sie/er stand vor ihrer/seiner Belohnung und empfand ________________

Sie/er stellte folgende Fragen:
»Welche Bedeutung hat meine Belohnung?«
»Welche besondere Macht hat sie?«
»Wie kann sie mir in meinem Leben dienen?«

Und Folgendes geschah:______________________________________

____

____

____

____

____

____

____

____

____

____

____

____

____

Die Rückkehr

Und wieder stieg der Held (Name des Helden)____________________________

____

die lange Treppe zum Raum mit den vier Türen hinunter, nur brachte sie/er jetzt ihren/seinen Erfahrungsschatz und ihr/sein reiches Wissen von ihrer/seiner wundersamen Reise mit.
Sie/er setzte sich auf den Thron der Wunder, ihre/seine Belohnung in den Händen haltend.
»Wie spiegelt diese Belohnung meinen ursprünglichen Wunsch wider?« ______

____

Das gab ihr/ihm das Gefühl

Dann rief sie/er der Tür mit der Aufschrift »Zuhause« zu: »Öffne dich!« und schickte die Belohnung in diesen Raum. »Wie erhellt meine Belohnung mein Zuhause?«

»Welchen einfachen Schritt kann ich unternehmen, um diesen Prozess zu unterstützen?« ______

Dann rief sie/er der Tür mit der Aufschrift »Arbeit/Lebensaufgabe« zu: »Öffne dich!« In diesem Raum bewirkte die Belohnung ______

Der einfache Schritt, den sie/er tun konnte, war ______

In dem Raum mit der Bezeichnung »Liebe« bewirkte die Belohnung________

Und sie/er stellte sich vor, wie sie/er________

Schließlich schickte sie/er die Belohnung in den Raum mit der Aufschrift

»Selbst«: ____

____

____

____

____

____

____

____

____

____

____

Und sie/er wusste, sie/er konnte den Prozess fördern, indem sie/er __________

____

____

____

____

____

____

____

____

Das alles ließ sie/ihn Folgendes empfinden: ______________________

____

In diesem Augenblick erwachte der Held (Name des Helden)______________

____ wieder und fand weder einen Helden noch einen Dämon, weder eine Zauberin noch eine Göttin vor, sondern einfach die Person, die sie/er immer gewesen war ..., und doch war sie/er aufgrund der wundersamen Reise, die sie/er gerade beendet hatte, ein/e andere/r geworden.

» ____

__________«, erzählte sie/er.

Ende

Verträge

»Eine Reise von tausend Meilen beginnt
mit einem einzigen Schritt.«

Laotse

Nachdem du deine innere Reise unternommen hast, ist es jetzt Zeit, dich auf die Rückkehr in die Welt vorzubereiten, die du hinter dir gelassen hast. Vielleicht möchtest du hier einige Veränderungen vornehmen. Wahrscheinlich siehst du manche Dinge jetzt anders. Du könntest feststellen, dass dein Dämon dich immer noch sabotiert, aus reiner Gewohnheit. Die folgenden »Ein-Schritt«-Verträge können dich bei den Veränderungen, die du vornehmen möchtest, unterstützen.

Bevor du die Verträge formulierst, solltest du dir jedoch die folgenden Fragen stellen und sie so ehrlich und gründlich wie möglich beantworten:

1. Wie würde sich die Qualität meines Lebens verändern?
2. Welche speziellen Bereiche müssten verändert werden?
3. Was bin ich bereit, für diese Veränderungen zu tun?
4. Wie würden andere diese Veränderungen empfinden?
5. Wie könnte ich mich selbst sabotieren?
6. Wie könnte ich diese Sabotage verhindern?

Ich (dein Name) ____

____ schließe mit mir selbst

heute (Tagesdatum) ____

um (Zeit)____

den Vertrag, dass ich ____

____

Mir ist klar, dass ich mich selbst sabotieren könnte, indem ich ____________

____

____

____

____,

und ich werde ____

____

____

____

____

____ ,

um mich besonders zu unterstützen. Ich weiß, das könnte heißen, dass ______

____

____

____

____

____

____

____ , und ich bin bereit,

die Verantwortung zu übernehmen, indem ich _________________________

____

____

____

____

____

____

____

____

Wenn ich Hilfe brauche, kann ich jederzeit ____________________

Unterschrift (dein Name) ____________________

Zeuge (Name des Zeugen) ____________________

Neben der »Heldenreise« hat Paul Rebillot zahlreiche weitere Strukturen entwickelt. Bei »Family Circles« geht es zum Beispiel um die familiären Prägungen, bei »Owning the Shadow« um die Entgiftung und Integration der dunklen Seite der Persönlichkeit, bei »The Lover's Journey« um männliche und weibliche Rollenbilder und ihren Einfluss auf Beziehungen, bei »Death and Resurrection« um die Auseinandersetzung mit Abschied, Tod und Neubeginn.

Paul Rebillot und seine Schüler bieten die »Heldenreise« und weitere Strukturen laufend als offene Workshops und als Fortbildungen an. Die aktuellen ProgRAMme und Referentenlisten sind erhältlich bei:

Franz Mittermair
Wang 11
D-83567 Unterreit

Paul Rebillot ist direkt erreichbar unter folgenden Adressen:

Paul Rebillot
116 Judison Avenue
San Francisco, CA 94112-1847
USA

Paul Rebillot
Arnsteiner Straße 11
D-60389 Frankfurt